ザ・ディマンド
爆発的ヒットを生む需要創出術

Creating What People Love Before They Know They Want It

Demand

エイドリアン・J・スライウォツキー
カール・ウェバー
佐藤徳之【監訳】 中川治子【訳】

日本経済新聞出版社

アレクサンダーに

装幀　山口鷹雄
本文デザイン　アーティザンカンパニー

序

需要《ディマンド》のミステリー

見たとたんに心を奪われる。なにかがあなたの心の琴線に触れたからだ。だが、それがなにかを端的に説明することはできない。そして、あなたは絶賛し、褒めちぎる。なにか我慢できないことを罵倒するときと同じ情熱で。やがて、長蛇の列ができるのが見える。語り合う声が聞こえてくる。何千人、何百万人もの人々が、自分と同じように感じていることに気づく。ところがその一方で、どういうわけか、よいと思えるものでも人々に顧みられず、無反応のまま消えていくこともある。

ディマンドとは、エネルギーの特殊な形態である。ディマンドが経済から市場、組織、はてはわれわれの財布にいたるこの世界のありとあらゆる大小さまざまな車輪を動かしている。すべてがディマンドに依存しているのである。ディマンドがなければ、成長は減速し、発展は停滞する。だが、実際のところ、ディマンドの源がどこにあるのか、われわれは理解していると言えるだろうか？　ディマンドは**「創造」**できるのか？　繰り返し**「創出」**することができるのだろうか？

マーケティングの強化、良質な広告、積極的な営業努力、クーポンのばら撒き、ディスカウント——正しいレバーを引きさえすればディマンドは発生すると、われわれは考えがちだ。こうした戦術をしかるべき時と場所で用いれば、ほどなくして結果がついてくるものだと信じている。

だが、**真のディマンド**とはこうした類のものではない。ディマンド・クリエーターは、**人々を理**

解することにすべての時間を注ぎ込む。彼らは、人々がいかに期待し、おもしろがり、衝撃を受け、熱望し、飽き飽きし、違和感を感じ、怒り、不信感を抱き、熱狂し、イライラし、予測不能であるかを敏感に感じとる。人々の熱い思い、人々が必要としているもの、嫌がっているもの、心が満たされるもの、そしてなによりも重要な、心から好きになってくれるだろうものを理解しようとする。人々が**それぞれの生活**のなかで実際にどのように行動しているかを観察し、常に対話し、大小さまざまなハッスル（煩わしさ）を解決する方法を見出す。そして、人々の暮らしをより快適に、便利に、生産的に、あるいは楽しいものにする。ディマンド・クリエーターは、われわれが**ほしい**と思う前からなにが**必要**なのかわかっているように見える。人々が必ず受け入れるもの、そしてライバルが真似できないものを創り上げる。

とはいっても、真のディマンド創出に初めから成功することはまずない。真のディマンドとは、人的要因と、価格、感情、社会規範、インフラ、製品デザイン、コミュニケーション様式といった予測不能の変数との交点から生まれる。こうしたすべての要因は複雑かつ予測不能な、直観ではわかりえない形で影響しあっている。人々を説得して買うように仕向けるという考え方から、人間理解、つまり世界を顧客の目や思いで見るという考え方に大きく切り替えることによってディマンドは生まれる。ディマンドがつまった金庫の扉は、何十ものカギをぴたりと合わせなければ開かない。だが、それさえできれば、すばらしいことが起きるのだ。われわれにとっても、顧客にとってもすばらしいことが。

❏　❏　❏

一九九七年のある日、リード・ヘイスティングスという名の男が家で暇をもてあまし、古新聞を束ねたり、山積みになった通販カタログを選分したりしていた。すると、置きっぱなしになった紙屑の下から、とんでもないものが出てきた。映画『アポロ13』のビデオだった。六週間前のある夜、妻と一緒に楽しんだビデオだった。次の日の朝にブロックバスターへ返却しなければならなかったヤツだ――彼はひどく落ち込んだ。

まず頭をよぎったのは、延滞金だった。四〇ドル。それだけあれば新品が買えるじゃないか。彼はしみったれた後悔にさいなまれた。自分の不注意が招いたことだったからだ。

次に頭に浮かんだのは、さらに落ち込むようなことだった。**「妻はなんて言うだろう？」**おそらくなにも言わないだろう。それがわかっていたので、ますます辛くなってきた。妻の反応は手に取るようにわかった。世の辛抱強い奥方たちと同じように、呆れた顔をするだけだ。ヘイスティングスの言い方を借りれば、「殺されかねないような呆れ顔」を。

こんな思いをした人はごまんといる。だが、彼が、その他大勢と異なっていたのは、この煩わしさから疑問が生まれたことだ。ビデオ・レンタルの仕組みと、そこから派生するハッスル（面倒な事柄）に対する疑問だった。

その日、延滞金四〇ドルのことをくよくよと考えながら、ジムに向かう道で、ふと疑問が湧いた。「なんでビデオ・レンタルは、ジムのようにできないんだ？　どこで見ようと、何度見ようと見まいと、同じ料金ってわけにいかないんだ？」疑問は次々に浮かんできた。ビデオ・レンタル業は延滞金なしの定額会費では成り立たないのか？　顧客は延滞金を課さなくても返却するだろうか？　顧客を満足させられるだけの在庫を準備することができるだろうか？　それで採算はとれるだろうか？

ヘイスティングスは頭に浮かんできたアイデアを、まずは紙の上で、次に実生活のなかで考えはじめた。そして、ついに誕生したビジネスが、二一世紀、最も急成長を遂げた企業のひとつ、ネットフリックスだった。

いまにして思えば、彼のアイデアは成功間違いないように見える。延滞金や諸々のささいな不便さ（とそれに付随するイライラ）を排除したＤＶＤレンタルが**ほしくない**人などいないはずだ。しかも、ネットフリックスの躍進はブロックバスターのお偉方の鼻先で起きた。彼らはネットフリックスの**19四半期にわたる連続成長**を目のあたりにしたあと、ようやく独自のレンタルＤＶＤの郵送サービスに着手する決意を固めた。この間、ネットフリックスは、この分野ではるかに有利な位置にいた数々のライバル企業――ブロックバスターのみならず、ウォルマート、アマゾン、ディズニーといった小売業界、エンタテインメント業界の巨人たちをことごとく打ち負かした。

なぜこのようなことが起きたのか？　リード・ヘイスティングスはなぜ、大半の消費者が経験しながら、結局は無視したり文句を言うだけだったハッスルのなかに、一〇億ドルのディマンドが隠れていると見抜くことができたのだろう？

これは、本書のテーマである大きな謎――**ディマンドの謎**をひもとく一例である。

アメリカでは何百万もの人々がモノで溢れた家に暮らしているが、日々の暮らしには、**失望**や**不自由さ**、**ややこしさ**、**リスク**など、あらゆる種類のハッスルが溢れかえっている。どれだけたくさんのものを買いこもうと、本当にほしいものと妥協して受け入れる商品やサービスのあいだには、まだ大きなギャップが存在する。リード・ヘイスティングスが気づいたように、この**ギャップ**こそが新たなディマンドを創造する機会を提供してくれる。

❏　❏　❏

リード・ヘイスティングスが頭のなかでネットフリックスのアイデアを温めているころ、地球の裏側ではもうひとつのディマンド創出物語が姿を現していた。その背景や詳細はネットフリックスの物語とは似ても似つかないものだったが、根本的なメカニズムは酷似していた。

インド南西部の海岸に近いパリプラムの漁師バブー・ラジャンは、発展途上国の例にもれず貧しかった。めぼしい資産といえば、日々の糧を稼ぐための、一四人の漁師仲間で所有する全長二二メートルの鋼鉄製トロール漁船〈アンダバン〉だけだ。彼らは、南アジアの何百万もの飢えた貧しい民の食料となる、安くて豊かなイワシの群れを探してアラビア海に船を出す。漁の仕方といえば、長さ八〇〇メートルほどの底引き網を下ろし、豊漁を祈って船首に据えつけたヒンドゥー教の小さな廟でお香を炊くという、ラジャンの父親や祖父の時代と寸分変わらぬ昔ながらのやり方だ。

ツキに恵まれ、夜明け前のひと仕事で漁獲高が四トンを超え、一八〇〇ドルを超える利益を仲間で山分けする日もあれば、利益ゼロ、あるいはほぼゼロに等しい日もある。水揚げが少なければ、利益は燃料費で消えてしまうからだ。海の恵みは予測不能だ。だからこそ、獲った魚はできるだけ高く売らなければならない。

そのうえ、ここでは自然の容赦ない力が非情な役割をはたす。ラジャンと仲間たちは、一〇時間から一二時間も魚を追い、その日一日、海がもたらしてくれた恩恵を積んで一番近い港に船をつけ、埠頭で地元の海産物卸売業者と折衝する。ギラギラと照りつける熱帯の太陽のもとでは鮮度がもたないことを、ラジャンも業者も重々承知している。港を渡り歩いて買取価格を吟味する余裕はない。明日はもっと獲れますようにと祈りながら業者の言い値をのむしか、選択肢はない。このいかんともしがたいロジックが、インドの漁師とその家族たちが貧困から抜け出せない理由のひとつでもある。

少なくとも最近までは、こんな状況だった。二〇〇三年ごろ、バブー・ラジャンは地方に暮らす何百万もの人々と同じことをした。つまり、標準的な一カ月分の収入に相当する額をなんとか捻出して、父親や祖父には高嶺の花だった道具、携帯電話を購入したのだ。そして、彼の生活と仕事は劇的に変わった。

現在、ラジャンは防水用のプラスチック・ケースに入れた携帯電話を首から下げ、アラビア海を操業している。そこへ近隣の一〇以上の港の卸売業者から定期的に電話がかかってくる。「今日はどうだ？」　彼らが知りたいのは漁獲高だ。「何時にこっちへ入港する？　ほかから引き合いはあるのか？」

「大漁だと、港に入るまで六〇～七〇回電話が鳴るんだ」

いまやラジャンは、どこにいようと、公正な自由市場で何人もの業者の言い値を検討することができるようになった。どの港に魚を揚げるかを決めるのは、一番高い値をつけた業者と話をつけてからだ。おかげで、この一〇年間で収入は三倍以上に増え、電化製品やテレビ、子供たちの学校教育といった、かつて田舎の貧しい村ではありえないような贅沢が可能になった。

携帯電話がインドの田舎町に与えた影響は漁師にとどまらなかった。最近まで、農民たちも農作物の栽培に必要な情報を、ヤマ勘、慣習、クチコミ、宗教儀式といった何千年も昔から使われてきた、テクノロジーとは無縁な方法に依存してきた。その結果が、市場変動、旱魃、洪水、農作物の病害、さまざまな経済的打撃に対する極端な脆弱さだった。毎年、インドで収穫される果物と野菜の三分の一以上がムダになるのは、情報不足による市場の失敗によるものだ。

こんにち携帯電話の出現でこうした状況は変わりつつある。いまや北のウタルプラデシュ州から南のタミルナドゥ州にいたるインドの四〇パーセント以上の農民が、携帯電話を使った農業情報サービスを利用している。特定の地方市場における、ある作物の最高値と最安値、その日の入荷量など、必要に応じた市況情報を音声や文字データで受け取れる。また、水田の雑草の防除策、バナナの栽培方法といったノウハウも提供してくれる。

この種の情報はアメリカの農民なら当たり前のことだろうが、発展途上の国々での影響は計り知れない。インドでは、携帯電話の普及率が高い地方ほど貧困脱却と経済発展のスピードが速く、自動車、住宅、既製服や食料、医療から教育にいたる良質なサービスに対する需要を創出していることが研究で明らかになっている。社会全体が豊かになることで需要のサイクルが生み出されたのである。

この原動力となった製品がノキア1100だ。先進国の人々は、この携帯電話に対する巨大な需要を知って驚愕するだろう。この一〇年に登場した最も印象的なハイテク製品を挙げてみよう。任天堂のゲーム機Ｗｉｉは、発売五年で四五〇〇万台を売り上げた。やはり五年で、モトローラのＲＡＺＲ（レーザー）は五〇〇〇万台、ゲーム機のプレイステーション2は一億二五〇〇万台、ｉＰｏｄは一億七四〇〇万台だった。ノキア1100は、最初の五年で二億五〇〇〇万台、その大半は世界でも最も貧しいといわれる国々での売上だった。ノキア1100は世界一売れた家電製品となった。

ノキア1100成功のカギは設計だ。ノキア1100は、南アジア、ラテンアメリカ、サハラ以南のアフリカといった国々の農村地帯の生活に不可欠な機能は備えている。だが、それ以外は容赦なく簡略化、あるいは完全に切り捨てている。同時に、欧米人には思いもつかないようなオプションを提供している。たとえば、何人ものユーザーの連絡先リストを保存することができる。これは、村人たちが共有する携帯電話には必須の機能だ。また、ユーザーは個々の通話に対して料金の上限を設定することができる。これも共有する場合には必要な機能だ。電力供給が不安定な場所で役に立つ懐中電灯、ラジオ、目覚まし時計なども内蔵されている。さらには、画面表示言語数は八〇を超え、読み書きができない人のためにアイコン表示も選択することができる。

ノキア1100は洞察力と創造力の賜物だ。ノキアのエンジニアたちは南アジアの農民の視点で世界を見た。彼らが直面するハッスルを認識し、共感し、それを劇的に軽減する製品を開発した。

そして、何百万人もの暮らしを変え、その過程で新たな巨大なディマンドを創出したのである。

ネットフリックスとノキア１１００は、ディマンド創出術の複雑さ、さらにはその世界を変える力を鮮明に物語っている。こうした数々の成功例を学べば学ぶほど、ディマンドがいかに複雑なものであるか、そして、これまで考えられていたよりもはるかに魅力的なものであることに気づかされる。

❏　❏　❏

だが、なぜいまディマンドが問題なのか？　企業のトップや経済政策立案者たちにかぎらず、すべての人々にとってディマンドの謎を解明することが重要なのはなぜか？　その答えは、劇的に変化を遂げているこの世界にある。

われわれはふたつの経済の時代に暮らしている。ひとつは、新聞のトップ記事やテレビニュースで取り上げられる経済、リーマン・ショックと世界金融危機から抜け出せずにいる経済だ。ここでは、何百万もの人々が失業し、それ以上の潜在失業者を生み出し、企業は投資に二の足を踏み、工場から機械音が消え、自動車業界、家電業界、航空業界と次々に停滞状態に陥っている。何十年にもわたって成長と繁栄の推進力となった消費者需要は、いまやどういうわけか減退し、人々に深刻な事態をもたらしている。

しかし、この経済と同じ時空にもうひとつの経済が存在する。エンジン全開でヒートアップしている経済だ。こちらの経済にいるひと握りの企業は、ライバル社に比べて健闘しているというレベルを超えて成功している。彼らは「**飛躍的**」に成長を遂げているのだ。彼らはディマンドを惹きつけるだけでなく、人々を心から**興奮させる**新製品やサービスを創り出す。そこからダントツの成長率、強気の価格づけ、驚異的な顧客ロイヤルティが生まれる。この経済のなかでは、企業は成長し、着実な収益を上げ、顧客ロイヤルティは強化され、無数の雇用が生まれ、何百万もの人々の生活が大小さまざまな形で向上している。

なにが起きているのだろう？

本書はこの問いに答えよう。そのために、まずはディマンドの謎を新鮮な目で調べよう。顧客と生産者とは誰か、両者はどのようにマーケットで出会うのかを、既存の想定や仮説といったフィルターや障害を取り払って観察しなければならない。**好奇心やわくわくする思い**で素朴な疑問を投げかける子供のように、ディマンドを考えていかなければならない。ディマンドは実際のところ、どのようにして発生するのか？　そして、この経済が困窮する時代にあって爆発的かつ持続的なディマンドを創り出している企業は、どのようにしてそれが可能なのか？

一連の**アノマリー**（例外的現象）——どうにも合点がいかない奇妙な事例——を知ると、私のディマンドへの好奇心はさらに強くなった。ネットフリックスやノキア1100誕生の驚くべき物語に興味をかきたてられ、同じような**ディマンド・アノマリー**がいくらでも見えてきた。

ソニーは、アマゾン・キンドルが電子書籍革命に乗り出す以前に、日本の活気ある書籍市場でソニー・リーダーというほとんど同じ機能の製品を発売したが、完敗に終わった。ソニーが三年も先んじていたにもかかわらず、なぜキンドルはソニーの何倍も売れたのだろう？

優れた文化を振興するNPO法人は、資金繰りとの戦いに明け暮れている。だが、中規模都市のオペラ・カンパニーは、公演のたびに右肩上がりのディマンドを創り出す秘訣を習得した。どうやったのか？

莫大な維持費と環境コストがかかるというのに、周知のとおりアメリカ人は車好きだ。急成長するカーシェアリング企業は、どのようにしてアメリカ人に愛車をあきらめさせ、**「喜んで」**シェアする方向に導いたのか？

アメリカの医療分野は経済破綻に直面している。だが、カリフォルニア州のほとんど無名の病院は、非常に優れたサービスを提供し、患者の健康状態や満足度を向上させ、同時にコストを二〇パーセント削減する方法を見つけだした。どうしてそんなことが可能なのか？

何十年にもわたってアメリカの教育状況が低迷していることはよく知られている。だが、大学を卒業したばかりの若者が教育NPOを立ち上げ、学生と親の立場に立った**ディマンド**、実際に役立つ教育に対するディマンドに応えるべくアメリカの教育変革に乗り出した。どのようにして起きたのだろう？

ディマンド創出プロセスの予測不能な戦いは、いつ終わるともしれない一対一の直接対決を生み出す。たとえば、フェイスブック対マイスペース、トヨタのプリウス対ホンダのシビック・ハイブリッド、iPod対サンサ、ユーロスター対エールフランスなど、いくらでも挙げられる。いずれの場合も、ふたつの製品は一見、大差ない。しかし消費者のディマンドは一方に極端に集中する。その集中ぶりは、数パーセント上回る程度ではなく、五倍もしくは一〇倍にも達する。なぜか？

製品は基本的に同じようにしか見えないのに、なにがディマンドにこれほどの大差をつけるのだろう？

こうした数々のアノマリー事例を詳しく検討してみると、独特な洞察力と行動力を持つ特別な人間がディマンドを創出していることがわかった。とはいえ、彼らが実践したスキルは**どこの**リーダーでも、**どこの**チームでも習得し、運用することができる。

ディマンド・クリエーターたちは、人々が買うものと実際ほしがっているものとのあいだに大きな**ギャップ**があることに気づく。そしてそのギャップをきっかけに、ディマンドの側から物事を考える。現実をとらえ直し、組み立て直す。その結果、人々がどうしてもほしくなる製品でありながら、ライバルは模倣できない製品が誕生するというわけだ。

この再考プロセスには、優れたディマンド・クリエーターなら誰しも辿るいくつかのステップがある。

1　マグネティック（Magnetic）——機能面と情緒面の「魅力」が需要を生み出す

市場に登場する製品の大半はよいものだ。なかには非常に優れているものもあるが、顧客との感情的な結びつきを創り上げるという点で失敗している。「優れているもの」が「魅力的」とはかぎらない——ディマンド・クリエーターはまずこの厳しい現実認識からはじめる。そして、抗いがたい魅力を持つ、興奮してそこら中でしゃべらずにはいられない製品が完成するまで、試行錯誤を繰り返す。ディマンド創出の勝者となるのは、一番に市場に参入した者ではなく、最初に市場の共感を創り出し獲得した者だ。

2　ハッスル・マップ（Hassle Map）――時間とお金をムダにする「欠点」を明らかにする

われわれが購入する製品の大半には欠陥がある。時間やお金のムダ、不親切な取扱説明書、不必要なリスク、イライラするようなバグや不具合など、さまざまなハッスルが多々発生する。使いやすさと多様な選択肢、高度な自動化ときめ細かい個人対応のサービス、品質向上と低価格。両者を兼ね備えた思い通りのものが手に入ることはめったにない。だが、ディマンド・クリエーターにとっては、ここに巨大な機会が埋もれている。日々の暮らしの大きな部分を占めるハッスルを分析し、改善方法を見出すことによって、潜在する爆発的なディマンドへの道が拓かれる。

3　バックストーリー（Backstory）――「見えない要素」で魅力を強化する

見えないものが製品の成功を左右することがある。ディマンド・クリエーターたちは、九割方完成したバックストーリーでは不充分だと考える。**完璧な**バックストーリーが整わなければ、ディマンドは生まれない。顧客のハッスル・マップの改善に必要なすべての点をつなぐのだ。

4　トリガー（Trigger）――人々を「夢中」にさせ、購買の決断を下してもらう

ディマンド創出の最大の障害は、怠惰、懐疑主義、習慣、無関心だ。人々は、製品に関する噂を耳にしても、すぐに購買行動には走らず、様子見を決め込む。こうしてディマンドの成長は抑制される。人々に行動を起こさせるもの——それがトリガーだ。優れた企業でも適切なトリガーを見出すまでに何年もかかるものだが、偉大なディマンド・クリエーターは常にトリガーを探求し、様子見をしている人々を顧客に変えるなにかを見つけようとしている。

5　トラジェクトリー（Trajectory）——魅力を「進化」させ、新しい需要層を掘り起こす

製品の市場投入は、市場の無関心に対する一連の攻撃の第一段階にすぎない。偉大なディマンド・クリエーターは、市場参入のその日から、次なる段階、できるだけ早く成長軌道に乗せる方法を模索する。技術面と感情面で改善を施すたびに新しい層のディマンドを解き放ち、右へならえで便乗しようとするライバルがつけ入る隙をなくすことができるからだ。

6　バリエーション（Variation）——「コスト効率の高い製品多様化」を図る

「すべてのディマンドを満たす万能な製品」。偉大なディマンド・クリエーターたちは、このじつに魅力的なアイデアをボツにしてきた。そんな製品はありえない。「平均的顧客」は神話にすぎず、個々の顧客のハッスル・マップは千差万別（さらには同じ顧客でも時期によって異なる）だと考え、複雑な市場の「平均」を探る発想からの脱却を目指す。過剰（顧客が求めていないもの）と不足（顧客が埋めてほしいと願っているギャップ）を取り除き、多様な顧客タイプの多様なニーズにより近づけた製品バリエーションを作るための、効率的かつ費用対効果の高い方法を模索する。そして、多様な顧客タイプの六〇パーセントから九〇パーセント以上に応じた製品をコンスタントに送

り出していく。

❏　❏　❏

偉大なディマンド・クリエーターたちは、いま挙げた六つのスキルをマスターしているだけでなく、人に伝える方法も知っている。チームを組織し、顧客とそのニーズを四六時中、追い求め、顧客が買うものと実際ほしがっているものとのあいだの不可思議な相違をひたすら探求している。そして、ひと握りの人々だけではなく、何百万、何千万もの顧客のハッスルを軽減し、より快適な暮らしを実現する製品を提供する。この高みまで到達するには、偉大な組織力が必要だ。

ディマンド・クリエーターには**秘密にしておきたい優位**がある。それは、ライバルの多くが「アンチ・ディマンド」企業だという点だ。ライバルは縦割り組織で互いの連携がなく、会議では過去の需要を掘り起こす議論に明け暮れ、顧客行動が発するシグナルに驚くほど鈍感な企業なのだ。

ディマンド・クリエーターは並外れた能力を持っている。ディマンドの謎を解くにあたって、多くのディマンド・クリエーターに会い、仕事の仕方を間近で見る機会に恵まれた。そして、大企業にかぎらず小さな企業やNPO法人など、さまざまな組織で偉大なディマンド・クリエーターを発見した。創業者やCEOもいれば、中間管理職、第一線に立つ社員、小さな企業の経営者や実業家、理想に燃える改革者、さまざまな職業を持つ一見したところ目立たない人々もいた。彼らはおしなべて好奇心旺盛、非常にエネルギッシュで、思慮深く自制的で、自信に溢れていながら常に自分に問いかける姿勢を忘れず、謙虚できわめて洗練されたユーモアのセンスを持っている。そして、常に顧客の「**次なる**」ハッスル・マップを探しつづけている。

だが、これだけ多様な分野で活躍するディマンド・クリエーターに共通する最も重要な特質は、**シンプル**だ。すなわち**明日のディマンドはどこから生まれるのか**という問いに直面したとき、彼らが指標とするのは政府やフォーチュン500企業、あるいはマクロ経済の動向ではない。

鏡に映る自分の姿である。

目次

1 マグネティック——機能面と情緒面の「魅力」が需要を生み出す

Magnetic ①きわめて抗いがたく魅力的であること。②強い感情的訴求力と優れた機能性の結合。③力強いディマンドの潮流を生み出すことができるもの。

新しい自由をもたらしたジップカー

二〇〇三年二月一四日、金曜日の夜。気の抜けない過酷な一日をすごしたスコット・グリフィスは、車を走らせ家路についた。その日、彼はジップカーの役員会で、創業者ロビン・チェイスに代わって新CEOに選出された。

四四歳のグリフィスにとって、それはストレスのかかる激動の一日だった。企業のマネジメントを担い一社を成功させ、一社を失敗させた後に、新たに革新的な若い企業の舵取り役に返り咲けたことは嬉しかった。ジップカーは、車の使い方に革命を起こすビジネスだった。所有に代わる手軽なシェア手段を提供し、家計の節約に役立ち、ハッスル（煩わしさ）を取り除き、環境保護にもなる。彼はそのユニークさと類まれな志に惹かれた。とはいえ、チェイスと彼女のチームが四年にもおよぶリサーチ、実験、改良との戦いに身を削って奮闘したにもかかわらず、ビジネスの足場はいぜんとして不安定だった。ディマンドは不充分で、採算ラインをはるかに下回っていた。ロケットにたとえれば、発射には成功したものの、重力圏から脱出する速度には達しなかったといったところだ。新規ビジネスや新製品の八〇パーセント以上がこの強力な重力圏から抜け出せず失敗する。ジップカーも何度も発射しては墜落を繰り返していた。

経営陣やチーム・メンバーはいくつもの解決策を打ち出した。価格の引き下げ、広告宣伝の強化、無料試乗会員、車種のラインナップの変更、ウェブサイトのデザイン変更などだ。しかし、ディマンドが不足しているという問題は明白だったにもかかわらず、解決策は見えなかった。

グリフィスはかねてから技術進歩とディマンドの交点に魅力を感じていた。一九七〇年代にピッツバーグで育った彼は、鉄鋼業が廃れ地元経済が破綻していくのを目のあたりにした。生来「修理好き」だったようで、九歳のとき、はんだごてで家のトースターを直したという思い出話を好んで口にする。「運よく感電は免れたんだ」

ジップカーは、この人物に会社の「修理」を依頼したわけだ。はたして彼は、ロケットが脱出速度に到達しない原因を割り出すことができただろうか？　そして、彼は資金が枯渇する前に修理に成功しただろうか？

❏　❏　❏

アメリカ人は自分の車に愛着を持っている。これは本当の話だ。アメリカ文化評論家たちも口を揃えてそう言っている。世間の人たちにも異論はないだろう。二〇〇一年の調査によると、アメリカ人の八四パーセントは自分の車を愛していると答え、名前をつけている人が一二パーセント、バレンタイン・デーに車のためにプレゼントを買う人も一七パーセントいた。たしかに、アメリカ人は車が好きだ。

だが、本当にそうなのか？

彼らは車通勤が好きなのか？ 悪名高いアトランタやロサンゼルスなどの都市で日々発生する交通渋滞、ニューヨークのロングアイランド高速道路で時速一〇キロ以下のノロノロ運転（「世界一長い駐車場」と揶揄《やゆ》される）、マンハッタン、シカゴあるいはフィラデルフィアのデコボコ道を走るバスや貨物トラック、ガタガタのタクシー、二重駐車した車を縫って運転する恐怖のアドベンチャーが好きだというのだろうか？ 好きこのんで、駐車スペースを探してあちこちさまよったり、公共駐車場で三〇〇〇台のなかから愛車を探し出しているのだろうか？ 自動車保険料、修理代、駐車違反の罰金、登録料、税金を払うのが好きなのか？ めまぐるしく変わるガソリン価格を楽しみにガソリンスタンドに通っているというのだろうか？

アメリカ人はたしかに車好きなのかもしれない。そう言いながらも、反面、憎しみにも通じる嫌な面もある。

ミシガン州アナーバーに住むジャーナリスト、マリー・モーガンは、かねてから愛憎相半ばするアメリカ人と車との関係について思いをめぐらせていた。実際、昔から車を手放そうかと家族と話していたが、手放すにはいたらなかった。アナーバーの街は公共交通機関が整備され、モーガン家の人々は車に乗らなくても日常生活に支障はなかった。だが、彼女は言う。「私も、結論を先延ばしにしているひとりだということは認めます。私にとって車を持つのは習慣というか、中毒のようなもので、即座に断ち切るわけにはいきません。車のない生活に向かって少しずつ進みはじめた、いわばニコチン・パッチ段階なんです。車と縁を切るのを渋っている一因は、車を持っていると自由が手に入る感じがするからです。車がないと囚われの身になったような気になると思います」

この話に説得力があるのは、彼女が自分の車に対する感情を**「中毒」**という言葉で表現した点だ。この言葉は、有害でなんとしてでも変えたいと思っていながら、なぜかできないという場合に使われる。まさに、この中毒ゆえに、何百万ものアメリカ人が車を購入する。車やそれに付随するハッスルを愛しているからではなく、車を持つことが**心から愛してやまない自由の感覚**を体験する唯一の手段だからだ。

偉大なディマンド・クリエーターが特別な存在である理由は、ひとつには、われわれが買うものと実際に**ほしがっているもの**が必ずしも一致しないことを熟知しているからだ。両者のあいだには計り知れないギャップがあり、このギャップがディマンド創出の機会を生み出す。

残念なことに、この機会を真のディマンドに変えるのは、ほとんど不可能に近い。

一九七〇年代、八〇年代、九〇年代にかけて、原油流出による海洋汚染、石油ショック、供給不足、忍び寄る温暖化の脅威によって、石油に依存する危険性が露呈し、進歩的な政治リーダーや都市計画立案者たちは大衆の車への依存をなくす、あるいは減らそうと努力した。そのために、公共交通機関の整備、自動車乗り入れ禁止地区や歩行者専用道路の設置、自動車規制や免許取得要件の強化、増税、通行料制度の導入、面倒な駐車制限など、数々の措置を導入した。

だが、こうした努力のほとんどはムダだった。人々は運転習慣を断ち切りたいと**口にした**が、実行に移す人はほとんどいなかった（二〇〇〇年にアメリカの風刺新聞《ジ・オニオン》紙に載った見出し「アメリカの通勤者の九八パーセントは、他人が公共交通機関を利用することを支持」はじつに的確だ）。強い魅力を持つ代替手段が欠けていたのだ。つまり、自動車所有にまつわるハッスルを排除しつつ、アメリカ人が自動車所有を愛する理由――自由、簡便さ、楽しさ――を提供する交通手段だった。

政治の世界には、「雑魚《ざこ》が束になっても大物は敗れない」という言葉がある。いかに人気のない現職でも、相手陣営がパッとしなければ再選されるということだ。ディマンドの世界でも、既存製品の欠点を特定するだけでは足りない。顧客を動かしその購買行動を変えさせる魅力的でワクワクするような代替製品を作らなければならない。ようするに、新しいディマンドのはじまりには、必ず人を惹きつけるマグネティックな製品があるということだ。*

マグネティックな製品とはどのようなものか？　それを簡単に見極める方法がある。

次ページの表に挙げる製品を考えてみよう。魅力的なもの、興味があるもの、ほしいもの、好きなもの――つまりマグネティックなのはどちらか、あれこれ考えずに瞬時に判断してみよう。

ここに挙げた名前すべてを知っているともかぎらない。だが、このリストを見せた何千人ものここ

＊　ここで使った「製品」という用語は、「サービス」と称される無形の製品も含めて、顧客に供されるあらゆるものを意味する。本書では、「製品・サービス」の意味で「製品」を使っている。

サンサ	iPod
ソニー・リーダー	キンドル
シビック・ハイブリッド	プリウス
ハーツ・コネクト	ジップカー
イリー	ネスプレッソ
エースフランス	ユーロスター
マイスペース	フェイスブック
ブロックバスター	ネットフリックス
ブリティッシュ・エアウェイズ	ヴァージン・アトランティック
レゴ以外のおもちゃ	レゴ
ピクサー以外の映画製作会社	ピクサー
ヤフー	グーグル
アマゾン以外のネット通販	アマゾン

人々の大半と同じ感覚なら、はっきりした違いがあるわけではないにもかかわらず、左より右の名前のほうに強く惹きつけられたはずだ。これから分析するように、「マグネティック」とは、機能性と感情的訴求力を兼ね備えたもので、大きな新しいディマンドを創出するために必要な大切な要素のひとつである。

一九九九年、ロビン・チェイスは、自家用車に代わるマグネティックな代替品を作るという難しい挑戦に乗り出した。

ウェルズリー大学で公衆衛生を学び、MITスローン校でMBAを取得したチェイスは、熱心な環境保護主義者で、かねてからアメリカ人の車中毒を憂いていた。「化石燃料は新しい奴隷」と題した論文では、石油は奴隷に代わる安価なエネルギーであると論じている。

チェイスは、アメリカの環境問題への意識を変えるという使命にビジネスの才を活かす方法を模索していた。そして、一九九九年、カーシェアリングという、車ジレンマを解決するあまり知られていないアプローチがあることを知った。都市住民を中心に複数の人が一台の車を共有することによって、不必要な車を路上から排除するという考え方だ。

カーシェアリングはいろいろな意味で資源保護に役立てることができる、とチェイスは考えた。路上の車が減れば、製造に必要な鉄鋼、ゴム、ガラスその他の原料を減らすことができる。高速道路や駐車場に必要な土地の節約にもなる。カーシェアリングに参加するドライバーなら、五ブロック先のスーパーに車で行こうとする人はそういないはずだ。無用な走行や赤信号でのアイドリング、駐車場を探してガソリンをムダにすることもなくなる。

西欧諸国や、アメリカでもオレゴン州ポートランドなどいくつかの都市では、すでに非営利事業としてカーシェアリングが行われていた。だが、行政の助成事業は、不便で魅力的ではなかった。車のキーは市の中心部の金庫に保管されていて、利用後は手書きで走行記録を記入しなければならなかった。筋金入りの環境保護主義者ならともかく、この手のカーシェアリングへのディマンドは実質的にゼロに等しかった。

自家用車のハッスルを別のハッスルに置き換えてしまっては、新しいディマンドの創出などできないと、チェイスは考えた。インターネットがカーシェアリングのハッスルを減らしたり、なくしたりできるだろうと思った。そして、カーシェアリングは、営利企業が市場の主流をなす顧客から生じる純粋なディマンドを惹きつけてこそ、その環境面のメリットを実現できるのだと確信した。

こうした展望のもとで、チェイスはドイツ人の友人アンティエ・ダニエルソンとともに、大胆なベンチャー投資家数人から一三〇〇万ドルを調達し、彼女の地元マサチューセッツ州ケンブリッジに会社を設立した。ふたりは、カーシェアリングをちっぽけなニッチ事業からアメリカのエネルギーや環境問題に影響を与える一大ムーブメントに変えようと決意した。

ＣＴＯ（最高技術責任者）には、チェイスの夫ロイ・ラッセルが就任した。彼はプログラマーのチームを率い、予約や車の追跡を行うウェブ・システムの開発にとりかかった。車はあらかじめ近隣のガレージや駐車場に設けた専用駐車スペースに停め、年会費を払った会員なら誰でも、数回マウスをクリックするだけで一番近い場所に停めてある車を使うことができる。会員はデジタル符号化されたカードを使って乗車する。精算は煩雑な書類なしに、オンラインで自動的に行われる。保険料は時間当たりの使用料に含まれるため、申込用紙に記入する必要もない。ガソリンは、車内に備えつけられたカードを使えば、ガソリンスタンドでお金を払わず、給油できる。

こうした新しい手法が、カーシェアリングの**「機能」**を劇的に改善した。「目標は、ＡＴＭで現金を引き出すのと同じぐらい手軽に車を利用できるようにする」ことだった、とチェイスは言う。こうして、新しいインターネットを使ったレンタル・システムはおおいに身近なものとなった。アーリー・アダプターたちはこう振り返っている。「手続きのために約一五キロ先のオフィスまで出向かずに済んだのです！」。別の人は、「係の人と対面しなくてもウェブサイトで予約するだけだった！」と驚いた。このシステムを「市街地の移動に最も手軽で安い手段だ」と言う人もいた。

チェイスが改良した点は大切だった。効率的で手ごろで便利で煩わしくないこと――マグネティックな製品は**飛びぬけた機能性**を備えていなければならないからだ。だが、先に触れたように、機能だけではマグネティックな製品にはならない。サンディスクやその他のメーカーのＭＰ３プレーヤーでもｉＰｏｄと同じように音楽を聴くことができる。機能に加えて必要なのは、**感情的な結びつき**だ。ｉＰｏｄの場合は、すばらしいデザイン、最高のユーザー・インターフェース、検索システム、購入方法、実質的に世界中で手軽に楽しめるコンテンツが感情的な結びつきを生み出している。普通のＭＰ３を持っている人が「役に立つよ」とか「いいよ」と言うのに対して、ｉＰｏｄを持っている人は一〇人中一〇人が**「気に入ってる！」**と言うのはこのためだ。両者の関係を簡単な方程式にするとこうなる。

Ｍ（マグネティック）＝Ｆ（機能）×Ｅ（感情）

ようするに、マグネティックとは、「優れた機能性」×「優れた感情的訴求力」である。この事実を踏まえて、チェイスは社名をどうするか頭を悩ませた。社名がブランド・イメージを作ると考えたからだ。チェイスとダニエルソンはいくつか候補を出して、ボストンの街で通行人の意見を聞くことにした。まず、ホイールシェアという名前は、車椅子《ホイールチェア》と音が似ているのですぐに却下された。

次なる候補はＵＳカーシェアだった。聞いてみたところ、「カーシェア」というコンセプト自体に根深い嫌悪感を抱く人が多いことに気づいてチェイスは驚いたそうだ。のちに「この言葉に人々は過剰に反応した」と語っている。

彼らは順番を待ちなさいと説教されているように感じたようです。私はこのとき、スタッフに「カーシェアリング」という言葉を使うのを禁じました。ホテルを「ベッドシェアリング」とは言わないでしょう? あまりにも露骨な感じですから。ボーリングを「靴《シュー》シェアリング」と言わないのと同じです。こんな名前じゃ誰がボーリングをしたいと思うでしょう?

理想に燃えるロビン・チェイスには、**「カーシェアリング」**という言葉は地域社会や環境保護、高潔な志を呼び起こすものだったが、一般的なアメリカ人にとっては違和感のある不快な響きだった。彼女は顧客の声に耳を傾け、USカーシェアを却下した。

最終的に、「いつでも必要なときに」というスローガンとセットで決まった社名ジップカーは、楽しさや、ハッスルを取り除いた迅速で便利な車をイメージさせるものだった（「ジップ」は活力や疾走する音を意味する語）。車種は、現代的でエコの象徴でもある小型車、ファンキーなライムグリーンのフォルクスワーゲン・ビートルを選んだ。ジップカーは、ボストンの街を皮切りに、ワシントンDC、ニューヨークの街を走りはじめた。

さてその反応はと言うと、**「なにも起きなかった」**。ディマンド創出の世界で一番怖い言葉だ。あるいは、ほとんどなにも起きなかった。最初の年、会員数はたったの七五人だった。一九九九年から二〇〇三年にかけて、ジップカーは着実に、とは言ってもきわめてゆっくりとした速度で成長し、三都市で会員数はちょうど六〇〇〇人、車の台数は一三〇台で頭打ち状態に陥った。

チェイスは奮闘する製品をさらにマグネティックなものにするために、工夫を重ねた。たとえば、環境問題に高い関心を持つ都会の若者たちのあいだで話題になるように、ジップカーの社会的役割を強調した。また、ニューズレターを発行し、「写真のキャプション募集」コンクールを企画したり、読者から寄せられた一風変わったジップカー体験談を掲載して仲間意識を高めようとした。彼女は「ぜひ成功してほしいと思える商売に、顧客自身が参加し、出資しているという気持ちにさせたい」と考えた。各人が料理を持ち寄る夕食会を開催し、参加した会員がたった二五人でもまったくめげなかった。彼女によれば、「肝心なのは、四〇〇〇人の会員たちが『私は持ち寄り夕食会を開いてくれる会社の会員なの。すごいでしょ！』と思ってくれること」だった。

いずれも魅力的で楽しいものだったが、それでも大きなディマンドをもたらすほどマグネティックではなかった。採算はまるでとれなかった。だが、環境問題への意識をいっそう強くしたチェイスはいぜん楽観的だった。そして、自分の構想は「世界征服」であり、独占禁止法違反で訴えられた時点でジップカーは成功よ、などと冗談交じりに口にした。一方で、中国のような人口の多い新興国にジップカーのシステムを導入することが、私の「最期の願い」になると真剣に語っていた。「そういう国々の子供の夢がアメリカと同じ『大きくなって一七歳になったら自分の車に乗りたい』になる前に導入したい。正直、間違いなくそうなると思う」

だが、時が経つにつれて、投資家たちはだんだん不安になってきた。この情熱的なＣＥＯは、まっとうな投資収益より世界の救済のほうが大事だと考えているのではないかと思いはじめた。二〇〇三年、ジップカーの運営に必要だったおよそ七〇〇万ドルのメザニン・ファイナンス（資金調達手段として融資と株式の中間にあたる手法）はついに底をついた。チェイスは新たな資金源を探そうとしたが、取締役会はもうたくさんだと結論づけた。そして、みずからの展望と独創性と気力をすべてジップカーに注ぎ込んだチェイスは解任され、その手綱はスコット・グリフィスに委ねられた。

❑　❑　❑

グリフィスは、ボーイング、ヒューズ・エアクラフトを経て、ハイテク分野の新興企業を二社渡り歩いた。最初のインフォメーション・アメリカでは成功を収め、次のデジタル・グッズでは初期の電子書籍市場への参入に失敗していた。プライベート・エクイティ業界とつながりのある戦略ファームと投資会社などでパートナーとプリンシパルを務めた経験もあり、資金調達が急務なジップカーでその手腕を存分に発揮してくれるに違いなかった（ジップカーの問題は多くの有望株企業と共通のものだった）。

とはいえ、就任直後のグリフィスがまずとりかからなければならなかったのは、別の問題だった。一九九九年から二〇〇三年にロビン・チェイスと彼女のチームが作り上げたジップカー製品（ジップカー1・0と呼ぶ）は、それ以前のカーシェアリングに比べてはるかに魅力的だった。だが、売上の伸びはとぎれとぎれで、巨大な顧客基盤を確立するための必須要素が欠けていた。**なぜか？**それが大きな問題だった。

グリフィスは、チェイスが思い描きながら実現できなかった、圧倒的な魅力を持つ製品――ジップカー2・0――の開発に注力した。ジップカーが都会に暮らす人々の日常生活を向上させることを強調し、熱心な環境保護主義者以外にも訴求しようとした。「一世紀にもおよぶ自動車メーカーのマーケティングと決別せよと説得しようというのだから、ジップカーは選ばれるライフスタイルでなければならない」グリフィスは力説した。取締役のひとりピーター・アルドリッチの言葉を借りれば「政治運動から会社に脱皮する」には、これぐらい大がかりな転換が必要だった。ジップカーを成長させ、企業として存続できる状態にしなければならない。

まず、グリフィスは新規展開計画を中断することからはじめた。のちに彼はこう説明した。「わが社はどこかの都市でこのビジネスモデルが成り立つことを証明してみせる必要があった。これまではどうすれば利益が上がるかを真剣に考えていなかった」

ジップカー成長の活性剤として必要なものはなにか？　意見には事欠かなかった。試してみようという気にさせる積極的なマーケティングや広告キャンペーン、屋外広告、ポスター、ラジオやテレビのCMを奨める人もいれば、市民感覚や環境面での有用性に訴えるインタビューや記事をフリーペーパーに載せてメッセージを送ろうという人もいた。割引クーポン、無料試乗会員制度、地下鉄の駅の出口やショッピングモールのなかにジップカー登録ブースを設置するなど、昔ながらの販促手法を提案する人もいた。

だが、グリフィスは、まず顧客の好みや考え方を探ろうと考えた。ジップカーがマグネティックではない理由を突き止めるために、彼は様子見をしている人々を集めたフォーカス・グループを設置した。ジップカーとはなにかを知っているが、なんらかの理由で会員にはなっていない人たちを集めた。どのようなきっかけがあれば会員になるのか？　グリフィスは彼らの声に注意深く耳を傾け、躊躇させている要因の特定にとりわけ心血を注いだ。このプロセスで判明したのは、焦点がきちんと合わさった**「成長」**が、カーシェアリングに伴う数々の根深いハッスルを排除し、ジップカーの本来の魅力をおおいに高めることができると気づいた。

ジップカーが数台しかない街では、一番使いたい夜や週末に車がふさがっていた。家から一番近い車が一〇～一五ブロック先に停まっている場合も多かった。これぐらいなら不便というほどでもないと思うかもしれないが、車を借りるのに三〇分も余分にかかるようでは、顧客の「ディマンドの」ボタンを押す妨げには充分だ。

会員たちに話を聞くと、「一番近いジップカーが二ブロック以上離れていたら、真夜中にそこまで歩くと思うと嫌になる」、「家から歩いて五分以上かかるなら、わざわざ借りたりしない」という答えが返ってきた。いずれも大方の意見を代弁するものだ。

これは鶏が先か卵が先かという難しい問題である。不人気であること自体が車の台数を限定しているというのに、いかにしていつでも利用できるように台数を増やし、評判を呼び込むことができるのか？

グリフィスは実状を再考することでこのパズルを解いた。ジップカーの未来を握るカギは**「密度」**だ。彼はこう考えた。自家用車に代わる本当に便利なサービスを提供するには、会員のすぐ乗れる場所に車がなければならない。かりにボストンの会員数が二〇万人ならジップカー八〇〇〇台で問題はないはずだ。ジップカーはこの会員と車の比率をより小さな編成で**「シミュレート」**してみなければならない。

そのために彼は、慎重に選び抜いたいくつかの地域で、重点的に事業を展開することにした。この方法でもたらされたディマンド創出力はすぐに効力を発揮した。

ジップカーは、すべての都市に配備するという方向ではなく、若者やハイテクに詳しい人、環境への関心が高い人、倹約家といった典型的な会員が多く暮らす都市近郊の数カ所で、密度の濃いサービスを提供しはじめた。利用しそうな人が集中する地域に絞り込み、小さな規模の顧客基盤からはじめることによって、密度を達成することができたのである。

ジップカーは、「ブロックごと、郵便番号ごと」の配車を人々に浸透させるために、路上で宣伝するチームを送り込み、それぞれの地域に即した活発なマーケティング・キャンペーンに乗り出した。たとえば、自家用車を持たない若い専門職が多いワシントンDCでは、「だからジップカーが必要」と大きく書いたボロボロのソファを置いた。ボストンの地下鉄には、学生向けに「セックスに年三五〇時間、駐車場探しに年四二〇時間って、どこかおかしくない？」というポスターを掲げた。

ジップカーはディマンドの多様性に敏感に対応した。地域に合わせて車種も変えた。環境意識の高いケンブリッジにはハイブリッド車プリウス、一方でボストンの高級住宅街ビーコン・ヒルにはボルボやBMWを配車した。「コーヒーショップやクリーニング屋と同じだ」とグリフィスは言う。土地の店は地元の要望に合わせた固有のサービスを提供するものだ。ジップカーは細心の注意を払って、顧客予備軍のさまざまなタイプを特定し、タイプごとに訴求する製品やサービスの組み合わせを考案した。

一番大事なのは、「即座に乗れる密度」を可能にする地域密着型の戦略だった。限定した地域で台数を増やせば、手軽に利用できるし、すぐに目につく。計算してみれば明らかだった。車を停めておく場所をケンブリッジ中心部の一〇ブロック四方に一カ所なら、平均的な顧客に要する時間は徒歩一〇分だが、七カ所に増やせば五分、二〇カ所なら二分に短縮できた。一カ所増えるごとに、顧客に提供される価値は上昇した。

グリフィスの「即座に乗れる密度」戦略は、成長の上昇スパイラルに火を点けた。サービスを展開した地域では、人々は路上にジップカーが停まっている光景に慣れ、友達にあれはなんだと尋ねるようになった。そして、ひとつの地域でジップスター（ジップカー会員のこと）の数がクリティカル・マスに達すると、次々と他の地域に事業を拡大していった。

小さな事柄が大きな決断を左右する――これはディマンドと人間の本質を表す驚くべき真実である。ジップスターたちは自家用車の所有者に比べて年間何千ドルも節約することができる。言うまでもなく、駐車場探しやメンテナンス、修理、保険の手続きといった煩わしい事柄《ハッスル》に費やす途方もない時間も節約できる。だが、実際のところ、彼らに会員になる決意を促したのは、自宅から一〇分ではなく五分のところに停まっている車を見つけたことだ。この五分の差は、小さな誘因ではあるが、大幅に倹約できるという点よりも強力な訴求力になっているようだ。

そして、突如として、何万人もの人々がジップカーのマグネティックな特色に気づき、友達や家族や知人とその話をしはじめた。「郊外の友達の家に行くときでも、もう八〇ドルも払って面倒な手続きをしてレンタカーを借りなくてもよくなったんです。一番近いジップカーに飛び乗るだけ。経費も半分以下だから友達と長い時間すごせます」あるジップスターは言う。

「妻がプロのカメラマン」という男性は、「彼女は結婚式場に機材を運ぶために、月三、四回ジップカーを使っています。さもなければ、車を買わなければなりません。しなくてもいい大きな投資を強いられるわけです」

こんな声もある。「ジップカーのおかげで、いままでできなかったことができるようになりました。スーパーの宅配サービスは打ち切り、ワイン一、二本といった買い方ではなく**ケース買い**することでお金を倹約できます。クリスマスツリーは車の屋根に縛りつけて運んできます。**地下鉄だったらどうなることやら**」

「どこかで会議があるときは使うようにしてます。クライアントが興味を持ってくれて、かっこいいと言ってくれるんです」

成長速度が一気に上がったことで、「即座に乗れる密度」とマグネティックな訴求力を達成する別の方法も見つかった。このプロセスでグリフィスは、新しいタイプの顧客層を惹きつけることができた。

そのひとつが大学と提携し、学生や教職員の車を提供するというものだった。ほとんどの大学は、ジップカーの地理的重点地区に完璧に合致した。近辺には、若者やハイテクに詳しい人、環境への関心が高い人、用事や雑用に車が必要な懐《ふところ》が寂しい人たちが密集していた。また、駐車ルールを守らない、といった学生ドライバーにありがちな問題に対処するために少なからぬ時間を割いていた大学側も、車関連のハッスルを軽減してくれるプログラムを歓迎した（「顧客」は製品の最終顧客だけとはかぎらない。ジップカーは学生ドライバーとのハッスルをなくすことで、大学の学長たち

を「顧客」に取り込んだ。ディマンドは複数のレベルで同時発生させることができる非常に複雑な
ゲームである）。
二〇〇四年、グリフィスはウェルズリー大学と提携し、二一歳以下の学生ドライバーの保険料を
割り引いた。結果、自動車事故率が低かったため、彼はそのデータを取引先の保険会社リバティ
ー・ミューチュアルに見せ、他の三大学ではさらに割引率を増やすよう説得した。ここでも好結果
を生んだことで、この事業はさらに広がっていった。

現在、ジップカーは一五〇を超える大学と提携しており、長期的かつ巨大なディマンド成長の可能性が生まれている。二五歳以下の学生は、割引価格でジップカーを使えることを知ると喜んだ。従来のレンタカー会社には**見られないサービス**だ。卒業と同時に、彼はハーツやエイビスに乗り換えるだろうか、それとも習慣と感謝の気持ちから地元のジップカーの顧客になるだろうか？　ジップカーは後者を期待している。

また、クライアントのピックアップや営業など、ときおり車が必要になる小企業を対象に、ジップカーを「社用車」として売り込む事業も開始した。この新しいタイプの顧客層は、ジップカー製品に対するディマンドを**「時間帯」**という別次元に押し広げた。ジップカーの顧客のほとんどは夜間や週末に車を使う人たちだった。平日の日中、車は停まったままで生産性が低かった。グリフィスらが売り込んだ中小企業は、九時から五時までの需要のない時間帯を収益の発生する時間帯に変え、ジップカーの財務状態を改善してくれた。二〇〇九年には、企業顧客が売上の一五パーセントを占めるまでになり、契約企業数は二〇一〇年時点で一万社に上った。

「密度」はマグネティックな訴求力に欠かせないものだったが、顧客予備軍の意欲をそぐハッスルはほかにもあった。グリフィスはこれを取り除くための変革にとりかかった。たとえば、ジップカーの顧客は走行後に一マイル当たりの料金が課された。顧客は視界に入るオドメーターの目盛を嫌った。目盛が動くたびに料金が発生するからだ。そこで、ジップカー2・0では、一八〇マイル（約二九〇キロメートル）までは課金せずレンタル料のみで使えるようにした。

こうした再生プロセスのなかで、ロビン・チェイスが夢見たマスマーケットに対応したカーシェアリング・システムは現実のものとなる兆候を示しはじめた。ジップカーは、時代を先取りした環境にやさしいシステムという感情的訴求力を保ったまま、次々に取り込んでいった顧客層に合わせてハッスルを軽減・排除し、ますますマグネティックな製品となっていった。あるジップスターはこう言った。「環境にやさしいという考え方はもちろん歓迎するけど、会員になった理由はなによりもお財布にやさしいから」。これはジップスターたちの典型的な見解だ。われわれがインタビューした人はほぼ全員が、一番の魅力は便利さと手ごろな料金だと答えた。「環境にやさしい」は大きく溝をあけられ三位だった。

ジップカーは、予測不能なハッスルまで取り除いてくれているらしい。レンタル中にジップカードを失くし、ジップカーに電話した会員（彼は引っ越しに車を使い、荷物を運んでいる最中にカードを落とした）は、車内にスペアカードが隠してあると教えられた。スペアカードは電話だけで即座に使用可能になった。

ニューヨーク在住のジップスターの話も紹介しておこう。

両親と子供たちをつれて、植民地時代をめぐるウィリアムズバーグの旅に出た。まず列車でワシントンDCまで行き、そこでジップカーのミニバンを予約しておいた。レンタカーにしなかったのは、ガソリン代や保険料、走行距離を計算するとジップカーのほうが経済的だったからだ。ところが、直前にEメールが届き、ミニバンはその週末車両点検に出すので使えないと言ってきた。すぐに電話をかけ、こちらの状況を説明すると、「わかりました。メンテナンスの日程を変更するので、週末にお使いください」と言ってくれた。

彼らは車両点検の日程を変えてくれたんだ。早速オンラインで予約しようとしたら、すでに予約で埋まっていた。私はもう一度電話をかけた。担当者は予約を入れた人物と連絡をとり、「先に予約したのはあちらの方だったので」と状況を説明してくれた。彼らが奔走してくれたおかげで、あの週末、晴れてあのミニバンに乗ることができた。彼らがうちの家族旅行を救ってくれたんだ。感謝してるよ。

第3章では、ディマンド創出において非常に重要な役割をはたす「**バックストーリー**」について検証する。バックストーリーとは、顧客の大半が気づいたことも考えたこともないが、製品やサービスを使う際の手軽さ、便利さ、手ごろさ、柔軟性、楽しさをもたらす要素である。ジップカーが成功したのは、ある意味で適切なバックストーリーを揃えたからだと言えるだろう。地域内で台数を増やし高密度を達成したことによって、近さと便利さが保証された。掃除やメンテナンスの行き届いた車、ＲＦＩＤ（無線識別）チップや車の居所を特定できるＧＰＳの搭載、煩雑な保険事務手続きの排除といったバックストーリーだ。

こうして誕生したのがとてつもなくマグネティックな製品だった。過去一カ月間にジップカーを友人、知人に勧めたかとジップスターに質問したところ、なんと八八パーセントが「イエス」と答えた。最も肉薄するライバルのレンタルカー会社に比べて二八パーセントも高い数字だ。また、「この製品が大好きだ」と答えた人は、ライバル社を三〇パーセントも上回り、八〇パーセントに達した。

本章のはじめに紹介したジャーナリストのマリー・モーガンは長年、車中毒と戦ったあげく、ついにジップカーを試してみることにした。その気になった理由のひとつが密度だった。彼女は、自宅から徒歩一〇分以内にジップカーが登場してまもなく登録した。だが、踏み出した理由はほかにもあった。

登録を躊躇させる障害が比較的少ないこともそのひとつです。登録料二五ドルに年会費五〇ドル。これ以外に必要なのは、一時間につき八ドル[*]の使用料です。手軽にできるオンライン予約に要する時間は五分とかかりませんが、それでも時間がかかりすぎるという人は、電話すればその場で予約できます。予約も利用も二四時間三六五日可能です。

＊ジップカーの現在の登録料、年会費、一時間当たりの値段は地域や時期によって異なる。

初めて使ったときのことは、あまりにも当たり前に事が進んだのでかえって印象的でした。予約しておいた車は、Eメールに書いてあった、まさにその場所に停まっていました。とはいっても、最初、私は勘違いして別の場所に行ってしまい、通行人にジップカーが停まっている場所を訊かなければなりませんでしたが。ラッキーなことに彼女は知ってました。郵便で受け取っていたクレジットカードのようなジップカードは、思っていた通りのものでした。フロントウィンドウの右上角にわかりやすく指示されていた場所にカードをかざすと、ドアが開きました。キーはフロントシートのあいだの小物入れに入っていました。車内も外側も比較的きれいで、タバコ臭やペット臭もなく、ガソリンは半分入っていました。

ガソリン代はかからないという話はしましたっけ？　保険料もメンテナンス料もかかりませんよ。

ジップカーの行き届いた便利さは、何百万ものアメリカ人の漠然とした「ニーズ」、当たり前になってしまったハッスルに悩まされることなく動きたいというニーズを、所有することなく即座に便利に車を使えるというまったく新しい製品に対するはっきりとした実行可能な「ディマンド」に作り変えた。

さらにすばらしいのは、この転換には顧客側の劇的な心理的変化が伴っていた点だ。ジップカーを体験したいま、モーガンはこんなふうに思っている。「ほとんどひとりしか使わない、経費のかさむ、一・三トンもある環境破壊マシンに苦しめられることと自由を同等に考えていたなんて。なんでそんなふうに思っていたんでしょう?」

実際、ジップカーのおかげでマリー・モーガンの自由の定義は変わった。さらに、**彼女にそれまでなかったニーズが生まれた。**ジップカーが創出し、ジップカーを一気に苦境から救ったニーズだった。まさにディマンド創出物語と言えるだろう。

❏　❏　❏

現在、ジップカーとそのマグネティックな製品が登場したことによって、車という恋人に別れを告げるアメリカ人が急増している。ジップカーは、大勢の善意の社会事業家が成果を挙げられなかった分野で成功し、そのプロセスでまっさらのディマンドを創り出した。言うまでもなく、ジップカーはこんにち最も急成長を遂げている企業のひとつである。二〇〇二年以降、年間の収益成長率は九二パーセントに達している。現在、保有台数は七〇〇〇台を超え、顧客数は個人四〇万人、法人一万社に上り、アメリカ、カナダ、ロンドンの五〇以上の都市と一五〇以上の大学で事業を展開している。何千人ものジップスターたちが完全に自家用車を見限った。ジップカーは一億三一〇〇万ドルの事業に成長し、二〇二〇年には売上が一〇億ドルに達すると見込まれている。

現在、一三〇〇万人の人々がジップカーの停めてある場所から徒歩一〇分以内に住んでいる。ニューヨーク市だけでもその数は四五〇万人に上る。CEOのグリフィスは最近のインタビューでこう語っている。「一五の大都市に暮らす人の九五パーセントは自家用車を必要としていない。そのうち契約できたのが五パーセントだったとしても、会員数は一〇〇万人、売上は一〇億ドルに達する。ブルックリン、ワシントン、ケンブリッジ近郊の多くの街では、すでに二一歳以上の人口の一〇～一三パーセントが会員であり、その数は現在も増えつづけている」

ジップカーの挑戦は終わらない。二〇一〇年末、ジップカーは採算ラインを上回ろうとしていた（最も成功した都市での収益が黒字に転じたため）。グリフィスらは、新規顧客の開拓と収益向上を目指して、さらに革新的な策を講じた。

たとえば、会議のために電車で郊外に出向くビジネス関係者向けに駅に車を配備するサービスを試行している。また、政府機関を対象とした車両管理サービスも手がけている。最大の顧客であるワシントンDCは、市政府保有の車両にジップカーのソフトウェアと機器の設置料として一台当たり一五〇〇ドル、月々のメンテナンス料が一台一一五ドルと言われている。この取り組みで市政府は一〇〇台以上の保有車両を売却し、一一〇万ドルの経費削減を達成した。新規顧客を取り込み、収益性の高い新しいディマンドを掘り起こすために、ジップカーはITを駆使している。グリフィスによれば、「わが社の競争優位は情報だ。どんな情報でも追跡し分析する。重要な決定は、うちのシステムから拾い集めた情報に基づいて行う。ジップカーのコアとなるのはITとマーケティングであり、たまたま車をたくさん持っているにすぎない」

今後、ジップカーが創出したカーシェアリング業界では、ライバル社との主導権争いが起きるだろう。レンタカー大手ハーツはすでにカーシェアリングに乗り出しており、コネクト・バイ・ハーツと呼ばれるジップカーの類似製品がニューヨーク、ロンドン、パリに進出している。これからの競争は見物《みもの》だ。ハーツ側はブランド認知、規模、資金、かたやジップカーはこの道で一〇年先行しており、密度という大きな武器を持っている。二〇一〇年半ば時点で、ボストンにおけるジップカーの駐車スペースは一五八カ所、ハーツはわずか七カ所である。急用ですぐにも車を使いたいと思ったとき、**どちらの製品がよりマグネティックだと言えるだろう?**

❏　❏　❏

ジップカーは、当初のカーシェアリング事業に失敗しながら、やがてマグネティックな製品を創り出し、ディマンドの力強い流れを引き寄せることに成功した。**これはなにを物語っているのだろう?**

ジップカーはしかるべき時期に登場した。一九九〇年代末の技術革新(インターネット、携帯電話など無線技術、スマート・カードなど)、経済発展(原油価格の乱高下など)、社会的風潮(アメリカの若者たちの環境意識が急速に高まったことなど)のおかげで、カーシェアリングの簡便なシステムはついに実用化に漕ぎつけた。

ジップカーの成功は予測可能な外的環境と時代状況の必然的な結果だったように見える。とはいっても、うわべと本質は別物だ。

外的環境と時代状況はたしかに揃っていたが、それだけではディマンド創出にはいたらない。ロビン・チェイスは、戦略目標や財務目標をにらんで内側から会社を作り上げるタイプではなかった。むしろ、顧客が買っているもの(カネがかかり、ハッスルもある自家用車)と、顧客が心からほしがっているもの(すぐに移動できる自由)のあいだに存在する巨大なギャップをにらんで外側から会社を作り上げる才に長《た》けていた。だが、長年にわたりジップカーは倒産の瀬戸際にあった。スコット・グリフィスらがチェイスの創造物を作り直す方法を見出し、「つまらない」ものと「手に取らずにはいられない」ものを隔てる目に見えない一線を越えなければ、簡単に破綻していたに違いない。

ディマンドは驚くほど繊細で壊れやすい。ディマンド・クリエーターたちはこの点を心得ている。たったひとつの重要な変数が欠落しただけで、あるいは決定的な細部にたったひとつの欠陥があっただけで、何千時間にもおよぶ努力と想像力と忍耐がムダになってしまう。だから、偉大なディマンド・クリエーターは常に試行錯誤を繰り返し、製品と組織作りにおいて考えられるかぎりの弱点を正そうとしている。

彼らは直観的に知っている――**ディマンドの世界では真に不可避なものはない**と。

「つまらない」ものを「手に取らずにはいられない」ものに変える方法

一九六九年五月。ハーバード大学で経済学を専攻する若者ダニー・ウェグマンは、卒論の仕上げにとりかかっていた。卒論は、アメリカの小売業で急成長しているセクターである、ディスカウント・ストアの事業見通しの分析だった。

当時、割引販売はいまほど盛んではなかった。衣服、家庭用品、電化製品、家具、おもちゃといった製品に対するディマンドの大半は、昔ながらの百貨店が担っていた。トイザラスのような巨大な「カテゴリーキラー」はまだ登場したばかりだった。地方を中心とした同族経営のディスカウント・チェーン、ウォルマートが株式公開に踏み切るのは、一年先のことだった。だが、このときすでにウォルマートの三〇年にわたる驚異的な躍進ははじまっていた。同社は無敵の販売スキル、物流システム、留まるところを知らない価格決定力を駆使して、次から次へと小売市場を制覇していった。

一九八〇年代、アーカンソー州ベントンビルを拠点とする巨大企業ウォルマートは、グロサリー（食料雑貨）というまったく新しい分野に狙いを定めた。その武器は、「スーパーセンター」と呼ばれる新しい強力な小売業態だった。食料と雑貨を同一店舗で扱うスーパーセンターのおかげで、消費者は店をめぐり歩かなくても一カ所で必要なものすべてを購入できるようになり、さらに価格はウォルマート流の低価格だった。

一九六九年時点では、ウォルマートの躍進はまだ先の話だったが、若いダニー・ウェグマンはすでに脅威を感じていた。

ディスカウント・ストアを卒論のテーマに選んだのは、学問的な興味ではなく個人的なものだった。彼の一族は、数十年前からニューヨーク州北西部で、独自のグロサリー・ストア網を作り上げ、飛びぬけて大きな成功を収めていた。ウェグマンズ・ストアは出店先で地域の象徴として顧客に愛され、一族に豊かな暮らしをもたらした。だが、ウォルマートを筆頭とするディスカウント・ストアは、一～二年のうちにとはいかないまでも、二〇年のあいだにはウェグマンズの行く手を阻むだろう。

ダニー・ウェグマンは、ウォルマートの出現によって、昔ながらの家族経営の小売業者がどのような影響を受けるか、敏感に感じとっていた。ウォルマートの「エブリデイ・ロープライス」戦略と幅広い品揃えには、とても太刀打ちできないように見えた。少し想像力を働かせれば、グロサリー業界がウォルマートのハングリー精神に富んだ有能なイノベーターたちにどう見えているかがわかる——ひと握りのパッとしない企業が君臨する、活気のない巨大な業界で、市場を奪い取る絶好の機会だ。

太刀打ちできないライバルが自分のビジネスの中核に切り込んできたとき、なにができるか？

「大規模小売店は、食品業界が史上最も手ごわい、外部参入の競争相手である」。卒論の結びにこう打ち込んだウェグマンは、仕上がったページを巻き上げてタイプライターから外し、論文をマニラ封筒に入れた。あとは指導教官に提出するだけだ。彼はため息をつきながら、ボサボサの赤毛を両手で掻き揚げ、椅子の背にもたれた。

「見事な分析だね、ミスター・エキスパート」。彼は、しかめっ面と笑顔半々の、なんともいえない表情を浮かべながらひとりごちた。「Aプラス間違いない出来だ。だが、まもなく本当のテストがはじまる。**ディスカウント業者が参入してきたら、いったいどうすりゃいいんだ？**」

❏　❏　❏

iPhoneのような洒落たデザイン、並外れたテクノロジーを持つ製品が、何百万もの人々にとってマグネティックなのはすぐに理解できる。ジップカーのような時代を先取りした画期的な企業が、結果的に、ライフスタイルを向上させる製品を生み出し、都会に暮らす大勢の若者たちを惹きつけたことも頷ける。だが、人々は、グロサリー・ストアのような**「ありふれた」**製品に同じレベルの感情的結びつきを感じることができるだろうか？

われわれの友達のステファンに会うチャンスがあれば、「ウェグマンズ」と声をかけてほしい。そうすれば、いまはめったに行かなくなったとはいえ、ウェグマンズへの思いを最も雄弁かつ分析的にとうとうと語る男の話しっぷりを観察することができるだろう。

ステファンは現在ボストンで暮らしているが、育ったのはニューヨーク州北部のロチェスター、ウェグマンズがチェーン店を展開している地域だ。故郷を離れて二〇年経ったいまでも、彼の頭にはウェグマンズが住み着いている。説明してくれと頼むと、彼は目を細め、両手をぐるぐると回し、ためらいがちに話しはじめる。「説明するのは難しいんだ。とにかく、ウェグマンズは他のスーパーとはまったく違う。店に一歩入ると、高い天井、ひかえめな照明、目の前に広大な生鮮食品売場が広がり、片方にはベーカリーの煉瓦のオーブンがチラッと見える。もう一方には、調理済みの料理を並べたきらきら光る冷蔵ケースが並んでいる。その全体的な印象はとても表現できないよ。

ライバルの典型的なスーパーとは全然違うね。一番いいスーパーでもウェグマンズに比べたら、『たったそれだけ？』って感じだ。いわゆるヨーロッパの屋外マーケットとも違う。ウェグマンズのほうがはるかに清潔だし、快適だからね。巨大なテーマパークのアトラクションの、あの順番待ちの行列を作る場所、気分を高めて期待でワクワクしながらいろいろな思いをめぐらす場所にちょっと似ているかな。洗練された美しいオフィスビルやホテルのアトリウムにも似ている。でも、ちょっと違うんだ。なんて言えばいいか、ウェグマンズはウェグマンズなんだ！」

スーパーマーケットがはたしてマグネティックになりうるのか知りたいなら、ステファンを見ればわかる。彼のような人は山ほどいる。それほどではなくても、ウェグマンズの話題になると多少なりとも感情的になる人も多い。

ウェグマンズに行ったことのある人なら、あの比類ないマグネティックな訴求力がよくわかるはずだ。たとえば、あの圧倒的な広さ。われわれが最近訪ねたニュージャージー州ウッドブリッジ店は、雑貨類の陳列棚の列が二六列もある。そのほかに、野菜や果物、肉や魚、焼きたてパン、惣菜、冷凍食品、加工食品、チーズ、オリーブなどといった生鮮食品の広大な売場がある。

広いがゆえに驚くほど多様な品揃えが可能になる。こんにち多くのスーパーマーケットは、簡単な夕食用に店内調理の料理をいくつか並べている。だが、ここでは、カリッと焼き上げたガーリックとローズマリー風味のローストポテト、カリフラワーとほうれん草のグラタン、パルメザンチーズ入りのポレンタなど、野菜料理だけで九種類も取り揃えてある。寿司も、普通のスーパーなら詰め合わせが数種類といったところだが、ウェグマンズでは長さ四・五メートルのカウンター越しに制服に身を包んだふたりの寿司職人が寿司を握っている。カウンターの上には、何十種類もの寿司と、海藻サラダや枝豆といった和食の副菜が並ぶ。他のスーパーで珍しい果物といえばキウイフルーツ、マンゴー、スターフルーツぐらいだが、ウェグマンズには、ヒカマ、ランブータン、チェリモヤ、ドラゴンフルーツ、富有柿、タマリンド、キワノ、ココナッツの果肉、マラドール・パパイヤなどが揃う。お茶の棚は幅一二メートルほどもありいろいろな種類のお茶が並び、キノコ類は九種類、オリーブは一四種類、チーズにいたっては三〇〇種類もある。

数え上げたらきりがないが、**重要な点**ははっきりしている。ウェグマンズをマグネティックにしているのは、間違いなく、見た目の魅力だ。これが、二〇一〇年に、**店舗が進出していない地域**の顧客から寄せられた手紙の数が七〇〇〇通にも達した理由だ。そのほとんどは自分の町にも出店してほしいという内容だった。Chow.comなどのインターネットのグルメ情報サイトにウェグマンズの顧客たちが群がり、活発なやりとりの口火を切るコメントが書き込まれる理由も同じだ。マグネティックな製品には必ず「ぜひ試してみたい」とか「すばらしい」といった顧客のコメントが寄せられる。「私はアメリカのグロサリー・ストアのなかで一番いいのはウェグマンズ・チェーンだと思います」、「はっきり言って、ウェグマンズはカテゴリーキラーの息の根を止める究極のカテゴリーキラーだ」、「ウェグマンズは顧客サービスに最善を尽くしています。精肉コーナーで注文したものが間違っていたと苦情の電話をかけたんです。一時間後、注文通りにカットされたフィレ肉を持参した精肉部門の責任者が玄関先に現われ、お詫びに商品券もくれたのです。その瞬間、私は生涯ウェグマンズから離れられないと思いました」

顧客たちの反応を見ていると、ひとつ疑問が湧いてくる。巨大なディマンドを惹きつけるウェグマンズのマグネティックな特質がこれだけ明らかで圧倒的なものであるなら、他のチェーン・ストアはなぜ同じようにしないのだろう?

答えはこうだ。ウェグマンをマグネティックにしている特質は一目瞭然だが、それを作り上げるのは至難の業だということだ。そのためには、何十年にもわたる世の潮流とは逆の考え方と行動が必要だった。ウェグマンズは、強大なライバルに対抗するちっぽけな新参者の時代からそうしてきた。

ジョンとウォルター・ウェグマン兄弟がニューヨーク州ロチェスターで一号店を開いたのは一九三〇年だった。これまでの店にはないガラス窓つきの冷蔵ショーケース、カウンターいっぱいに並べた生鮮食品の鮮度を保つための霧吹き装置、三〇〇席の店内カフェテリアといった実験的な売り方で、ウェグマンズはあっというまに全米の注目を集めた。新しい手法のなかには流行しなかったもの（大型カフェテリアなど）もあったが、生鮮食品用の霧吹き装置などは小売業界全体に広まった。だが、一九三〇～四〇年代、小売業界では店舗の整理統合、チェーン店の拡大、サービスを極力排除した販売方法、コスト削減、なにがなんでも売上増を追及しつづけるべきといった風潮が優勢だった。ウェグマンズはこうした業界の流れに二の足を踏んだ。

ウェグマンズは流れに逆らって生き残れる自信があったわけではなかった。結果的に生き残ったのは、本拠地だったニューヨーク州西部とペンシルベニア州という比較的狭い地域の顧客ロイヤルティのおかげだった。一九五〇～七六年、ウォルターの息子ロバート・ウェグマンのもとで、店舗はゆっくりと着実に増えていった。ロバートは非常に頭の切れる気骨ある人物で、みずからの「販売哲学」を「誰もやっていないことをやり、顧客にいまだかつてない選択肢を与えること」だと述べた。こんにちでもウェグマンズの社員はこのスピーチを参照し、彼の教えを指針として励んでいる。とくに「ライバルがしていることと**『正反対』**のことをせよ」というくだりに重きが置かれている。

大成功を収めた企業が自己満足に浸り、現状を変える努力をやめてしまうのは簡単なことだ。だが、ウェグマンズはその罠に落ちることはなかった。業界の潮流をしっかりと見定め、その先を行こうとしたからだ。ダニー・ウェグマンのハーバード大学の卒論の意義はここにあった。サム・ウォルトンのような独創的な大規模小売店経営者がグロサリー業界に革新的な販売方法をもたらすとした彼の予想は、一九八八年、食料雑貨を各種取り揃えたスーパーセンター一号店がオープンしたときに現実のものとなった。

当時、ダニーはすでにウェグマンズの社長兼CEOを引き継いでいた。ダニー率いるウェグマンズは、ひたすらマグネティックな品質の向上を目指すことでウォルマートの攻勢をしのいだ。二〇一〇年時点で店舗数は七七店に増えた。

顧客ニーズの変化に対応して、製品がマグネティックでありつづけるように変化させる準備もしている。はた目には手間のかかる作業に見えるかもしれない。

二〇〇八年の世界金融危機の際、ダニーは商品価格や原油価格の下落を予想し、この不況によってウェグマンズのコストが自然減すると考えた。そして、ウェグマンズは価格の現状維持に努め、結果的に顧客に歓迎された。だが、驚くべきことに、ウェグマンズはコストが下がるのを手をこまぬいて待っていたわけではなく、食費のやりくりに四苦八苦する顧客のために、果敢にも主力商品数百種の価格を下げるという策に出た。一二〇〇万ドル相当のディスカウントだった。

ダニーは言う。「こういう厳しい時代には、多少儲からなくてもかまわない」

ウェグマンズの物語が教えてくれるのは、マグネティックな製品を創るには、ロバート・ウェグマンが言ったように、「顧客にいまだかつてない選択肢を与える」ために、自明のものではない、経験に反した策でも進んで導入しなければならないということだ。だが、もちろんこれだけではない。

われわれは、多くのマグネティックな製品とそれを創り出した人々には、共通する六つ行動様式が存在することに気づいた。もっとも、この六つを足し算すればマグネティックな製品創出の「方程式」になるというわけではない。そんな単純なものではないが、この六つを実行できない組織は、マグネティックな製品を手にする確率が著しく下がる。

これからこの六つの行動様式をひとつずつ検討していく。そして、これといって特徴のない商品が横行する右へならえの業界で、この方程式を活用したウェグマンズがどのようにして圧倒的にマグネティックな訴求力を生み出したのかを見ていこう。

❑　❑　❑

1　偉大なディマンド・クリエーターは、製品やサービスに不便、高価、不快、失望を与えるハッスルを「排除」、「軽減」する

スーパーマーケットでの買い物には、許容範囲を超えるハッスルが伴う。しなびた野菜、鮮度の落ちた肉、品切れ、わかりにくい通路、故障したショッピングカート、やる気のなさそうな店員。ほとんどのスーパーマーケットには、買い物客が嫌ういくつものハッスルがある。ウェグマンズも

そのすべてを排除したわけではないが、ほかに比べればハッスルの改善はおおいに進んでいる。彼らは、ハッスルへの取り組みはまだはじまったばかりだと考えている。

調査によると、買い物客が一番イライラするのは、価格の高さではなく、レジでの長蛇の列だ。ウェグマンズの広大な売場面積（約一万平方メートル）を考えると、不便でやたらと時間がかかるのではないかと思うかもしれない。業界標準は約四〇〇〇平方メートル。だが、ウェグマンズはそれを防ぐために計り知れない努力を重ねている。われわれがある日曜日の午後に店を訪れたとき、二六台のレジのうち一九台が稼働していた。各レジで精算待ちの顧客の数は多くてふたりだった。スピードはどうだろう？　レジ脇の目につく場所にある掲示板にはレジ係の前週の一分間当たり商品スキャン数が貼り出されている。そして、「一二・四四。もっとがんばれる！」とか「一四・二六。なかなかの数字だ。次は一四・五を目指そう！」といったやる気を促すメッセージが添えられている。

ウェグマンズはレジ業務の迅速化を非常に重視している（ロバート・ウェグマンがレジの行列の長さに神経をとがらしていたことはよく知られている）。このため、広大なウェグマンズでの買い物は、コンビニエンス・ストアよりも早く済ませることができる。先に紹介したステファンは言う。「この前、週末に家族とロチェスターの実家を訪ねたとき、一番近いウェグマンズに**六回**も行った。なんといっても早いし便利だからね。風邪を引いた息子のために急いで薬を買いに行ったときも、真夜中だっていうのにレジが六台も開いていた。買い物に五分とかからなかったよ」

ウェグマンズのハッスル削減策はまだまだある。小さな子供づれの買い物客対策はこうだ。まず、入口から数メートルのところに、小さな子供づれのお客様専用の駐車スペースを設けている。また、ほとんどの店舗には、親が買い物するあいだ遊ばせておけるキッズ・ルームがあり、係員が見守ってくれる。「ノー・キャンディ」表示のあるレジを設けた店舗も多い。カートに乗せた子供たちが、ちょうど目の高さに並んでいるおいしそうなキャンディがほしいと駄々《だだ》をこねるのを避けるためだ。

買い物にまつわるハッスルはほかにもある。ほとんどの消費者が当然視している不思議なハッスルとして、何軒も行かなければ、買いたいものをすべて揃えられないという点がある。ウェグマンズは専門店を一堂に会したスーパーである。顧客は、以前なら雑貨店、自然食品店、精肉店、パン屋、青果店、鮮魚店、惣菜店とめぐり歩かなければならなかったが、ウェグマンズなら商品、サービスいずれも妥協することなく一カ所で入手できると言う。

アナリストは、ウェグマンズがグロサリー・ビジネスの革新をリードし、「ホール・マート」という未来像に近づけていると分析している。「ホール・マート」とはアメリカの巨大チェーン二社――のホールフーズ（新鮮、高品質、環境にやさしい、健康によい、独自性）とウォルマート（低価格、規模、便利さ）――の長所を合わせた造語である。

2　偉大なディマンド・クリエーターは、優れた機能性とともに「感情的高ぶり」を追求する

マグネティックな製品は、製品の本質的な目的の達成度の点で他を圧倒する。

ウェグマンズにとって、品質の高い食材を売ることは出発点にすぎない。たとえば、調理済みの料理は、忙しい家族や共働きの夫婦、高齢者、料理の仕方もわからず調理器具も持っていない学生

たちには天の恵みである。これがリーズナブルな価格で提供されている。ちなみにわれわれが店に行ったときは、四ドル料理がずらっと並んでいた。ウェグマンズは、家計の苦しい家族の多くが頼るファストフードに代わる、スピーディで健康的でおいしい料理を提供している。

一方で、ウェグマンズは顧客の手料理のレベルを引き上げ、料理に関心を持ってもらえるように、魅力的な方法を使っている。たとえば、一流シェフを雇い、調理テクニックや人気レシピを実演する。料理の組み合わせや献立作りのヒントとなるチラシやポスター、小冊子などを店内いたるところに置いておく。スタッフを訓練して、産地、栽培方法、一風変わった調理法など、興味をそそられるような食材の情報を提供できるようにする。料理に合うワインや地ビールを提案する。州法で規制されていない地域では、肉、魚、野菜などの素材の脇にそれに合うアルコール飲料を展示する。また、料理のアイデアやシェフのインタビュー、有名産地に関する記事、栄養上のアドバイスなどを掲載した四色刷りの豪華な《メニュー》誌を発行し、ウェグマンズのディスカウント・カードの会員全員に無料送付している。さらに、抜群の品揃え（平均六万種類の在庫を持ち、業界標準を四二パーセント上回る豊富さ）によって、メニューを考えながら買い物客の想像力や冒険心が刺激される。おかげで、おっくうでできるだけ早く安く済ませたいと思っていた食事が家族みんなで楽しむ時間に変わった人も多い。ウェグマンズの真価はグルメにならなくてもわかるが、たくさんのグルメが生まれている。

マグネティックな製品は、物事をよりよく、簡単に、楽しくすることによって人々の暮らしを感情面で豊かにしてくれる。ジップカーは交通手段という分野で、便利さ、楽しさ、ときには特別な夜の外出にＢＭＷを提供するといった粋な計らいを提供する。ウェグマンズはすてきな食べ物の楽しさという分野で、人々がよりよい食べ物を口にするというだけでなく、食文化のおもしろさに創造的にかかわるという手助けをしている。そして、もちろんその過程で、モノとサービスの新しい巨大なディマンドを創り出しているのである。

3　偉大なディマンド・クリエーターは、「すべての社員」をディマンド・クリエーターにする

われわれはネットフリックスのリード・ヘイスティングス、アップルのスティーブ・ジョブズ、アマゾンのジェフ・ベゾスといった、大成功を収めたＣＥＯや創業者に魅了される。ときには、すばらしくクリエイティブな誰かがマグネティックな製品の開発プロセスで重要な役割をはたすこともある。だが、ほとんどの場合、ひとりだけでディマンドを創出することは不可能である。ディマンド創出は、チーム全体の努力の賜物だ。チーム全体がディマンド創出こそ最も重要な使命であることを認識し、日々そのためだけに資金とプロセスを意のままに注ぎ込む。実際、ディマンド創出に長けた企業では、そのプロセスは、ＣＥＯからスーパーバイザー、最前線に立つ従業員にいたるまで、組織のすべてのレベルで同じパターンを追求する、いわばフラクタル（全体と部分が相似形）である。

創業者ウォルターの息子ロバート・ウェグマンはこの理《ことわり》を理解していた。彼が一九五〇年に社長に就任したとき、最初にやったことは全従業員の給料を上げることだった。これは、利ざやが少なく人件費をケチるのが当たり前のグロサリー業界にあって、象徴的な決断だった。彼の姿勢は、「ウェグマンズは、人材が一番大切な資産だと**口で言うだけではなく、行動で示す**」ことを世間に

知らしめた。

ウェグマンズの経営陣は、社員の採用、訓練、給与、定着に独自のポリシーを作り上げた。その結果、業界一献身的で教育の行き届いた、高いモチベーションを持つチームが誕生した。そして、顧客への配慮という日々の仕事に、その優秀な人材の知識、独創性、判断を存分に発揮させることに成功した。

現在でも、ウェグマンズの平均給与は一貫して業界標準を上回っている。企業が従業員拠出分と同額を拠出する401kプランや、企業が拠出するタイプの確定拠出型企業年金などを含む手厚い福利厚生制度、さらに充実した健康保険制度（ただし、二〇〇五年以降は従業員が一部負担）も、パン職人から在庫管理係にいたる従業員すべてに提供されている。また、奨学金制度もあり、フルタイム従業員には年間二二〇〇ドルが四年間、パートタイム従業員には上限一五〇〇ドルが支給される。学問分野や学位の種類に制限はない。一九八四年にこの制度を設けて以降、ウェグマンズは二万四〇〇〇人の従業員に総額七七〇〇万ドルを超える援助を行ってきた。

ほかでは見られないような支援も行っている。上席副社長のマーク・フェレーラは、「従業員支援に自分の時間の九五パーセントを費やしている」という。彼は、ニュージャージー州プリンストン店の従業員のための通勤用バス一カ月定期の助成、顧客以上に従業員が楽しみにしているシンコ・デ・マヨのお祝いイベントへの資金援助など、さまざまな戦略を打ち出した。

ウェグマンズは独自の方法で従業員訓練を行っている。精肉や鮮魚部門に配置された従業員は、業務について三〇～五五時間の教育プログラムを履修することになる。役得と言ってもいいような教育プログラムもある。チーズ部門のマネジャーであるテリー・ゾダレッキーは、新製品の試食とチーズ製造業者の話を聞くために、会社持ちで一〇日間イギリス、フランス、イタリアを旅した。他の部門のトップたちも、ワインやペストリー、有機農法の視察で国外に出ている。

従業員の待遇は大切だ。ことによると《フォーチュン》誌が毎年掲載する「働きがいのある会社」に選ばれるかもしれない（ウェグマンズは毎年ランキング上位の常連で、二〇〇五年には「ベスト・カンパニーの殿堂」入りをはたした）。ここに名前が挙がれば、優秀な人材が簡単に集まってくる。ウェグマンズは食品ビジネスにすばらしいスターたちを呼び込んだ。《ヴォーグ》誌がかつて「ペストリーのピカソ」と呼んだピエール・エルメは、ウェグマンズのパン職人に自分が得意とするタルト、ペストリー、フレンチ・トースト・ベーグルの作り方を指導した。また、調理済み料理の一部は、有名なシェフ、デビット・ブーレー（ジェームス・ビアード財団のベスト・シェフ賞受賞。経営するレストランはレストランガイド『ザガット　ニューヨーク版』でトップランクの評価を得た）が考案したものだ。ニューヨーク州ピッツフォード店で副料理長を務めるチャールズ・スカルディは、以前ナパバレーの有名レストラン、フレンチ・ランドリーの経営者トーマス・ケラーのもとで働いていた人物だ。

だが、もっと大事なことがある。ウェグマンズは、多くの有能な従業員がその創造性と天賦の才能を発揮して顧客ニーズに応じられるように、**マニュアルの規則ではなく自分で最良の判断を下せる権限を与えている。**実際、有能な従業員にとってこれほど魅力的なことはない。高給を約束されたレストランでの仕事を辞めてウェグマンズに転職したペストリー職人にその理由を訊いてみると、肩をすくめてこう答えた。「なに言ってるんです。レストラン時代の古い友人たちは皆ここに来て、働きたいと思っているよ。いま僕らは、レストランじゃ経験できなかった、ものすごくクリエイティブな仕事をしているんだ」

この種のチームを惹きつけ保持することによって、ウェグマンズ・ファンのあいだで伝説となっている顧客サービスが生まれた。たとえば、感謝祭のために買った七面鳥が大きすぎてオーブンで焼けないと半狂乱で駆け込んできた顧客のために、シェフが店のオーブンで焼いてあげた、といった逸話である。また、調理済み料理のラストひとつが目当てのものではなく落胆している顧客のために、販売員が裁量でタダにしてあげたり、突然の土砂降りの際に傘を持った従業員の一団が顧客を車まで誘導するために待機していたりといった、顧客を虜にするちょっとした気遣いが日々繰り返されている。

ロバート・ウェグマンと息子のダニーはふたりとも偉大なディマンド・クリエーターだが、CEOみずからどこにでも出向くわけにはいかない。ウェグマンズの卓越性を生み出しているのは、三万人の従業員が自分の力でディマンド・クリエーターに変わっていくシステムである。その究極の成果が、ウェグマンズが提供する良質の食品とすばらしいサービスに次々と流入する他に類を見ないディマンドだ。

だが、企業リーダーたるもの、ディマンド・クリエーターの一団が**「単にお金で買えるもの」**だと思ってはならない。優秀な人材を惹きつけるにはそれなりの報酬が必要だ（充分な報酬が約束されていれば、副業をしたり、家計で悩んだりせずに済む）。だが、現場の体験と実証研究が示しているように、時給を一～二ドル増やしただけで従業員の労働意欲が高まるわけではない。社会心理学者が「社会規範」と呼ぶものには、ビジネスの世界で重視される「市場規範」とは異なる働きがある。

市場規範とは対価を支払うことだ。この場合、公正な取引が原動力となり、感情的な結びつきは最小限にしか働かない。逆に、社会規範の世界とは、コミュニティの世界だ。ただちに見返りを期待せず、友好的な感情や相互尊重、責任の共有から人々が互いに助け合う。この世界では、金銭的な見返りは行為に対する部分的な報酬にすぎない。実際、金銭に対する過剰な執着は、社会規範の前向きな力を簡単に破壊してしまう恐れがある（ためしに、**「お金を払う」**と言って、親友にソファを動かしたいので手を貸してほしいとか、配偶者に夕食を作ってほしいと頼んでみれば、人間関係がどれほど簡単に壊れてしまうかわかるはずだ）。つまり、社会規範に市場規範を組み合わせるやり方は、大切ではあるが、繊細なバランスが必要だということだ。

ウェグマンズは、従業員との関係に社会規範の影響力を注入することに成功した数少ない企業のひとつだ。他の企業と同様に彼らも「従業員を家族のように扱う」と口にし、実際この姿勢を貫いている。養子をとった人には、育児休暇や手当などの支援策が適用される。大学に入学した人が上司に授業の時間割を提出すれば、勤務時間を調整してもらえる。誰かが電気料金を滞納し困っているらしいという噂が流れると、会社はひそかに供給を止めないように電力会社と交渉してくれる。

家族のように扱うと、従業員たちは同じ気持ちで顧客に接して報いてくれる。ウェグマンズの店や従業員たちが他のスーパーよりはるかに深くその地域の一部として根づいている理由はここにある。

ダニー・ウェグマンは従業員に対する信頼感をこう語っている。「私たちに知識がなければ、顧客を助けられません。最初に動かすべきポンプは、従業員なのです」。役員を務めるジャック・デペーターズも冗談交じりに同じ点を指摘している――ウェグマンズは「一六歳のレジ係が運営する三〇億ドル企業だ」

4 偉大なディマンド・クリエーターには、「顧客の声に耳を傾ける勇気」がある

これまで述べてきたウェグマンズの独自の手法は、実質的にすべて、顧客の声に耳を傾けたひとりまたは複数の従業員に端を発したものだ。そのプロセスをとりわけ鮮明に物語る例を紹介しよう。

二〇〇八年、ウェグマンズは顧客の暮らしやすさをさらに追求するためにオンライン・ショッピングツールを提供し、首尾は上々だった。顧客はサイトを見て、店に出向く前に買い物リストを作っておくことができる。セール中の商品はすぐにわかるように表示され、掲載されているレシピを参考に食材を選ぶこともできる。買い物リストは簡単にプリントアウトや保存ができる。顧客はこのツールを歓迎し、ウェグマンズ側もとくに問題はないと思っていた。小売業者なら、二一世紀という情報の時代ならではの、こうした便利なサービスの導入を誇らしく思うだろう。

ここまではよくある話だ。ところがウェグマンズの場合、このあと、よくあるとは言えない展開を見せた。ショッピングツールを使った顧客数人がEメールや電話で改善点を提案してきた。ソフトの不具合を訴えた人もいれば、こんなコンテンツもほしいという要望もあった。ウェグマンズは

彼らの声に耳を傾けた。

まず、ロチェスター工科大学でユーザビリティを研究する専門家の助けを借りて、Wegmans.comの熱狂的なユーザーや不具合を見つけた人、まだ一度もツールを使ったことのない人などを集めた会議を開催し、一緒にウェブサイトやショッピングツールの改善や変更に取り組んだ。二〇〇九年二月に買い物リストを作る機能の改良版を提供しはじめた際には、新しいアプリケーションも多数取り揃えた。現在のサイトでは、リストへの追加、削除はクリック一回で済む。「ジャンプ・スタート」ボタンを押せば、最も購入頻度の高い二六品目が掲載されたリストが開くようになっている。「ウェルネス・キー」を使えば、減塩食や無グルテン食といった、顧客各々の健康状態に合ったリストが作成される。サイトからおいしそうだと思う料理のレシピを選べば、即座に人数分の必要な食材がリストに加えられる。最後に、最も頻繁に訪れる店舗名をクリックすると、その店舗のレイアウトに沿って商品を順に並べたリストをプリントアウトできる。これなら買い忘れて通路を行ったり来たりせずに済む。

こうした数々の特色は、顧客が提供したアイデアや意見をサイトに直接反映させたものだ。この新しいオンライン・ショッピングツールを使った顧客のなかに、たまたまＩＴの専門家がいた。彼女は「いまだかつてない最高のソフトウェア」だと書き送ってきた。

顧客の声に耳を傾ける。これは必ずしも簡単なことではない。だが、その見返りは驚くほど大きい。

5　偉大なディマンド・クリエーターは、常に「実験」を怠らない

マグネティックな製品の創出は一回かぎりの挑戦ではない。新しい興味、ニーズ、嗜好、問題が次々に登場し、顧客は変化する。新たなライバルの登場、テクノロジーの進歩、不況と好況を背景に、ビジネス環境も変化する。偉大なディマンド・クリエーターは、マグネティックな製品を売り出したまさにその日から更新と改善作業をはじめる。改善の軌道が右肩上がりに上昇すれば、顧客の興奮を維持し、ディマンドを継続することができる。

ウェグマンズは、グロサリー業界にあって常に新しい技術や手法を真っ先に導入するイノベーターだと自負している。実際、食品小売業分野における主要な技術進歩にことごとく先鞭をつけたのは、ウェグマンズだった。ロバート・ウェグマンは、一九七〇年代初頭にバーコードを導入し、一九九九年には、ナビスコとともに、商品の販売計画、売れ行き予測、補充のための小売業者・メーカー共同プログラムを開発した。二〇〇二年、ダニー・ウェグマンは、納入業者と小売業者間の商品データ齟齬をなくし、ムダなコストを削減するために、業界全体のキャンペーンに乗り出した。その結果、食品業界のデータ品質の第三者機関による認証プログラムなど、さまざまな恩恵がもたらされた。そして、二〇〇七年、ウェグマンズをはじめ一部のスーパーマーケットは先陣を切って、消費者のもとに新鮮な精肉を届けるためにＲＦＩＤの試行を開始した。

新しい手法を導入したのはテクノロジー分野だけではない。ウェグマンズは二〇〇七年、折からの自然食品ブームに乗って、ダニーの故郷ニューヨーク州カナンデーグアにほど近い場所に独自の有機試験農場を開設した。ウェグマンズではすでに、（ウォルマート、ホールフーズなどの大規模

小売チェーンと同様に）五〇〇軒を超える地元農家と提携していたが、全店舗へ有機野菜の供給を安定的に行えていなかった。この試験農場は、アメリカ北東部の厳しい寒さのなかで有機野菜を栽培する技術を開発し、農家に伝授するために設けられた。

試験農場は予想外の成功を収め、二〇一〇年、二店舗に早生《わせ》の完熟ブドウやチェリー・トマトなどの農作物を供給しはじめた。チーム・リーダーのジム・エベルルは言う。「われわれは北東部における収穫可能期間を延ばすことに成功しました。嬉しかったですね。五月のメモリアルデーの前に完熟トマトを出荷することが目標で、それができたんですから」

ウェグマンズのチーム・メンバーはあらゆるレベルで実験的なアイデアに取り組んでいる。最前線に立つ従業員は、常に新しい商品や料理、サービスを提案し、試験段階を経て成功したものは継続する。ニューヨーク州ピッツバーグ店の精肉部門でパートタイムで働くビル・ガーナーは、「思いついたことは、なんでもやらせてもらえます。考えたら怖いことですよね」と冗談めかして語った。二〇年ほど前のある日、同じ店舗のベーカリー部門で働いていたマリア・ベンジャミンがダニーにびっくりするようなレシピを提案した。イタリア系の彼女の家に代々伝わる「チョコレート・ミートボール・クッキー」という名のお菓子だった。彼は即座に「やってみよう」と答えた。このお菓子はいまにいたるまで人気商品となっている。

こうした実験を歓迎する開放的な風潮があれば、食品業界で誰かがグロサリー・ストアをよりマグネティックなものにする新しいなにかを発明したとき、ウェグマンズは間違いなく率先して取り入れるだろう。

6　偉大なディマンド・クリエーターは、その「独創性」を守る

ウェグマンズは、何十年もの試行錯誤を繰り返し、強力でマグネティックなディマンドを創出する独自のビジネスモデルを開発することによって、最も難しい課題のひとつである取り返しのつかない失敗の回避に成功してきた。

実際のところ、取り返しのつかない失敗は「いくらでも」起こりえる。

ウェグマンズの魔法を台なしにする一番確実な方法といえば急激な出店だが、この会社は並外れた自制心を発揮してきた（ウェグマンズが非上場企業であり、多くの上場企業が抱える利益成長のプレッシャーに影響されないこともその一因だ。もっとも、本書でも登場するが、上場企業とはいえ過剰な拡張を求める圧力に抵抗した企業もある）。友達や親戚からウェグマンズの伝説的な魅力を聞かされたアメリカ中の人々が地元にも店舗をオープンしてほしいとやかましく騒ぎ立てても、ウェグマンズは年間二店舗というゆっくりしたペースでしか出店しない。早く店を出すよりもきちんと店を出すほうがはるかに重要だと考えているからだ。

このため新店舗を出す際には、何カ月もかけて調査、計画、人材採用、訓練が行われ、新しい土地での出店を成功させるために、他の店舗で何十年も経験を積んだマネジャーたちが動員される。ペンシルベニア州からパン職人、メリーランド州から鮮魚の専門家、ニュージャージー州から精肉の専門家といった具合だ。ほかにも何十人ものスタッフが一時的に配属される。新規採用された人々は、開店六週間前に、「Living Who We Are（ウェグマンズの信条）」と題されたウェグマンズ精神を学ぶ一日がかりのオリエンテーション・プログラムに参加し、帰宅時には、家族にも理解

してもらうために、その日の行事を音楽入りで編集したＤＶＤを手渡される。

開店当日に訪れてみれば、生まれたての店舗があまりにも滞りなく運営されているので、まるで何年も営業しているように感じられるだろう。こんなことはそう簡単にできることではない。ウェグマンズが新店舗を出すということは、地域あげての大イベントであり、注目度も高く、一日で普通のスーパーマーケットの一週間分の集客が見込まれるケースも多いからだ。

❑　❑　❑

ウェグマンズの物語は、マグネティックな製品を創り、それを何年も何十年も維持することはひと筋縄ではいかないことをはっきりと示している。となると、少なくともディマンド・クリエーターを目指す人なら、ぜひ知りたいと思う疑問――**これで儲かるのか**という疑問に行き着く。従業員に気前よく資金を注ぎ込み、巨大な店舗や莫大な在庫に投資し、前代未聞の顧客サービスを提供しながら、利ざやの少ないことで知られた小売業のような業界で、はたしてそこそこの利益を確保できるのだろうか？

ウェグマンズのようなやり方をするなら、答えは「イエス」だ。売上高営業利益率は最大手のチェーン・ストアの約二倍、自然食品で有名なホールフーズを上回る。一平方フィート当たりの週間売上は、業界平均の九・三九ドルを大きく上回る一四ドルに達する。

ウェグマンズの経営が成功した理由はじつにシンプルだ。すなわち、本章のテーマである「**マグネティックな製品の力**」だ。ギャラップのスーパーマーケット・ビジネスに関する調査結果は、この点を鮮明に描き出している。

大手スーパーマーケット・チェーンの場合、感情的結びつきの重要性は、顧客の来店頻度、来店時に使う額に現れる。満足度の五段階評価で五の「非常に満足」を除く、一から四をつけた買い物客の月間来店数は約四・三回、月平均の購入額は一六六ドルだった。また、「非常に満足」だがその店への強い感情的結びつきには欠ける買い物客（「完全に魅了されている」客ではない客）の来店頻度は低く（月四・一回）、購入額も少なかった（一四四ドル）。この場合、顧客が非常に満足したとしても、その店にとってプラスには働いていないことになる。

しかしながら、「非常に満足」しており**「感情的結びつきも感じている顧客」**（ギャラップでは「完全に魅了されている」と呼ぶ顧客）には、まったく異なる顧客関係が生まれている。この種の顧客の来店頻度は月五・四回、購入額は月二一〇ドルだった。

「非常に満足」した顧客が一様でないことは明白だ。強い感情的結びつきを持つ顧客は、それがない顧客より三二パーセント多く来店し、四六パーセント多く購入した。魅力を伴わない満足には価値がない。魅力を伴った満足は値千金である。

ギャラップは、単に店が提供する商品に対する「満足」と、店への「感情的結びつき」を伴った「魅力」の違いを指摘する。これまで見てきたように、**感情的訴求力**とは、偉大なディマンド・クリエーターたちがマグネティックな製品を創り出す際に優れた機能性と一体化させる大事な要素だ。

魅了された顧客は、支持者となり、偉大な商品やサービスを生み出す新しいアイデアの源となる。そうなれば、広告やマーケティングに費やす経費は削減され、顧客の待遇をさらに改善するために使える収益は増える。顧客の提案に基づいた革新的な改善を繰り返すことによって、ウェグマンズの魅力はさらに増し、その噂が噂を呼んでより大きなディマンドの潮流が生まれる。このポジティブ・スパイラルは無限に続く可能性を秘めている。

マグネティックな製品――すべてのはじまりはこれだ。ウェグマンズのように「感情的に魅了された」チェーン・ストアが享受する、ギャラップがはじき出した四六パーセントという数字の成否は、「マグネティック」が握っている。なによりもマグネティックであること――ただよいだけの製品を超えたとき、さらなる巨大なディマンドの流れが誕生する。

2

ハッスル・マップ——時間とお金をムダにする「欠点」を明らかにする

Hassle Map ①時間、エネルギー、金銭の浪費をもたらす既存の製品、サービス、システムの特徴を表したもの。②（顧客の観点から）頭痛、失望、落胆の種。③（ディマンド・クリエーターの観点から）苦しみの数々。

ワンクリック・ワールドへといたる長く険しい道のり

一九〇七年八月、前代未聞のニューヨーク－パリ自動車レース開催のニュースが発表された。企画したのは両都市の大手新聞社《ニューヨーク・タイムズ》紙と《ル・マタン》紙だった。走行距離は地球一周弱に匹敵する三万五〇〇〇キロメートル。アメリカの広大な砂漠地帯、アラスカの荒野、シベリアのツンドラを走り抜ける（太平洋は蒸気船で横断）。その大胆な構想に、さしもの熱狂的な自動車ファンたちも驚愕した。一九〇八年二月一二日、ニューヨークのタイムズスクエアを出発点にレースははじまった。参加チームはわずか五つ——イタリア、ドイツ、アメリカからそれぞれ一チーム、フランスから二チームで、いずれも勇敢かつ冒険好きで向こう見ずな連中だった。どの車も惨事に見舞われた。アメリカ・チームは、家柄がよく礼儀正しいモンタギュー・ロバーツがハンドルを握り、有能な若者ジョージ・シュスターがメカニックを担当した。ふたりが乗ったトーマス・フライヤーは、雪の吹き溜まりにはまり、奇特なボランティアにショベルで雪かきをしてもらって、のろのろと進むしかなかった。ドイツ軍中尉ハンス・ケッペンが運転する巨大なプロトスはレースカーというよりピックアップ・トラックに似た車で、沼地にはまってしまい一二頭の馬に引き出してもらう羽目になった。いずれもまだニューヨーク州を走行中の出来事だった。

数週間後、二枚目俳優然としたロバーツは、ネブラスカでこの常軌を逸した愚挙を断念した。後を引き継いだ若いシュスターは、西部の人跡未踏の荒れ地で道を探すより、ユニオン・パシフィック鉄道にかけあってトーマス・フライヤーを列車扱いで線路を走らせてもらうことにした。シベリアでは馬車専用の橋を渡る際に、床版《しょうばん》が車の重量で折れたが、鮮やかなハンドルさばきで両端のギシギシときしむ木の主桁の上を走らせたおかげで、九メートル下の泡立つ急流に落下せずに済んだ。最終的に、シュスターは一六九日におよぶ消耗戦を制し、一着でパリにゴールインした。完走はたったの三台だった。

一九〇八年、ドイツ人技術者カール・ベンツが四サイクル・ガソリンエンジンとこれを搭載した近代自動車を発明してから三〇年経ったこの時点でも、自動車旅行の実状はこんなものだった。比較的進んでいた北米でさえ、自動車が発明されてから何十年ものあいだ、車は冒険家の乗り物だった。ドライバーは、排気ガスや火花、田舎道の轍《わだち》で跳ね上げる泥から身を守るために、防寒帽、ゴーグル、手袋、かさばるダスター・コートといった特別な装備を身につけた。車には必ず工具が積まれていた。ドライバーは必要最低限の修理には熟達し、スペアパーツを手作りできるくらいでなければならなかった。初期の自動車旅行は、標識もなく舗装もしていない、家畜が横切る無秩序な混沌のなかから道を探して走らなければならなかった。

車は、まさにアメリカがこんにちの「超移動《ハイパーモバイル》国家」へと登りつめるために必要なパズルの一片だった。規格化された高速道路の標識、近代的な道路設計のガイドライン、州間高速道路、ガソリンスタンドや修理店、道路沿いの飲食店、モーテル、ガレージなど、車社会を支える膨大なネットワークが整って初めて、自動車旅行に伴う数々のハッスルが本当の意味で取り除かれたと言えるそうなることによってようやく、移動《モビリティ》という積年の欲望が、何億人もの人々の車に対するディマンドという形で現れる。

二一世紀のこんにちでも、自動車旅行を支えるインフラは進化し、拡張されている。有料の道路、橋、トンネルの通行料徴収を自動的に無線で行うイージーパスなどのネットワーク導入とハッスル軽減は、まだここ一〇年の話にすぎない。カーシェアリング革命に乗り出したジップカーは、ようやく都市部のドライバーの直面するハッスルに対処しはじめた。自動ブレーキで衝突を回避するシステムのおかげで、これからは衝突事故による死者がほとんどいなくなる時代になるかもしれない。いつの日か、アメリカだけで年間四万人に上る自動車事故による死者を甘んじて受け入れていた無情で非人道的な文明に、ドライバーたちが驚愕し戦慄する時代が訪れるだろう。人間社会に内燃エンジンが登場して一世紀以上経つが、いぜん解決に向けた最善の努力を阻むハッスルは残っている。

となると、ウィリアム・ショックレーのトランジスタ発明にはじまるエレクトロニクス革命から六〇年、ＰＣの出現から約三〇年を経たこんにちでも、デジタル通信・情報の世界でハッスルが多発しており、互換性のないシステム、バグだらけのプログラム、反応の悪いネットワーク、思い通りに機能しない製品に悩まされているとしても、それほど驚くことではないのかもしれない。デジタルの世界も、内燃エンジンの世界と同様、ハッスルを完全に取り除くにいたるにはまだしばらく時間がかかりそうだ。

だが、それ以上に衝撃的な事実がある。すべての人が手軽にハッスルを感じることなくデジタル資源を利用できるようにするために必要な新製品、サービス、システムを**考案**しようとする人がほとんどいないことだ。もちろん**創造**した人もいない。ここで登場したのが、独自のやり方で挑戦するごくひと握りの例外的な人々だった。

彼らは新しいテクノロジーの持つすばらしい潜在能力だけでなく、その恩恵を妨げるハッスルの数々（いわばハイテク版の標識のない道、排水溝のないぬかるんだ道、車軸が折れるほどのひどい窪み）にも目を向けた。この種のハッスルは、分野を問わずたいていは未開発の潜在的ディマンドを示す最初の兆候であり、一番初めに点滅する信号である。このため、マグネティックな製品というものは、ハッスル・マップを作成し、顧客の暮らしのなかの軋轢《あつれき》を指摘し、それを軽減あるいは排除する方法を見出した誰かの手で創り出される。

本書の冒頭で触れた話を思い出してほしい。レンタル・ビデオの延滞金に悩まされ、なんとかしようと決意した男の話だ。多くの人が同じような状況を体験したが、このハッスルの数々をネットフリックスという名のディマンドを生み出す製品の創造の機会ととらえたのは、リード・ヘイスティングスだけだった。

あるいは、二〇〇〇年代初頭に普及し、あちこちでハッスルを生み出していた携帯電話についてのある人の意見を考えてみよう。「誰もが携帯電話を持っていたが、とにかく嫌だった。あまりにも使いにくかったからだ。ソフトウェアはひどいし、ハードウェアのほうもいいとは言えなかった。友人たちに聞くと、皆も嫌がっていた。誰もが嫌っていたんじゃないかな」。彼が言わんとしたことはわかるだろう。扱いにくいメール機能、使いにくいアプリケーション、インターネットの接続はうまくいかず、画面は見にくく、操作にやたらと時間がかかる。それこそ数えきれないほどの人々が困惑していた（そして、いまだに）。新しいタイプの装置を作ってこの種のハッスルをなんとかしてくれという**切実な願い**――それを理解していたのは、この意見を述べた当人スティーブ・ジョブズだけだった。新しい装置とは、いわずと知れたｉＰｈｏｎｅである。

ジョブズたちはアップルでこうしたハッスルをただす作業に着手し、「ビジュアル・ボイス・メール」を考案した。Ｅメールと同じようにボイス・メッセージを受け取り、聞きたい順に聞くことができるというものだ。また、マルチタスク機能、サファリ・ブラウザ、画面を回転させることで読みやすいワイドスクリーンにする機能を開発したことで、テキスト・メッセージやインターネットもより快適に読めるようになった。さらに、ユーザー・インタフェースの簡素化と鮮明化にアップルならではの技術を投入し、たとえば、曲のダウンロード時のクリック数をたったの五回に減らすことに成功した。ちなみに、他社製品は一八～三九回のクリックが必要だ。

二〇〇七年一月に発表されたｉＰｈｏｎｅは、スマートフォン業界を創り出した。その結果、潜在的ディマンドが洪水のごとく流れ出した。

やりたいことのほんの一部しかできない、**最終顧客そっちのけ**で開発されたデジタル機器との悪戦苦闘を想像してほしい。ウォール街のあるトレーダーは、彼の会社の電子データマネジメント装置を開発したエンジニアに文句を言った。「君たちのような連中が作るのは、文字や数字が細かすぎて読めなかったり、僕の太い指には小さすぎるキーだったり、そんな装置ばかりだな」。ひと桁間違えただけで何百万ドルもの損失が出る。これが些細な問題だと思ったら大間違いだ。

文句を言ったトレーダー――マイケル・ブルームバーグ――は、投資・金融データの活用に伴うハッスルに悩まされた経験を活かして、情報帝国を築いた。

ヘイスティングス、ジョブズ、ブルームバーグはディマンドの新しい大潮流を創り出した。彼らの見識はいまにして思えば当然のことのように見える。だが、あくまでもいまにして思えばだ。この三人の偉大なディマンド・クリエーターたちは、顧客の暮らしのなかに入り込み（実際、**彼らはかつて顧客だった**）、一般的な製品やサービスがもたらすハッスルのエキスパートとなることによって、それを削減する方法を発見した。真剣な問題解決の探求の結果は、客観的でありつつ主観的であり、統計数字ではなく直観や感情に溢れたものだった。とりわけハイテク世界に心酔した企業トップがこの探求を実行できない理由は、彼らが世界の中心に**「装置」**を据えてしまい、**「人」**を忘れるという落とし穴にはまってしまうからだ。

ヘイスティングス、ジョブズ、ブルームバーグはいずれも、ハッスル・マップ――顧客体験のなかに隠れている失望感、不便さ、複雑さ、潜在的な厄介事の数々――の巨匠である。考えてみよう――飛行機で旅したときや、ケーブルテレビの請求書の誤りに文句をつけたとき、無反応な巨大官僚組織とかかわったときの経験を。それがハッスル・マップだ。ひとつひとつの不要な段階やムダな時間、期待を裏切る成果は、**「軋轢」**としてハッスル・マップに印される。そして、そのひとつひとつの軋轢を排除したり、あるいは楽しさへ逆転させることによって生まれる新たなディマンド創出の機会を示している。

ハッスル・マップは頭のなかにしまっておいてもいいし、顧客のハッスルを実際に地図のように書き出してもかまわない。ディマンド創出をきわめたいなら、役に立ちたいと思う顧客のハッスル・マップを作成することがなによりも有益だ。現状がいかにひどいか、そして、そこからどれぐらい改善できるかをまずはのぞいてみること。これは**「別の視点」**で物事をとらえるために不可欠の段階である。

たとえば、ムダに複雑だったり、あるいはその価値や目的が不明瞭な作業がプロセスの各段階に大量にあり、ハッスル・マップがそういった作業のリストになる場合もある（たとえば、確定申告のハッスル・マップだ）。また、ある作業を完了するために顧客がかかわらざるをえない人々、会社、サプライヤー、資源を羅列したリストになることもある。この場合、混乱とムダ、過剰な選択肢、情報過多といった弊害が生まれる（たとえば、キッチンの改装のハッスル・マップだ）。さらに、どちらも望ましいが明らかにトレードオフの関係にある顧客ニーズを並べたリストもある。顧客は次々に、低コストか高品質か、便利さか多様性か、行き届いたサービスかスピードか、どちらを望むかと問われ、決して両方が満たされることはない。

顧客のハッスル・マップを作成する際、切れ者のディマンド・クリエーターたちはこんなふうに自問する。

「顧客の心理状態は？　彼らは自分の暮らしからなにを締め出したいと思っているのか？　既存製品を彼らの要望に合わせるにはどうすればいいか？　それが無理なら、その理由は？

どのハッスルが顧客をいらつかせているのか？　顧客自身はあまりにも当たり前で気づいていないが、われわれになんとかできるハッスルはあるか？」

ハッスルはそこら中に散在している。だが、顧客を理解する明晰な洞察力と、ハッスル改善につながる粘り強い創造性を兼ね備えた人はほとんどいない。自動車旅行が（比較的）安全、簡単、効率的になるまで何十年も要したのは、そして、おそらくはデジタル情報革命がその力を存分に発揮するまでにまだ何十年も要するのは、このためだ。

❏　❏　❏

こんにち、われわれはようやく、ハッスル・マップという考え方の重要性を認識したひと握りのパイオニアたちの手ではじまったデジタル世界の変革を目にしている。彼らはその過程で、自分たちが創り出したマグネティックで、生活を一変させ、ハッスルを軽減する製品に対する溢れるほどのディマンドを創出し、同時にハイテク業界での競争の法則を変えつつある。

ハッスル・マップから考えると、従来の見方は完全に覆される。このため、ハッスル・マップの熟達者たちによるデジタル世界の変革は、アノマリー（例外的）とも言える成果をもたらしている。

この一変した世界で、コンピュータ会社（アップル）が最高の携帯電話を創出し、音楽配信ビジネスを先導している。ネット企業（ネットフリックス）が、現在テレビ局やケーブル局に流れ込んでいるディマンドの最も手ごわい新興ライバルだ。もうひとつのネット企業（アマゾン）は、世界第二位の小売業者（小売店は**一軒もない**が）で電子デバイスの最も革新的なメーカーでもあり、その書籍業界における影響力はますます高まっている。そして、データ企業（ブルームバーグ）は、かつてはNBCやニューヨーク・タイムズ、ダウ・ジョーンズらが君臨していたメディア業界で強い影響を持っている。

こうした成果は、「コンピュータ会社」「メディア企業」「通信会社」「家電メーカー」といった慣れ親しんだラベルをつけて分類したところでほとんど意味をなさないが、**「ハッスル解決企業《フィクサー》」**というくくりで考えてみるとつじつまが合う。こんにちのハイテク世界で最大のディマンドの潮流を創り出した企業は、**ラベルにかかわらず**、さまざまなテクノロジーを駆使して顧客のハッスル改善に最高の成果を挙げた企業と言える。こんにちのデジタル業界のハッスル・フィクサーは、PCや携帯電話といった個々のテクノロジーの垣根を超えて機器やインフラを作り直し、顧客ニーズにより応えようとしている。

そのために、テクノロジーを統合したり、デバイスや情報の流れのなかの点を結ぶ。あるいはデジタル機器の利便性を高めるためにテクノロジーを駆使した（またはローテクの）新しいツールを開発する。だがいずれにしても、ハッスル・フィクサーたちは、成功をもたらす新しいカギは機器の能力ではなく**「顧客の問題」**を中心に据える変革であることを認識している。

顧客中心の新しいアプローチは、かつて個々のテクノロジーを分離していた境界線をなくすものだ。われわれはいま、顧客が簡単に即座にどこからでもデジタル製品とサービスにアクセスすることができる**ワンクリック・ワールド**へ、急速に移行しつつある。この世界では、かつてディマンドの余地を限定していた業界境界線の効力は失われた。

その結果として生じた世界規模のスクラムのなかで、何百社もの企業がディマンド争奪戦を展開している。とはいえ、なにが起きているのかを充分に把握している企業はごく一部にすぎない。たとえば、まったく対照的な道を辿ったソニーとアップルを見てみよう。

ソニーはワンクリック・ワールドに早い時期から進出し、現在統合されているすべての分野の専門知識と経験を持っていた。家電メーカーとして出発したソニーは、コンピュータ業界（VAIO）、通信業界（携帯電話のソニー・エリクソン）、メディア業界（コロンビア映画、音楽、ゲーム）で地位を確立した。とはいえ、いずれの分野も「サイロ」状態で、顧客経験の向上に役立つはずの横のつながりがいっさいない状態だった。VAIOのノートパソコンを持っていることと、ウォークマンで音楽を聴いたり、コロンビア映画の作品を鑑賞したりすることが無関係だった。ソニーは四つの分野で地位を確立しながら、（各々の分野で「シナジー効果」に関する議論が盛んに行われていたにもかかわらず）顧客のためにすべてを統合することもなく、ハッスル・マップの改善に向けた新しいツールを作ることもなかった。

これとは対照的に、アップルのスティーブ・ジョブズはワンクリック・ワールドのパイオニアだった。iPodをひっさげて家電業界に進出したとき、ジョブズはこの新製品にiTunesを統合した。音楽やビデオの購入、管理、鑑賞のための世界初の（そして、現在も最高の）ソフトウェアおよびオンライン販売システムである。その後、ｉＰｈｏｎｅで通信業界に参入した際には、この**製品**にｉＴｕｎｅｓだけでなく、アプリや各種サービスといったさらに大規模かつ強力な**システムを統合した**。現在のｉＰａｄは、映画会社やテレビ局の制作した映像、出版社の書籍や雑誌のデジタル・コンテンツ、その他多くの情報娯楽コンテンツと、タッチパネル技術を統合したものだ。

アップルは、四つの業界に単に参入するのではなく、**統合**を目論んだ。さらに注目すべきは、消費者のハッスル・マップを作り直し、シームレスで独創的かつ強力なマグネティックな体験を提供するために、デジタル・テクノロジーと魅力的なコンテンツを結合した点だ。

結果は、誰も予見できないめざましい逆転劇だった。二〇〇〇年一二月、ソニーの時価総額は六三〇億ドル、アップルは五〇億ドルに満たなかった。現在（二〇一一年三月時点）、両者の立場は逆転し、アップルが三三〇〇億ドル、ソニーは三六〇億ドルにすぎない。ディマンドはと言うと、世界中の消費者がアップルと聞けば、お洒落で優雅でパワフルかつ直観的にわかりやすい楽しい製品やサービスを連想するまでになった。**見事なハッスル・フィクサーである**。

ワンクリック・ワールドでは、便利さやアクセスのしやすさ、楽しみを実現するために製品がテクノロジーの境界を越えてくるものだという考え方が、顧客に**ますます浸透してきている**。提供する製品が相も変わらず昔ながらの技術や企業の壁に囚われていれば、消費者は拒絶する構えをみせ、時が経つにつれて拒絶感は強くなる。

もうひとつ例を挙げよう。二〇〇六年九月にアメリカで発売された初代ソニー・リーダーだ。これは、Ｅインク技術を使ったこれまでに例を見ないスマートな電子書籍端末で、革命的な家電機器とも言える。だが、買った人はほとんどいないに違いない。その理由は、ソニーがそのすばらしいテクノロジーに、世界中で人気の本の大半を手ごろな価格で即座に超簡単に入手できる無線アクセスを組み込む方法を見出すことができなかったからだ。一四カ月後、アマゾンのキンドルが両者の結合に成功し、アマゾンは揺籃期の電子書籍端末分野における勝者となった。

この電子書籍端末競争は「不完全な製品の呪い」、すなわち、**「ワンクリック・ワールドでは、顧客の要望の一部しか満たさない新製品は目標達成できない」**を見事に実証している。

App Storeがないi Phone、あるいは製品価値を高める何千人もの優秀で忠実なアプリ開発者抜きのi Phoneを思い浮かべてみればわかる。これではただの携帯電話の一種にすぎず（デザインは別としても）、肌身離さず持ち歩く生活のアクセサリーではなく、不満の対象になるだけだ。

言及したアップル、ネットフリックス、アマゾン、キンドルをはじめ、ワンクリック・ワールドでディマンド創出に成功した企業は、新たな競争分野における「呪い」に続くもうひとつの現実、「三つの次元のデザイン」の重要性を物語っている。**「ワンクリック・ワールドでは、デザイン――機器デザイン、経験のデザイン、ビジネスデザイン――がこれまでの一〇倍も重要だ」**ということだ。

偉大なワンクリック企業は、製品デザインに熱心に取り組む。アップルの至高の美学については周知の通りだ。だが、ネットフリックスが顧客に最も効果的な封筒のデザインを探求しつづけ、あのおなじみの赤い封筒にいたるまでに**一五〇回以上も**デザイン変更を繰り返したことはご存知だろうか？　これぞアマゾンのウェブサイトと言える形式と機能の見事な融合を分析してみたことはあるだろうか？（ネットフリックスはアマゾンの真似をして自社サイトを作ったことをあけすけに認めている）　初代ソニー・リーダーに比べてキンドルはボタンの配置が完璧で使いやすいといった微妙な違いがあることに気づいただろうか？

だが、製品デザインよりも大事なのは、企業と顧客の経験とを結びつけるデザインに見事な手腕を発揮している点だ。システム、インターフェース、情報の流れ、サービス・プロトコル、企業間提携などに生じる大小さまざまな何百もの調整。そのひとつひとつが軽減する時間・労力のムダや失望感は、ごく一部の顧客のものだろう。こうした違いを積み重ねることによって、顧客に愛され喜んでお金を出してもらえる、ハッスルのほぼない体験を提供できるようになる。

三つめの次元、**ビジネスデザイン**は成否を左右するものだ。成功したワンクリック企業に見られるように、世界レベルのビジネスデザインは、簡単に手に入る既製品ではなく、独自の価値提案、買い手に提供されている価値の一定割合を確保するプロフィット・モデル、その利益を守るための戦略的管理など、少なくとも画期的な新製品の開発に匹敵する創造力が求められる特注品でなければならない。

ワンクリック・ワールドの出現は、ディマンドの未来の側面を暗示するじつに魅力的な出来事である。だが、その出発点は非常にシンプルだ。破らざるをえないテクノロジーの境界線があろうとも、顧客のハッスルを明確に見極め、その排除に不屈の決意で臨む、ごく一部の飛びぬけた人々である。

ボーナスよりもブルームバーグ——トレーダーを虜にした端末

時代はさかのぼって一九七〇年代初頭、マイケル・ブルームバーグは、ウォール街のトレーダーたちの頭痛の種だったハッスル・マップを改善する方法を模索していた。彼の使命は、タイムリーな重要データへのアクセスをしやすくして、情報が利益と直結している人たちに**役立ててもらうこと**だった。その経歴や性格を考えれば、彼はこの仕事にうってつけの人物だった。

ブルームバーグの最初の仕事は、高校時代、マサチューセッツ州ケンブリッジの電機メーカーでのパートタイムだった。そして、ジョンズ・ホプキンス大学工学部を卒業後、ハーバード・ビジネススクールを経てソロモン・ブラザーズに就職し、フロア・トレーダーになった。フロア・トレーダーと言えばせっかちで短気と相場が決まっている（当時の同僚は「彼は四六時中叫んでいた」と言う。「僕に電話してきておいて、電話口で三分も待たせたあげく、戻ってきて『なんか用か？』とわめくんだ。『おまえが電話かけてきたんじゃないか！』」）。ブルームバーグは、トレーダーの時間節約に役立ち、一番の仕事——金を稼ぐこと——に集中できるツールならなんでも絶賛した。彼は非常に頭が切れ、意志が強く、おそらくは自信過剰気味な男で目立ちたがり屋だった。この性格は同僚たちの反感こそかったが、のちのワンクリック・ワールドのディマンド・クリエーターや前例破りの無所属のニューヨーク市長としてのキャリアにはプラスに働いた。

ウォール街での成功の根源は情報だ。情報がすべてだ。隣のトレーダーより（いまなら世界中のトレーダーより）いかに早く市場のトレンド、価格の推移、経済と市場の不均衡を読みとるかがカギになる。このため、いつの時代も投資銀行、証券会社、運用会社は、電報、電話、テレックス、FAXといった新しい情報技術を真っ先に導入してきた。

工学部出身だったブルームバーグは、一九七〇年代初頭の時点で、コンピュータを使えば株取引のハッスルを軽減できると考えた。ソロモンの情報システムを任されたブルームバーグは、バックオフィスのメインフレームとつながったワークステーションをトレーダー全員に提供するよう会社に掛け合った。これは当時としては画期的な提案だった。そして、このインフラをさらにトレーダーに使いやすいものにすべく、プログラマーを雇い入れてシステム全体を作り上げた。彼は自身もトレーダーだったことから、トレーダー特有のハッスル・マップが文字通り体に染みついていた。そのため、モニターの文字の読みやすさ、キーの大きさといった細かいことに徹底的にこだわった。

ところが残念なことに、彼の洞察力（あるいはその洞察力と熱くなる性格）は仲間のパートナーたちから充分に理解してもらえなかった。そして、一九八一年、ソロモンが商品取引会社フィブロに買収された際、短気なブルームバーグは「留任を要請されなかった」。当人の忌憚ない表現を借りれば、「一五年働いてクビになった」ということだ。

この無礼な仕打ちがブルームバーグの巨大な自尊心を傷つけた。だが、同時に彼のパワフルな起業家精神が解き放たれた。彼は、一緒に去ったひと握りのパートナーたちとともに、ソロモンの退職金を元手に、ウォール街に電子情報ツールをもたらす会社を設立した。そして、三つの価値を提供しようと考えた。株価や債券価格や為替レートなどのリアルタイムの金融データ、トレーダーの迅速な取引を容易にするバックオフィス・システムに直結した電子システム、裁定取引の機会の特定や有価証券の相対的価値の比較といった分析作業に使うソフトウェア・ツールの三つである。

いずれもブルームバーグ自身がトレーダー時代に切望していたサービスであり、当時のまだ未発達な電子機器でも充分にすばらしいものに見えた。ウォール街の古株たちは、「端末機に接続した旧式のＩＢＭセレクトリック・タイプライター」を使ったサービスのデモンストレーションを覚えている。この電動タイプライターは当時でも時代遅れだったが、先見の明のあるトレーダーたちにはその威力がわかっていた。

最初に注文したのはメリルリンチだった。まだ資本市場における主力プレーヤーではなく、成長を促す独自の武器を模索していたメリルは、理想的な取引相手だった。メリルはふたりのトレーダーを派遣し、この新しいテクノロジーを綿密に精査させた。ブルームバーグの言葉を借りると、この「重箱の隅をつつくような」チェックがシステムの地道な改善を促し、サービスの成功におおいに役立った。ブルームバーグが提供した競争力にますます魅力を感じたメリルは、今後五年間、ライバル企業に売らないという条件つきでこの事業に三〇〇〇万ドルを投資した。だがのちに制約を解けば洪水のようなディマンドと巨大な収益が見込めることに気づき、条件を撤回した。ブルームバーグは走りはじめた。

預言者の力を借りるまでもなく、一九八〇年代、電子ＩＴツールは金融業界のプロたちにとってますます重要性を増していった。ブルームバーグには少なくとも潜在的ライバルが二〇社あった。その最たるものがロイターとダウ・ジョーンズの電子ニュースサービス部門テレレートだった。だが、このライバルたちは、顧客が取引情報や財務データなどを汎用性の高い形で求めていると想定していた。顧客のニーズを熟知していたブルームバーグは、アナリストを雇い入れ、それらの公開情報をトレーダーにとって価値ある独自情報に変えた。

こうした付加価値を高める変換（たとえば、会計年度ごとに編集した企業データと異なる財務推定に基づいた企業データを簡単で正確、比較しやすい統一フォーマットに変換）は、当たり前に見えるかもしれない。だが、投資の意思決定プロセスに要する時間が短縮されたことによって、トレーダーのハッスル・マップは劇的に改善した。ほかにも、イールドカーブ分析の継続的な更新、さまざまなポートフォリオ・プランニング・ツール、トレーダーが投資結果を推定するための「仮定」システム、投資決定をコンピュータが行う「ブラックボックス」型トレーディング・システム用のプログラムなど、高度なツールもあった。いち早くブルームバークのツールを試してみた何千人ものトレーダーたちは、もはやこのツールなしでは生きていけないと思うようになった。

ブルームバーグの社員たちに、実績ある資金豊富なテレレートとのディマンド競争で生き残ることができた理由を尋ねてみると、こんな答えが返ってきた。「テレレートはデータをどうこうしようとは**考えなかった**」。ブルームバーグは違った。一九九七年、ブルームバーグのプリンストン・センターは九〇〇人のアナリストを採用した。トレーダーはブルームバーグに殺到し、一年後、ダウ・ジョーンズはリングにタオルを投げ入れた。買収価格を**一〇億ドル以上も下回る価格**でテレレート部門を売却したのだ。ロイターは、ブルームバーグに匹敵するサービスを提供しようとするなら何億ドルもの投資が必要だと気づいた。

以来、ブルームバーグは着実に、契約者に提供する情報の幅、深さ、種類を広げ、質を高めてきた。出発点は、ブルームバーグ自身がトレーダー時代に習得した専門分野である、債券関連のデータだった。その後、株式、投資信託、商品先物、オプション、外為、不動産、さらには住宅ローン、インデックス、金利をベースにした複雑なデリバティブ取引へと守備範囲を広げていった。金融商品の数は総計五〇〇万点におよんだ（ジップカーと同様、ブルームバーグも早い時期にディマンド・バリエーションの重要性を認識しており、顧客によってハッスル・マップが異なることに気づき、すべての顧客のハッスルを改善するために独自の製品を開発した）。現在ブルームバーグが提供している金融情報の広さと深さに匹敵する情報を個人トレーダーが得ようとするなら、世界中の二〇〇もの市場と何千もの調査資料にアクセスしなければならないだろう。ブルームバーグは、そのすべてに即座にアクセスできる単一の情報源である。

ブルームバーグは歩みを止めなかった。「お金にかかわるニュースはすべて」集約され、ブルームバーグ専用モニターに流す。モニターの片隅では、記者会見、上院聴聞会、チャーリー・ローズの有名なインタビュー番組（公共放送PBSの番組だが、スタジオはブルームバーグのニューヨーク本社に移った）を見ることができる。一九九〇年には、ビジネス、政治、社会、経済その他のニュース全般を網羅する独自のニュース配信サービスを開始した。現在、ブルームバーグは、世界数十カ所の支局で社員二三〇〇人を雇用し、インタビューやニュース速報などのテレビラジオ番組を制作している。また、《ブルームバーグ・ビジネスウィーク》誌の発行、ケーブルネットワークやラジオ局の運営、AP通信やロイターよりもローカルなニュースの配信も行っている。

ブルームバーグは、たとえ「**賄賂**」を渡すと言われても顧客が拒否するほど、ビジネスに使う製品がマグネティックになりうることを実証している。

（資産運用会社イースト・コーストの社長は）ブルームバーグ端末のコストが年間一万八〇〇〇ドルかかり、同社の投資アナリストがそれに見合う成果を挙げているとも思えないことに不満だった。そこで、端末を断念すれば現行ボーナスを一万五〇〇〇ドル上乗せすると一二人のアナリストたちに持ちかけてみた。結果、一二人中一一人がノーだった。断念するぐらいなら、ボーナスを一万五〇〇〇ドル減らされてもかまわないと言った人までいた。

二〇〇一年にニューヨーク市長に選出されて以来、マイケル・ブルームバーグは経営には直接携わっていないが、その製品に対するディマンドは伸びつづけている。現在、世界各国のオフィスにブルームバーグ端末は三〇万台普及しており、一台当たり月一五〇〇ドルの利益をもたらしている。ブルームバーグは、ライバルのロイターとは異なりボリューム・ディスカウントはしていない。ただし、二台目のモニターの値段は一台目の一八〇〇ドルよりも安い。一〇〇〇台加入しているウォール街の大手企業も、ふたりしかいない小さな証券会社も、モニター一台当たりの価格は同じだ。さらに、株取引などのサービスには別途課金される。

その見返りとしてブルームバーグは、たとえばメルセデスやロレックスなどのブランドに匹敵するような高品質のサービスを提供している。ブルームバーグの言い分はこうだ。「うちの製品にマニュアルはない。多言語に対応できる熟練のスタッフ一万人以上が、二四時間三六五日、いつでも対応できるように待機している」。解決に数時間かかるような問題なら、時差に合わせて専門家が交代しながら、日本語からウルドゥー語までさまざまな言語でサポートしてくれる。

ブルームバーグの提供するサービスのなかにはきわめて個人的でとても役立つものもある。たとえば、ブルームバーグは失業した顧客が無償で四カ月間、サービス内容を縮小することなく自宅で端末を使用できるようにしている。ブルームバーグ自身のように突然クビになったことのある元トレーダーだけが、こうした顧客のハッスル・マップやこの種の提案の必要性を**切実に理解できる**に違いない。解雇で打ちのめされたトレーダーにこの種のサービスを提供すれば精神的な後押しになる。また、情報にリアルタイムで接しつづけることができれば、新しい仕事が見つかる可能性も高くなる。二〇〇六年、運用資産額九五億ドルのヘッジファンド、アマランス・アドバイザーズが破綻したとき、ブルームバーグは社員二二一人に端末を持ち帰るよう勧め、一八〇人が数カ月で新しい仕事に就いた。彼らの要望で、新しい雇用契約には条件としてブルームバーグの導入が含まれていた。

ブルームバーグといえども不況の影響は否めなかった。二〇〇九年のウォール街の人員・経費削減によって、契約台数が一万一〇〇〇件減少した。だが、経営陣は顧客にさらなる情報を提供するという方針を貫き、《ビジネスウィーク》誌の買収、端末に二〇〇〇以上の新たな機能を導入するなどの策に出た。二〇一〇年、契約台数は再び上向きはじめた。「市場シェアは増えた」と会長のピーター・グラウアーは言う。それも、価格引き下げを行わずに。

ブルームバーグの物語は、ワンクリック・ワールドのほんの片隅にすら、巨大なディマンドを創出する可能性があることを示している。まだまだ人目につかないディマンドの片隅が無数に存在し、**パイオニアたち**が住み着くのを待っている。

テクノロジー業界の人々や企業の**「究極の目標」**がここからわかる。あらゆる片隅に存在するバラバラなデジタル世界をワンクリック・ワールドに作り変えることである。この究極のワンクリック・ワールドでは、すべての情報ツールが簡単になり、人間の意識と統合され、ハッスルがついに皆無になるのだ。

最良の医療を提供するケアモアの考え方

八二歳の未亡人エレンは、ロサンゼルス郊外のカリフォルニア州アナハイムに暮らしている。ある水曜日の朝、彼女はいつものように体重計に乗った。六六キログラム。少し重いかしら？　彼女は朝食用テーブルのあるキッチンの片隅でボウルにオートブランをよそいながら、なんとなく不安を感じた。

三〇分後、電話が鳴った。クリニックのサンドラからだった。

「おはよう、エレン。なにか変わったことあった？」

「今日は体重がちょっと多いように思うんだけど……」

「そうね」とサンドラは答えた。「六六キログラム。昨日より一・三キログラム増えてる」

「増えすぎだと思うの」

「午前中に、必ずクリニックに来てね」

「今週は娘が出かけていて、行けないわ」

「車を迎えにいかせるから大丈夫。一時間で準備できる？」

「もちろん。待ってるわね」

鬱血性心不全の病歴を持つエレンにとって、一晩で一・三キログラムも体重が増えたのは悪いニュースだった。水分が外に出ていない証拠だからだ。彼女はその朝に治療を開始し、治療は危険を脱出するまで二週間続いた。

エレンの友達のレベッカは別の医療機関にかかっていた。六カ月前、レベッカは同じような体重の増加を経験した。だが、レベッカの体重計は日々の体重を無線でクリニックに送るタイプではなかった。このため、彼女はすぐには異変に気づかず、何日も対応が遅れた。一週間後、レベッカは呼吸困難と心臓の動悸で救急救命室にかつぎこまれ、長期にわたる辛い入院生活を送った後、帰らぬ人となった。

元郵便配達員のダンは、現在八七歳で体が弱い。かつては健脚だったが、いまは脚も弱りよろよろしている。彼がクリニックに行ったのはふたつ理由があった。四肢を強化する軽い負荷のトレーニングを受けるためと月一回の足の爪切りのためだ。

ダンは典型的な転倒予備軍だった。脚や腰の骨を折って、何週間もの入院や何カ月にもおよぶリハビリのはて、長年痛みや歩行困難に悩まされている友人も多かった。だが、ダンの通っているクリニックの医師たちは、高齢者の転倒要因が四肢の衰弱、伸びた足の爪、毛足の長いカーペットにあることを理解していた。彼らはダンの家を訪ね、娘に八〇年物のふかふかのカーペットを毛足の短いラグに必ず交換するよう言い聞かせた。現在、彼らはジムでのダンの定期的な身体機能調整セッションに付き合い、足の爪切りも定期的に行っている。その結果、同じクリニックに通うダンと友人たちの転倒リスクは八〇パーセント低下した。

糖尿病の持病を持つ七九歳のジョーは、ドアに当たって足を切ったことがあった。二日たってもよくならないので、彼は重い腰をあげてかかりつけ医の診察室へ出かけた。ドクター・ネイラーは切り傷を見た途端、彼を提携先のカリフォルニア州ウィッティアのクリニックに送った。

クリニックのナース・プラクティショナー（一次医療行為が可能な上級看護師）は傷を洗浄し包帯を巻いて、ジョーに言った。「二日後、ガーゼを変えるのでまた来てください。その後も傷がすっかり治るまで、二日ごとに通ってください。いいですね」

彼は悲しそうに微笑みながら頷いた。以前にも病院通いしたことがあったからだ。

糖尿病患者にとっては、たとえちょっとした傷でも深刻な事態を招きかねない。傷を放置すると、そのまま治らず切断にいたるケースも少なくない。だが、ジョーの足は切断を免れた。もちろん彼だけではない。他の病院に比べてこのクリニックでは、切断にいたるケースは六〇パーセントも低い。

ドクター・ネイラーは、ジョーが訪ねたクリニックと二年前から仕事をしている。

「正直言って、最初は辟易しました。あのクリニックには、これはこうしなければならないというはっきりした方針がいろいろあって、私は人からこうしろと言われるのは好きじゃないんでね。でも、一年ほど経つと、あそこの仕事を高く評価するようになりました。

私の置かれている状況をわかってください。私はプライマリー・ケアの医師（一次診療医）で、毎日六、七〇人の患者を診ています。中耳炎の幼児から一〇代の妊婦、認知症のはじまっている老人まで、ありとあらゆる種類の患者がやってきます。時間に追われ、選択肢もかぎられています。なにか深刻な症状を抱えた患者が飛び込んできたとき、私の選択肢はふたつです。専門医に送るか病院へ送るかです。

しかし、こと老人についてはクリニックが三つめの選択肢を提供してくれます。老人患者に対してどうするべきか、あそこの臨床医たちは熟知しています。優れたスタッフも揃っていて、すばやく対応します。移動手段のない患者には車を差し向け、治療だけでなく予防にも執拗なまでに注意を払っています。

ほかにもあります。クリニックは**私の問題**にも気を配ってくれます。私が老人患者によりよい医療を提供できるようにサポートしてくれます。それがどれだけすばらしいことか、想像できないでしょうね」

エレン、ダン、ジョー、それにドクター・ネイラーは、実名こそ出さなかったが、全員実在の人物だ。彼らのかかわったクリニックも実在し、いずれもケアモアの一部である。カリフォルニア州セリトスに本社を置くケアモアは、保険会社と医療機関の合体した会社で、カリフォルニア州、アリゾナ州、ネバダ州に二六のセンターを持ち、五〇万人を超えるメディケア（高齢者または障害者向け公的医療保険制度）患者にサービスを提供している。患者たちは各社のメディケア・アドバンテージ・プランから好きなものを選べるが、ケアモアは独自の高齢者医療で、予防医療による延命、入院期間の短縮、生活改善といった、他の医療機関が夢見るような成果を日常的に達成している点で他のプランと大きく異なる。

これは、人々が余分にお金を出してでも受けたい高度医療の水準に達している。しかも、こうした成果は、ハイテク治療や煩わしいおせっかい、あるいは富裕層だけが享受できる過剰な「コンシエルジェ・サービス」を通じてではなく、医師、看護師、理学療法士、患者間の人的結合を重視したシンプルかつ良識ある日常活動から生まれている。このため、患者たちの生活が豊かになり長生きすることができるようになる一方で、総経費は二〇パーセント近く**削減**されている。

ケアモアは、誰も知らないが誰もが知っておくべき医療の物語である。初めてケアモアの話を聞いた人は判で押したように同じことを言う。「どうしてそんなことできるのか？」「なぜ私やうちの両親もかかれる、同じような制度がないのか？」

❏　❏　❏

ケアモアの物語のはじまりは二〇年前にさかのぼる。南カリフォルニアの健康医療システムの経営状態を憂慮していたシェルドン・ジンバーグという名の胃腸科専門医がいた。

ここでもアメリカの他地域と同様に、ＨＭＯ（保健維持機構。限定された医療ネットワーク内の病院もしくはクリニックを利用しないと、保険給付が著しく限定される健康保険システム）が支配的だった。ＨＭＯの理念は魅力的だった。「マネージド・ケア（管理医療）」とは、患者の健康と経済的持続性を最大化するために、医療機関が提携しガイドラインに沿った治療を行うものだと考えられていた。だが、医療保険を提供する雇用主や政府機関（および利益を追求する投資家たち）の圧力によって、HMOはたとえ治療期間の短縮で病状が悪化し結果的に**医療費がかさむ**ことになったとしても、なんとしてでもコストを削減する姿勢を強めていった。患者のハッスル・マップはさらに複雑になり、医師は締めつけられ、コストはいぜんとして増えつづけた。

ジンバーグは危機感を抱いた。一九六〇年代に彼が立ち上げた内科医グループは、心臓病学、腫瘍学、リウマチ学、腎臓病学などの専門医約二〇人を擁する大規模なグループへと発展した。このインターナル・メディシン・スペシャリスツ社は優れた医療を提供し、メンバーたちは繁盛していた。

だが、一九八〇年末になると、一部のHMOの支配力が強まり、紹介数は徐々に減り、治療上の制約も増えていった。ジンバーグらは、「給付コーディネーター」との電話折衝にさらに長い時間を割かなければならなくなった。給付コーディネーターといえば、保険適用を拒否する理由を探すのが仕事で、ハッスルの源だ。「なぜ大腸の内視鏡検査が必要なんですか？　患者はまだ四〇歳でしょ。保険は適用されませんよ」

あるHMOに所属していた総合内科医のチャールズ・ホルツナーは、当時の医療行為を激しく非難した。「あれはまさにちぐはぐな医療だった。二～三日の入院で患者を退院させても、結局すぐに戻ってくる。必要な経過観察など一切せずに放り出されるからだ」

まとまりのない低品質の医療が結局は医療費を増大させていた。患者にとっても医療機関にとっても最悪だった。

ジンバーグはマネージド・ケアの持つ破壊力に愕然とした。すでに六〇代にさしかかっていたジンバーグは、多くの仲間たちがそうしたように、そのまま隠居生活に入ってこの問題から逃げることもできたはずだ。だが、一九八八年、彼はグループの理事会で席を立つと重大な決意表明をした。「唯一の解決策は、誰かが『**最良**』の医療プログラムを提供することだ」

彼は数年かけてその方法を模索した。そして、患者の経験に影響をおよぼす途方もないハッスル・マップに気づき、単なるコスト削減ではなく患者のハッスル削減に重点を置いた連携医療システムに必要な要素をじっくりと検討した。フィットネスの熱烈な愛好者だったジンバーグは、毎日ジムに通っては、身体の特定の部分を強化する特別なエクササイズを考案していた。いわば医学とは無関係の健康プログラムだ。医師はあまりこういうことに詳しくない。従来の医学は、どちらかといえば患者をひとつの生命体としてではなく、臓器、症状、体調の単なる寄せ集めとして見ていた。ジンバーグは、医師、看護師、理学療法士、トレーナー、その他の専門家チームが協力し、互いの患者の情報や所見を常に共有し、患者の身心の健康を最善の状態に保つために必要なサービスを提供する医療組織を思い描きはじめた。システムの中心となる患者のために点をつなぐ役目をはたす組織だった。

これは、医師が自分や家族のためにほしいと思う類の医療だった。だが、はたして財務的に成り立つのか？　一九九〇年代の経済変化の犠牲者であり、長年医療方針の意思決定をチームではなくひとりで下してきた医師たちが、ジンバーグの新しいコンセプトに喜んで賭けてみる気になるだろうか？

このプログラムに参加してくれる医師を集めるには、ほぼ二年要した。「一九九一～九二年にかけて、妻はほとんど私の顔を見ていないよ」と彼は回想する。

週に四回、医師のグループと夕食をとり、自分の考えを説明した。初の統合型医療システムを創る手助けをしてほしいと懇願した。文字通り懇願したんだ。だが、たいていは断られた。「そりゃとてつもなく大変な仕事だよ。僕らにはそんなことをやってる時間はない」。お金が大事な連中からはきっぱりと断られた。私は、メンバー全員が共有し、患者にとってベストな医療だけに集中する組織に、全身全霊を込めて取り組んでほしかった。「利益以前に人を重んじる。それが最終的にわれわれの利益になるはずだ」。私はこう言って説得したが、それが彼らの不安をあおった。

ありがたいことに、ジンバーグがやろうとしていることを理解してくれた医師もいた。チャールズ・ホルツナーも早い時期に「転向」してくれたひとりだった。現在、彼はケアモアの上級医を務めている。昔の仲間たちや彼の患者だった人のなかにも、個人的な関係やその真剣な姿勢にほだされて賛同してくれた人たちがいた。そして、あるイタリアン・レストランでの夕食会の後、ジンバーグの熱のこもったスピーチがついに突破口を開いた。スピーチの途中でひとりの眼科医が勢いよく立ち上がり、大声で叫んだ。「皆さん、これはわれわれが最初からやるべきことだったんだ。だからわれわれは医師になったんじゃないか。皆、思い出してみようよ」。その夜、ほかにも何人かの医師が参加を表明した。

一九九三年、二八カ所でそれぞれ診療所を構える医師たちが、ジンバーグの新しいシステムに加盟した。そして、六月、ケアモア・メディカル・グループが発足した。

彼の提携医療の構想は、常に高齢者のニーズを見据えてきた。資金が不足しがちなこの分野では、低コストでよりよい成果を目指さなければならない。胃腸科が専門だったジンバーグは高齢の患者を扱う比率が高かった。また、彼自身も年老いていくなかで、高齢者の生理学に対する関心は深まっていった（彼の見識は、独自のエクササイズ・プログラムだけでなく、栄養、遺伝、記憶の維持に対する考え方に反映され、一九九三年には著書『*Win in the Second Half*（後半の人生に勝つ）』を上梓した）。そして、彼は、メディケアに加入する高齢患者（一般に医療制度最大の浪費とみなされる）に的を絞ることで、彼らに最大の利益をもたらすことができると考えた。老人たちは、メディケア制度が点を結ぶことに失敗したために、最悪のハッスル・マップを経験してきた。避けられた入院やたらい回し、誤診、曖昧さがもたらす思い違い、不必要な苦痛、放置などだ。つまり高齢患者の医療に対するディマンドは、ちぐはぐで経費もかさむ医療が生み出す合併症や予後不良、さらなる医療行為が創出していたわけで、**まったく間違った**ものだった。

ケアモアは当初、ある地域病院をはじめとする数件の投資家の要望を飲み、雇用主提供の医療保険に加入する人も含めて、あらゆる年代の患者を受け入れた（業界用語で言うところの「コマーシャル・プラン」だ）。こうしてケアモアは、四年間にわたって他の医療機関と同じような体制で運営された。患者は増えていったが、黒字にしようともがいていた。だが、一九九七年、おそらくはケアモアの存在に脅威を感じた民間保険会社が、ケアモア独自の保険プランは絶対に導入しないという約束を迫った。そして、ジンバーグと役員会がこの要求に難色を示すと、保険会社は掌を返したようにケアモアとの契約を打ち切った。

この出来事でケアモアは短期的に莫大な経済的打撃を被ったが、長期的に見れば天恵だったことが判明した。ケアモア発足時のコンセプト――高齢者に特化し、患者を中心にした専門的医療機関――に立ち戻って再建する機会が訪れたからだ。また、収入源をメディケアに限定したことが、ビジネスモデルとして重要だった。メディケアはケアモアに患者全員の「正確に調整した年間合計支払額」を支払う。つまり、ケアモアは各患者のリスク因子に応じて調整した患者ひとり当たりの固定診療報酬を受け取ることになる。これによって、「診療ごとの個別支払い」によって動機がゆがめられずに、ケアモアが考える高齢患者のための医療革命を推し進めることができた。

ジンバーグは言う。「コンセプトは皆が思うよりずっとシンプルだ。小難しく考える必要はない。高齢者のニーズをリストアップするところからはじめればいい。そして、そのニーズにどこまで対応できるかを割り出し、老人たちが健康を取り戻し健康でありつづけるために必要なものを提供する方法を探す」

他のディマンド・クリエーターたちと同様に、ジンバーグも**顧客の声に耳を傾ける勇気**を持っていた。だが、顧客が話せることには限界がある。本音で希望や動機を語ってくれるともかぎらない（メルセデスを買った人が、「ご近所を羨ましがらせるためなの」とは言わないだろう）。また、とりわけ専門性の高い医療分野では、患者たちは自分がなにを望んでいるのか自分でもわからない、あるいは言葉ではっきりと伝えられない場合もある。だからこそ、優れたディマンド・クリエーターたちは、顧客の言動のギャップにとりわけ注意を払い、顧客との会話を観察力で補う。

ヨギ・ベラ（元ニューヨーク・ヤンキースの名将）の「見るだけで多くの気づきがある」という名言に導かれたように、ジンバーグとホルツナーらは医療の世界でいまだかつてなかった作業にとりかかった。老人患者に不必要な苦しみをもたらすハッスルの根本的な原因を**「見定める」**のである。彼らは、上流の出来事が下流でどのような悲惨な結果を生み出すかを分析し、こうしたハッスルをひとつひとつ取り除いていった。

ケアモアはこの上流・下流分析を行うにあたって、一九三〇年代にベル研究所が初めて開発し、五〇年代にマネジメントの巨匠W・エドワーズ・デミングが改良したシステム管理の原則——第一段階なら一ドルで問題解決できるが、第一〇段階なら三〇ドルかかる——を適用した。こんな言い方をした医師もいる。「アメリカの医療制度は、列車が故障してから悪いところを直すという考え方だ。ケアモアは、最初から故障を防ぐようにすればどうなるかを考えた」

最初に気づいたのは非常に単純な事柄だった。高齢患者の**三分の一**が医師との約束の時間に現れないということだった。

なぜか？　ホルツナーはこう説明する。「高齢患者の約四〇パーセントはひとり暮らしだった。彼らはすでに家族を亡くし、運転もできなければ、子供たちも近くにいない。だから、病気になったら救急車を呼ぶしかない。定期的に病院に来るように言っても無理なんだ」

そこで、ケアモアは型破りな方法を思いついた。患者が予約した時間に来られるように、無料で車を差し向けようというのだ。地元のタクシー会社は喜んだ。経費はケアモア持ちだったが、節約できる経費はそれをはるかに上回った。つまり、簡単な問題が生じたら早いうちに対処せよということだ。そうすれば、ややこしい事態を回避できるし、入院費や往診の経費も削減できる。移動手段の無償提供は、医師なら誰もが考えつくというものではない。**医療とは無関係な**、患者に悪影響を与える可能性のある事柄に力を注ぐ。こんなことは医大の講義では教えてくれない。だが、この種の問題を自覚し、さらには解決することによって、ジンバーグたちは何十年にもわたって培ってきた考え方を変えなければならなかった。

医療のハッスルを患者の視点でとらえ、それを排除するために全体を作り変えるという新しい見方と考え方がいったん身につくと、彼らはシステムを改善し患者が本当に必要とする医療を提供する機会を次々と発見していった。メディケアの固定診療報酬制度は、こうした改善によって利益を増やしたり、成長促進やイノベーション、医療の改善に投資したりすることができるものだった。

もうひとつ例を挙げよう。医療の世界では「ノンコンプライアンス（医師への不服従）」は深刻な問題になる。予約のすっぽかしにかぎらず、処方箋を薬局に持っていかない、薬の飲み忘れ、食事・運動療法に従わない、症状を報告しないといったことだ。これは医療関係者の頭痛の種だが、時間に追われる彼らにできることはほとんどない。

ケアモアは別の方法を考案した。ジンバーグが言うように、「ノンコンプライアンスは**医療提供者側の問題**であって、患者の問題ではない」。ケアモアは、日常的なケアに医療とは関係のないサービスを加えることによって、コンプライアンス率の改善に成功した。たとえば、専門家を自宅に派遣して、体重を記録させる、ずれて転倒を招く小さなラグがないか点検する、患者が薬を飲む時間を思い出せるように「音声指示つきピル・ボックス」を提供するなどのサービスだ。

いずれも患者の健康を微力ながら改善しつつ、医療機関の長期的なコスト削減をもたらす策だった。こうして、それまで着実に増えつづけていた医療費は減りはじめた。

とはいえ、ケアモアはまだ走りはじめたばかりだった。

次に着手したのは、高齢者に最も多く見られる重い病気のひとつ、糖尿病への対策だった。彼らは、糖尿病に最悪の合併症が生じるプロセスを研究し、体の弱った高齢者にとって早期発見と予防医療がいかに重要であるか、そして、それが臨床的にも経済的にもいかに有益であるかを知った。

糖尿病によって切断にいたる例を追ってみよう。典型的な負の連鎖のはじまりは、自分でバンドエイドなどを貼って処置した小さな切り傷（足などの）だ。一週間ほど経っても治らないと、患者はかかりつけ医（一次診療医と呼ばれる）を訪ねる。医師は傷を洗浄して絆創膏を交換し、患者に注意事項を説明する。だが、患者は忠告を理解できない、あるいは守らない。一週間後、傷はさらに悪化し、再び医師を訪ねると、外科医を紹介される。専門医の紹介は、この種の問題が発生した際に多忙な一次診療医がとる唯一の方策だ。

外科医の予約をとるには通常二週間ほど待たされる。外科医はすでに壊疽《えそ》がはじまっていることに気づき、専門の血管外科医に相談するよう勧める。ここでさらに二週間の遅れが出て、傷はかなり深刻な状態に陥り、切断は不可避という事態になる。手術費は何千ドルにもおよび、計り知れない苦痛を味わう。すべての事のはじまりは、見えるか見えないかの小さな傷ひとつだ。

患者の視点でこの問題をとらえればこんな医療システムにはならないはずだ。患者は誰ひとりとしてこんなことは望んでいないはずだ。だが、これがアメリカの全体を見ない医療が育てた不完全な制度である。診療ごとの支払いが主流のアメリカの医療制度では、断片的に処理される医療が推奨され、ケアモアが取り入れたような予防医療のほとんどに保険は適用されない。

これに対し、ケアモアは看護師を常駐させた創傷専門クリニックを開設した。看護師の基本的な職務は小さな切り傷を負った糖尿病患者の治療だった。彼らは毎日ガーゼを変え、患者と数分間言葉を交わし、傷の治り具合を確認した。

ケアモアの糖尿病患者の切断手術は六〇パーセント以上減った。

ジンバーグとホルツナーを愕然とさせた過酷な治療方針を掲げたHMOは、まるで**ディマンド過剰**が一番の問題かのように振る舞い、できるかぎり患者に「ノー」を貫くことが解決策と考えた。ケアモアの糖尿病患者対策は、こうしたHMOの考え方の欠陥を明らかにした。すべての患者に言えることだが、高齢の糖尿病患者はじつは過剰な治療は**求めていない**。実際、医者の訪問を先延ばしにしたり、できるだけ治療を遅らせたいと思っている人が多い。その結果、無用な合併症や長期間にわたる莫大な出費がもたらされる。ケアモアの提供する提携医療はこの現実を見据えたものである。ひたすら「ノー」と言いつづける道ではなく、患者に早い段階で効果的な治療と、健康と活力の維持に必要な入念な経過観察医療を提供することで、コストと苦しみの双方を削減することができる。結局のところ、これがまさに医療のディマンドのすべてである。

ケアモアが先駆けた最も重要なイノベーションのひとつに「エクステンシビスト」（ケアモア独自の最適医療の調整スペシャリスト）がある。 患者はひとつの生命体であって、バラバラな症状の寄せ集めではない。だが、医療の主流は概してこの現実を無視する。糖尿病、心臓病、喘息などの慢性疾患を抱える患者を対象とした調査によると、四〇パーセントは平均一一人の医師にかかっており、このうち上位四分の一は平均九カ所の診療所で一六人の専門医にかかっていた。医師どうしが話したり、治療計画を調整したり、治療の相互作用の可能性を相談したりすることはほとんどない。

これは、人体というきわめて繊細なバランスで成り立っている複雑なメカニズムを扱ううえで、効果的とは言えない方法だ。しかし、この無秩序を整理するのは、医学の素人である患者ときている。患者は、個々の医師がしていることをすべて知っている唯一の人間であり、治療の相互作用に関する問題を提起できる位置にいる唯一の人間だ。だが、それができる時間と労力と専門知識を持っている患者はほぼいない。患者が高齢で衰弱している場合、意思疎通がうまくいかなかったり、的外れな治療を施される可能性は飛躍的に増える。

エクステンシビストとは、医療のハッスルを取り除き、患者のニーズ、要望、患者が獲得するものがひとつであり同じであることを保証する、調整と統合のスペシャリストである。

この新たな専門分野をどのように確立したか、ホルツナーはこう説明している。

ケアモアをはじめたとき、われわれは身体の弱い高齢者を通院から解放するプログラムの必要性を感じた。われわれの患者たちの大部分は、普通の患者と同じような治療をしようとするなら、定期的な通院が避けられない人たちだ。だが、通院は誰しも嫌がるし、時間も労力もお金もかかる。

私は、彼らが通院しなくても済むように毎週あるいは隔週で往診することにした。私が主治医になり、患者が術後の留意点を理解し正しく守っているかどうかを確認した。だが、はじめてみると私の負担が大きすぎた。そこで、「私のような医者を増やすべきだ」とジンバーグに提案したんだ。

エクステンシビストというコンセプトはこうして誕生した。ケアモアのチームは、高齢患者は一般に相互依存関係にあるさまざまな病状を抱えていることを知った。統合的な医療プランがなければ、必然的に問題は見過ごされてしまう。患者をひとりの人間としてとらえる統合的マネジメントを行うエクステンシビストは、医療分野における新しい職種である。彼らには患者のニーズを総合的にとらえるための一連のツールがある。たとえば、ペイシェント・クイックビューなどの電子カルテシステムだ。このようなシステムは、二〇一〇年医療保険制度改革法で試験導入が推奨されているが、ケアモアでは導入済みだ。エクステンシビストは患者の記憶や医師の読みにくい手書きメモには頼らない。ボタンを押すだけで、ケアモアの患者ひとりひとりの完璧なカルテが手に入るようになっている。

また、急速に進化している「根拠に基づいた医療」の最新情報を慢性症状の治療に取り入れるためのツールもある。糖尿病患者の例に戻ろう。ケアモアは糖尿病患者に、広範な医学的評価、創傷ケアの管理と提供、不要な切断手術を防ぐための定期的な足の爪のケア、糖尿病健康管理計画、「シェイプアップでお腹を平らにする」エクササイズや筋肉強化トレーニング・プログラム、患者に合わせた栄養計画と経過観察などを提供している。そして、何十もの数値を少なくとも月単位で測定し、それに応じて治療プランを調整している。

こうしたパズルの一片一片が正しい場所に収まっているかどうかを確認するのがエクステンシビストの役目だ。ケアモアのパンフレットにはこう書かれている。「医療の統合と調整は任意で行うものではない」。つまり、**任意で行われているのが現状だ**ということだ。体の弱い高齢患者たちはひとりの人間としての統合的医療を求めている。だからこそ、エクステンシビストの役割はケアモアの臨床治療の成功と経済的成功の礎となる。

ケアモアは、末期腎不全、慢性閉塞性肺疾患、高血圧や鬱血性心疾患などの慢性的な病気にも同様のプログラムを提供している。また、患者にとって最も有効な治療法の組み合わせを臨床研究しており、医師個人に治療方針の選択を委ねたり、個人の思いつきで方針を決めることはない。医師には、ジャンボ機のパイロットが離陸前にこなさなければならない一連の全行動を確認するためのチェックリストにも通じる、ロード・マップとやるべきことリストが手渡される。

もちろん、エクステンシビストには豊富な知識が必要だ。だが、それ以上に重要なのは、明瞭かつ効果的なコミュニケーションができるスキルや能力だ。「信頼がすべてです」とホルツナーは言う。「患者の治療に深くかかわるようになって気づいたのですが、患者の信頼を勝ち取ることができれば、患者は私がこうしなさいと言ったことをなんでもしてくれるはずです。だから、心から患者の利益を考えているという姿勢を示すことが力強い健全な人間関係を築くカギとなるのです」

ホルツナーは、新しいエクステンシビストを雇う際に、必ずダニエル・ゴールマンの著書『EQ こころの知能指数』を奨め、書かれていることを仕事に活かすように促す。

エクステンシビストは患者全体の一五パーセントに当たる、最も病気の重い患者たちを担当する。割合は少ないが、医療費の七〇パーセントを使っている。エクステンシビストの目標のひとつは無用な入院の回避だ。ケアモアの役員を務めるリーバ・レッシンは言う。「患者が予想外の理由で入院したとしたら、われわれが失敗したということです」。ケアモアは、一五パーセントの病弱な患者たちに効率的で完璧かつ調整された医療を提供することで、小さな問題が数万ドルの医療費を要する大問題になるのを防ぎ、再入院率を三分の一に削減してきた。これによって患者全体の医療の改善をする余裕が生まれる。

こうしたケアモアの取り組みは驚くほど良識的だ。医師のバルー・ガーは問いかける。「三〇万ドルもかけて鬱血性心不全の複雑な入院治療を行ったあげくに、面倒を見てくれる家族もおらず、冷蔵庫もからっぽで薬代も払えない患者を退院させて放り出すことに意味があるとは思えない」と。だが、現在の医療はまさにこうしたケースを日々無数に生み出している。現行の診療ごとの支払いでは保険の適用範囲が穴だらけで、断片的に処理される医療を奨励し、患者の医療費負担問題を悪化させるからだ。これも、患者が望むものと必要なもの、そしてほかに選択肢がないために購入せざるをえない医療のギャップを物語っている。

ケアモアの治療チームは、常識を超えた提案もする。ガーはある事例を話してくれた。ある女性患者が飼い犬を同伴できないという理由で、介護施設への入所を拒否した。彼女を担当したケアモアのソーシャル・ワーカーは、犬を預かり定期的に会いにつれていくということで説得し、この問題を解決した。

エクステンシビストたちのおかげで、ケアモアはめざましい成果を数字の上でも挙げることができた。たとえば、入院率は業界平均より二四パーセント低く、入院期間も三八パーセント短い。また、主な医原性死因のひとつ、入院患者を苦しめる床ずれは劇的に減少した（アメリカ中の介護施設で何千人もの老人たちが床ずれを患っているが、ケアモアの施設では、過去二年間、報告された事例は「一件」だけだ）。自宅に出向く経過観察ケアは、病院と変わらない健康管理を患者に提供している。現在、再入院率はメディケア平均より三分の一も低くなっている。

ケアモアは加入者に、病院、自宅、ケアモア・クリニック一カ所で、健康診断、健康の自己管理法の訓練、メンタルヘルスおよびソーシャル・サービス、健康および栄養指導、病気の診断や検査、ケアモアの提供する医療保険のトータル・パッケージに関する相談など、一連のサービスを受けることができる。患者が、失くしたり破れたり間違えたりしすいレントゲン写真や検査結果、書類の束を携えて、こっちのクリニックからあの診療所へと、車やバスでめぐる必要はなくなった。ケアモアは足の爪切りまでしてくれる。これは、足の爪の手入れが行き届いた老人は身体のバランスをとりやすいという調査結果を踏まえたものだ。

新しいプログラムのテストも常に行っている。最近のものでは、鬱血性心不全と高血圧患者のための無線モニタリングがある。体重計から鬱血性心不全患者の体重が自動的にケアモアに送られ、体重が一・三キログラム以上増えていれば（水分が溜まっている危険な兆候の場合がある）、即座に対応できる仕組みになっている。高血圧患者には、血圧測定バンドからケアモアへ結果が送られる。患者たちは誰かが毎日健康状態に留意してくれると知って安心する。この無線システムのテストをはじめて六カ月で、鬱血性心不全患者の再入院数は五六パーセント低下した。現在、糖尿病患者に対しても同様のテストがはじまっており、臨床看護師が毎日テレビ電話で健康状態のモニタリングを行っている。

❏　❏　❏

医療の全体像を考えるケアモアのシステムの強みは、関係者全員にさまざまな恩恵がもたらされるという点だ。

一番の受益者は、言うまでもなく患者たちだ。個人の幸福を**あらゆる面**から考慮した医療は、患者の肩にのしかかる治療計画や調整、さまざまな数値変化の記録といった重荷を取り除き、患者の本来の役割、すなわち健康を取り戻し維持するという役割に専念させてくれる。

ケアモア加入者の満足度の高さは、こうした恩恵を反映したものだ。ケアモアのヘルスプランに「非常に満足」あるいは「やや満足」と答えた患者は九七パーセントに達する。八二パーセントがケアモアの顧客サービス担当者は「いつも礼儀正しい」と答え、会員に対するサービスに「いつも満足」している人は七四パーセント、友人にケアモアを奨めた人は八〇パーセントを超えた。

医師たちも恩恵を被っている。多くの医師にとって、患者のニーズを中心に考えるケアモアのような会社と仕事をすることは非常に魅力的だ。深刻な患者たちが抱える問題に長けたケアモアの専門知識を活かすことで、一次診療医の能力に対する評価が高まり、患者も医療を提供する側も満足できる結果をもたらした。

二〇〇九～一〇年、医療保険制度改革に関する議論が盛んに行われ、ジンバーグたちがケアモア開設にいたった理由である医療機関の経営危機が議論の中心となった。ケアモアではその点はどうなっただろう?

ケアモアを立ち上げる際に、ジンバーグは「利益以前に人を重んじる。それがわれわれの**利益**になるはずだ」と医師たちに約束した。従来の医療機関とさほど変わらなかった時期(一九九三～九七年)に、ケアモアの赤字は一一〇〇万ドルに達した。だが、ジンバーグが夢見た提携医療制度が軌道に乗りはじめると、思い描いていた経済的恩恵が徐々に現実のものとなった。二〇〇〇年、ケアモアは危機を脱し、二四〇〇万ドルの利益を上げた。以来、着実に黒字を重ねている。

ケアモアの背後にある経済論理は型破りだ。医師たちは従来なら医師が思いつかないような仕事や責任を引き受け、スタッフたちも普通の医療関係者よりずっと長い時間、患者やその家族とすごす。だが、ケアモアが費やす経費は、やがてその何倍もの節約となって戻ってくる。その結果、加入者の医療費総額は業界平均の一八パーセントも低い。費用曲線を逆転させることによって、ケアモアは持続可能な民間医療機関市場へと続く経済モデルを構築した。

二〇〇六年一月、プライベート・エクイティ・ファンドがケアモアを買収し、同年三月にアラン・フープスがCEOに就任した。ケアモア・モデルを使って全米規模で高齢者に差別化した医療サービスをもたらすビジネスを確立することを目的に投資が決断された。一番の問題は、患者を優先するユニークな姿勢を壊さずこのモデルを全米で再現できるかという点だ。これが成功すれば、アメリカ医療の歴史に残るケースとなるだろう。

フープスはこの挑戦の重要性を強調する。「これは『拡大』するということではありません」

『拡大』ならば、われわれのシステムを機能させるために莫大な数の患者が必要だということになります。しかしそうではありません。われわれはコミュニティに拠点を構え、三〇〇〇〜五〇〇〇人の患者を惹きつけ、経費削減と患者の健康改善に乗り出します。『再現』という言葉を使うのはこのためです。われわれは現在、アリゾナ州、ネバダ州、カリフォルニア州のコミュニティでこのモデルの再現プロセスに着手している。

フープスの主眼は再現戦略を機能させることにある。そして、実際、機能している。ケアモアは医療への影響力を増し、満足する加入者の数を増やしながら、新しいクリニックを開設してきた。この成功は決して簡単なものではなかった。シンプルかつ正確に再現するには、ベストの方法を体系化し組織化しなければならなかった。そのためには、改善の評価・促進のための明確な基準の作成と適用が求められた。なによりも困難をきわめたのは、ケアモア**精神**の移植——その情熱、患者中心の文化を強力なリーダーシップとコミュニケーション力、訓練で各地に移植することだった。

当然ひと筋縄ではいかないが、不可能ではない。そして、実際に成功している。クリニックが新設され、ケアモア・ネットワークが広がるにつれて、二〇〇五〜一〇年に加入者数が年一五パーセント以上も増加している。新たな地域での開設もすでに計画段階に入っている。

ケアモアの物語は、明らかにアメリカの問題山積の医療制度に一石を投じるものだ。ケアモアは特定の消費者集団、すなわち高齢者と病弱な人々に対する医療提供に全力を注いでいる。だが、この集団は医療のディマンドを定義するうえで非常に重要だ。この集団が国が否応なしに支出している医療費の大部分を消費しているからだ。そして、彼らが受けている医療の大半は、彼らがほしいとか、必要だと思っている医療ではないことは実証されている。**彼らが本当に望む**、本当に必要な医療を提供することが、アメリカの医療危機解決に向けた一歩になるだろう。

ケアモア・システムは、アメリカ医療が陥っている危機的状況の完璧な解決策となるだろうか？これだけでは無理だ。だが、フープスは、ケアモア・モデルを適切に適用することができれば、慢性疾患の患者や薬物・アルコール中毒患者、障害者を含めた層にも効果的だと考えている。こうした層には高齢者と同じ原則を適用できる——すなわち、患者を臓器の寄せ集めではなくひとりの人間として治療することや、すべての専門分野と健康によい影響をおよぼす医療行為以外の手法も含む統合的な医療を行うこと、初期医療や病気や怪我の予防や入念な経過観察を重視すること、結果の監視と評価を継続的に行い、必要とするすべての専門家が即座に入手できる正確な患者情報を作成すること、食事・エクササイズその他の生活改善策を通じて患者の健康状態を改善する手助けをすること、費用がかさみ生命を脅かす病気に対する効果的な治療を臨床的に開発・適用すること。

そして、なによりも、患者が医療提供者から**本当にほしい**と思っていることを与えることだ。患者を熟知し、患者の健康だけに専念してくれる医師の数は非常に少ない。

今後、全米規模で**患者ひとりひとりの実際のディマンド**に対応するアプローチが登場するなら、それはケアモアの経験を大規模に具体化したものになるだろう。

3

バックストーリー――「見えない要素」で魅力を強化する

Backstory ①製品をマグネティックにする、製品自体を超える要素。②ディマンド創出に不可欠な、インフラ、エコシステム、ビジネスデザインといった目に見えない、見過ごすことも多い要素。

大切なのは目に見えないもの――キンドルの舞台裏

何十年ものあいだ、発明家たちはいつでもどこでもエンドレスに手軽に読める電子書籍を夢見てきた。すぐに好きな本が読める、バッテリー寿命の長いスリムで軽い電子書籍端末を思い浮かべてごらん、と彼らは言った。そんなマグネティックな製品が登場すれば、熱心な読書家たちを魅了し、テクノロジー好きな連中を興奮させ、新しい強力なディマンドの潮流を生み出すに違いない――そして、そのはずだった。

ソニーの宇喜多義敬が取りつかれていたのは、まさにこんな夢だった。

宇喜多は、ソニーの最も才能に恵まれた製品デザイナーのひとりで、消費者ディマンドに対する明確なビジョンを持つ人物でもあった。ソニーのディスクマンを開発したのは彼だ。一九八四年、CD音楽ビジネスの世界に、カセットテープ時代の伝説的なウォークマンに匹敵する革命を起こしたあの装置だ。九〇年代半ばにはインターネット関連の技術開発に携わり、九〇年代末に初期のスマートフォンを生み出した。さらには二〇〇〇年代初頭、ミュージック・クリップという名のオンライン音楽配信ネットワークを誕生させたパイオニアでもある。

その後、宇喜多は新しいプロジェクトに携わった。これまでにない、メディア状況を一新するほど大きな可能性を秘めている、と彼が信じるプロジェクトだった。

「ソニーはすでに、当時三〇億ドル規模と言われていた日本の映画業界に投資していた。四〇～五〇億ドル規模と言われる音楽業界にも投資していた。だが、われわれはかねてから、自社のテクノロジーを別のコンテンツ、いわゆるデータ・ビジネスの分野で活用する方法を模索してきた。これははるかに大きなビジネスだった。そして、本や雑誌、漫画といったあらゆる種類の出版コンテンツを調査した結果、その市場規模は日本だけで二六〇億ドル近くに達することが判明した。だから、われわれはディスクマンのときと同じように、このコンテンツにふさわしい電子機器というアイデアに魅了された」

二〇〇三年、宇喜多は東京本社に日本の大手出版社一〇社の代表を集め、極秘会議を開催した。間違いなく世界一評価の高い革新的な電子機器メーカーだったソニーは、最も先進的な技術を持っていた。だが、コンテンツを所有するのは出版社だった。宇喜多のビジョンが実現したとしても、この会議室に集まった黒っぽい背広に身を包んだ一〇人の男たちとの合意が不可欠だった。

会議はいつものように儀礼的な社交辞令で幕を開けた。本題に入ったのは、宇喜多が小さな灰色のプラスチック製装置の電源ボタンを押してディスプレイ画面を立ち上げ、会議の目的を明らかにしたときだった。男たちはその画面を見て息をのんだ。

これまでにも日本語を表示するディスプレイは無数に目にしてきた。いずれも文字がちらついて集中できず、低コントラストで読みにくく不快感を与えるものだった。だが、宇喜多が手にしていた装置のディスプレイはまったく違っていた。淡いグレーの背景に細かい黒い漢字の列が並び、ちらつきもなく楽に読むことができた。宇喜多が装置を窓際に持って行って、東京の朝の光にさらしたとき、出席者たちは衝撃を受けた。なんら変わらなかったからだ。直射日光のもとではほとんど読めなくなるノートパソコンや携帯電話の液晶画面とは大違いだった。ちょっと見ただけでは、電子機器のディスプレイではなく紙にインクで印刷したように見えた。

「これがリブリエです」。宇喜多は誇らしげに言った（世界中を旅していた宇喜多はスペインでこの言葉に出くわしメモしておいた。まるでこの日この瞬間のことを見透かしていたかのように）。

「いつの日か、人々は皆さんの出版物すべてをこのような装置で読むことになるでしょう」

顔面蒼白になった出版社の幹部たちが互いに視線を交わすなか、宇喜多はリブリエに使われている技術について説明しはじめた。彼が初めてこの種のディスプレイを見たのは、友人が電話で内密に知らせてくれた直後だった。「ウィルコックスという名のアメリカ人に会ってきたところだ。彼は君が絶対見たいと思う新しいおもちゃを持っていたよ」。宇喜多はそのすぐ翌日、ホテルの部屋でEインクの代表と会い、同社独自のディスプレイ技術である「マイクロカプセル方式」の最新版を早い段階で目にしたエグゼクティブのひとりとなった。

宇喜多は感激した。一九九二年以来、情報機器データ・ディスクマンのディマンド創出に挑戦しては失敗しており、かれこれ一〇年にわたって画面で文字を読むいい方法はないかと模索してきた。ついにそれが見つかったのだ。すぐに宇喜多とEインクのラス・ウィルコックスは、ソニーがEインクを使った電子書籍端末を世界で初めて発売できるように折衝にとりかかった。こうして、アメリカ人とソニーのエンジニア、デザイナーによるチームが何カ月もかけて作り上げた試作品が、いま、会議室で出席者の手から手へと渡っていた。

「リブリエは使いやすくコンパクトで便利です」。宇喜多は出版社の面々に語りかけた。「一度に五〇〇冊の本を記憶できます。コンテンツは保護されるため、不正コピーは不可能です。装置全体の重量はバッテリーも含めて三〇〇グラム。標準的な出版物の重さは**三〇九グラム**です。うちのほうが軽い!」。彼は画面をコツコツと叩きながら「これが未来です」と力説した。「ソニーは皆さんにその未来を創るための、そして、利益を上げるためのパートナーになっていただきたい」

皆、長いこと黙ったままテーブルを見つめていた。

宇喜多の言葉を疑う理由はなかった。それどころか、出席者は皆ソニーに尊敬にも似た称賛の気持ちを抱いていた。誰もが、世界中探してもソニーほど技術革新とディマンド創出の伝統を持つ企業はないと思っていた。ソニーがいま出版界に変化をもたらそうとしている。そう「宇喜多さん」が言うなら、彼らもそう信じた。

やがて沈黙が破られ一〇人は笑顔を浮かべて承諾した。そして、リブリエを通じて送り出す電子書籍の新たな市場を作り上げるために、いかにソニーと密接に提携していくかを熱心に語りはじめた。

彼らは、宇喜多との提携、彼が代表する大企業ソニーとの提携が電子出版革命に加わる最後のチャンスであることを充分すぎるほど理解していた。同時に、彼らが心底願ってやまなかった、まだ揺籃期のうちに息の根を止めるチャンスでもあることを。

❏　❏　❏

電子書籍端末ブームは、最も感動的なディマンド物語のひとつである。電子書籍端末は、グーテンベルクが六世紀ほど前に興した世界最古の業界のひとつ、出版業界を作り変えるものだ。だが、出版業界の人間でもこの爆発的なディマンドの背後にある**本当の物語**を理解している人は少ない。

アマゾンのキンドルの圧倒的な成功は、Eインクの鮮明で非常に読みやすいディスプレイ技術に負うところが大きい。だが、Eインクがキンドルに成功をもたらしたとすれば、同じ技術を使ってキンドルに先立つこと三年も前に、日本の活気に満ちた出版市場に鳴物入りで進出しながら完敗に終わった、あまり知られていないソニーのリブリエの物語はどう説明したらいいのだろう。

ディマンドの謎を解明するカギは、ここでもアノマリーであり、一目見ただけではなんら意味を成さないパズルの一片である。

キンドル成功の本当の要因は、キンドルをパワフルでマグネティックな製品に仕立て上げた、なにかもっと曖昧なものだ。同じEインクを使ったそっくりな製品が日本でディマンドほぼゼロに甘んじることになった表には見えない要素だ（宇喜多との運命を決する会議で笑みを浮かべながら妨害工作を企てた日本の一〇人の出版人によるところも大きい）。

見過ごしがちではあるが、ディマンド創出において重要な役割を担うこうした見えない要素が製品の**バックストーリー**を形成する。

たとえば最近観た映画を思い出してほしい。スクリーンに映し出されるカリスマ的なスターたち、目を離せない予期せぬプロットの展開、すばらしいスペクタクルに目が釘づけになる。しかし、映画関係者たちは、**大ヒットの秘密**が観衆にはその存在を推測することしかできないバックストーリーにあることに気づいている。さまざまな契約や契約にいたるプロセス、「殺陣《たて》」「音響効果」「ロケハン」「ADR処理」「照明係」「舞台係」「第一助手」といった普通の映画ファンにはわからない謎めいた肩書を持つ何百人もの専門家たちの力もバックストーリーだ。その映画独特の映像、音、感触、テンポ、流れを作るのは彼らだ。彼らがいなければ、そして、彼らが作り出すきわめて複雑なバックストーリーがなければ、ジュリア・ロバーツ、ジェームズ・キャメロンら表舞台の主役たちの努力は水の泡になってしまう。

映画と同じで、キンドルをマグネティックな製品にしたのは目には見えない無名のバックストーリー要素だった。リブリエを説得力のあるバックストーリーで援護できなかったソニーの失敗は、ディマンド創出の大失敗という結果をもたらした。

ディマンド創出物語には明らかなパターンが見られる。すなわち、**「目に見えないもの」**が製品の成否を決定づけるということだ。

❑　❑　❑

コンピュータのマウスやＧＵＩ（グラフィカル・ユーザー・インターフェース）といった電子革命分野におけるさまざまな物語と同様に、キンドルの物語は一九七〇年代、カリフォルニア州にあるゼロックスの伝説的なパロアルト研究所（ＰＡＲＣ）ではじまった。研究員のニコラス・シェリドンは、当時研究所で使っていた不鮮明で低コントラスト、読みにくいディスプレイにうんざりし、一八カ月かけてさまざまな試作品を開発した。そして、一九七三年、彼は高コントラストでちらつきのない明瞭な画像を作る、液体のなかに埋め込んだ微細な球を使ったジリコンと呼ばれる技術を考案した。

これは、最終的に電子書籍端末の誕生へとつながる技術的突破口だった。だが、ゼロックスはこの発明にまったく興味を示さなかった。ここで経営陣の先見の明のなさを非難することはできるが、この話にはもっと大きな論点がある。新しい技術――それだけでは、直接ディマンドに結びつくことはまずないということだ。イノベーションとディマンドをつなぐ道は、セレンディピティ（他のものを探しているときに偶然すばらしい幸運にめぐり合う才能）、運、洞察力、粘り強さ、数々の偶然、最終的な発見やディマンドのカギとなるバックストーリー要素の配置をも含めた、見た目には無関係な事柄などに左右され、紆余曲折を辿る。

電子書籍端末の成功に必要なバックストーリーは七〇年代半ばから何十年も待たないと出現しない。

九〇年代半ば、ＭＩＴメディアラボの若い物理学者、ジョセフ・ヤコブソンとふたりの助手Ｊ・Ｄ・アルバートとバレット・コミスキーの登場で、電子書籍端末は実用に向けて大きな一歩を踏み出した。

大変な読書家だったヤコブソンは、かねてから電子書籍――テキストや画像を無限に表示する、従来の印刷物と同じように快適かつ便利で楽しく読める技術に興味を持っていた。一九九六年、彼はふたりの助手にシェリドンの技術を実験させた。そして、一九九七年までに開発が進み、新会社Eインクの基礎となる技術が完成した。ヤコブソンとアルバート、コミスキーらは、当時ハーバードド・ビジネススクールを出たばかりのラス・ウィルコックス、レクシスネクシス前社長ジェローム・S・ルービンとEインクを設立し、Eインクは紙と同じような電子ディスプレイの試作品開発に着手した。

基本技術は当初からきわめて有望視され、インテル、モトローラ、フィリップス、ハースト・インタラクティブ・メディアなどの企業から設立資金およそ一億五〇〇〇万ドルを集めることができた。だが、イノベーションからディマンドへいたる曲がりくねった道は、この先数々の紆余曲折が待っていることを示していた。

のちにEインクのCEOラス・ウィルコックスは、当初、彼も仲間たちも「無邪気」だったと振り返った。


消費者が買いたいと思うものができるまでにおそらく二年かかると思っていた。「いいもの」という意味で言えば、二年でできた。だが、どのような条件でも長年使える、安定性と頑丈さを兼ね備えたものにするにはさらに二年かかることにしばらくすると気づいたが、当初は

気づいていなかった。そして、手ごろな価格で買える大量生産可能な製品にするにはさらに二年かかる……これは化学、材料科学、電子工学、光学、機械工学を一体化した非常に複雑なシステム・デザインだ。

二〇〇四年、Eインクは、ヤコブソンが夢見た電子書籍に近いものが実現可能なところまで到達した。すでにソニーの宇喜多義敬は、日本市場に向けたリブリエを開発するためにEインクとライセンス契約を交わしていた。ガス欠寸前だったEインクは、この年の収益増を見込んでいた。ついに、自社のテクノロジーを何千人もの顧客に届けるチャンスが訪れたのだ。

だが、ここでもテクノロジーとディマンドの不可思議な関係がその実現を阻んだ。

何年も後に宇喜多がわれわれに語った話によれば、決定的な要因は、日本の出版業界の支援内容だった。出版社は、電子機器の優れたメーカーというソニーの評判を考えれば、リブリエは紙に印刷した出版物の終焉のはじまりを示すものだとみなした。そして、それを嫌悪した。出版物に対する統制力を失うという不安、そして無用な仲介者として排除される不安にかられた出版社は、持てる力を総動員して電子書籍と戦う決意を固めた。そして、いかにも日本的な遠回しなやり方、つまり、支持するという方法で戦うことにした。

宇喜多が出版社の人々に会ったとき、彼らは外見上積極的な姿勢を見せ、その技術を絶賛し、ソニーの戦略を褒め讃えた。彼らは自社出版物の提供を約束し、リブリエへの投資さえ持ちかけた。どうみても、ソニーは日本の出版界に革命を起こす強力な同盟関係を築き上げたかのように見えた。

だが実際には、出版社は内心リブリエの息の根を止めるために協力を申し出たのだ。大手出版社はそれぞれ一〇〇冊の本の電子書籍化に合意した。合計一〇〇〇冊と聞けばかなりの数だと思うかもしれない。だが、本屋へ行って棚に並んでいる本を一〇〇〇冊数えてみればすぐにわかる。普通の書店で一〇〇〇冊と言えばほんの一画にすぎない。書名をざっと見ていくだけなら、五分かそこらしかかからないだろう。

リブリエの場合、本のダウンロードにパソコンを介さなくてはならず面倒で不便だったこと、電子書籍の閲覧権が六〇日間で失効することもマイナスに働いた。ソニーの装置はデザインも優れていて、テクノロジーも申し分なかった。だが、わずかな数の書籍にしかアクセスできず、さっさと読まなければ持っていかれてしまう機械のどこがいいというのだろう。これは、ワンクリック・ワールドにおける致命的な誤り、まさに「不完全な製品の呪い」だった。世界有数の家電企業の生み出した最高の技術力を駆使した装置は呪われる運命にあった。

テクノロジーの見事な結晶とお粗末なバックストーリー。これは、バカげたセリフ、わかりにくい筋書、滑稽な特殊効果に有名スターが主役を張って登場する映画のようなものだ。どちらも大当たりの栄光には見離される運命にある。

❏　❏　❏

こうしてようやく、苦節三五年、一夜にして大評判となったキンドルの画期的な成功に行き着く。

世のＣＥＯたちは皆、アマゾンの創設者ジェフ・ベゾスにひけをとらず頭が切れ、知識豊富でよく働く。だが、ベゾスは彼を偉大なディマンド・クリエーターならしめるふたつの特質を備えている。

ひとつは、物事が実際にどのように動くかということに対するあくなき探求心だ。また、執拗なまでに顧客志向でもあり、みずからのビジネス戦略についてこう語っている。「なにをすべきか決断できないようなきわめて困難な問題に直面したときは必ず、『顧客にとってよりよいことはなにか』という単刀直入な問題に転換してみる」

彼の言葉は口先だけではなかった。アマゾンのすべての要素――そのウェブサイトのきわめて明瞭なデザインやクリックひとつで買える簡単なシステム、無数の他の業者が扱う商品とのシームレスな融合、カスタマーレビューや会員ごとに異なるおすすめ商品情報といったひかえめだが付加価値の高い特色――が、簡単で、楽しく、完全な、満足のいく顧客体験を可能なかぎり実現している。アマゾンは、かりに売上に支障を来したとしてもこの原則を貫き通す。たとえば、書籍やCDを大量に購入している顧客が誤って購入済みの製品を注文したとする。この場合、アマゾンは顧客が「注文確定」ボタンを押す前にその旨を警告する。結果、売上は一部損なわれる。この措置を不要とする社内の声に対してベゾスは言う。「これは顧客の利益になる特色だ。継続しよう」。長期的には、満足した顧客はアマゾンに戻ってくるからだ。

アマゾンは顧客中心のアプローチを会社設立時から踏襲してきた。黒字には繋がらないサービスを提供していたために当初は赤字の年が続いたが、その姿勢をこんにちまで貫いたことでウォルマートにつぐ世界第二位の小売業者、最も収益の高い企業のひとつへと成長した。

ベゾスの持つもうひとつの特質は、ごくかぎられた人にしか見られないある種の洞察力だ。

普通の人が二〇〇四年の時点でソニーのリブリエを見たら、「すごい機械だね。でも、誰が買うんだろう?」と言うだろう。書店もおそらく鼻にもかけず、「われわれはこの種の電子書籍端末が現れては消えていくのを見てきた。お客さんは**本物の**本の手触りや匂いが好きなんだ」と言うだろう。いずれもさもありなんという反応だ。

だが、ジェフ・ベゾスはリブリエを見たとき、会議室でEインクのヤコブソンが実演したのを初めて見たとき、こう言った。「なんてこった! **これは私のビジネスを破壊するかもしれない機械じゃないか**」

だが正確に言うと、この言葉は文字通り受け取るわけにはいかない。ちょうど一〇〇〇冊のレンタル図書館にアクセスできるのは日本の読者だけで、アマゾンの脅威にはならなかったからだ。だが、少し想像力を働かせればわかるが、ベゾスは次世代リブリエを念頭に置いていた。多言語環境で使用でき、インターネットにワイヤレスで接続できる(つまり、パソコンでダウンロードしなくてもその場で購入できる)機能があり、アマゾンや一九九七年にバーンズ&ノーブルがはじめたようなインターネット書店(実際ベゾスが少しだけ脅威を感じただろう)にアクセスできる装置、ようするに、優れたディスプレイ技術と同じぐらいすばらしいバックストーリーを持つ電子書籍端末だ。

このような電子書籍端末には、アマゾンでも排除できなかったハッスルを一掃し、本の買い方を抜本的に変える力がある。「うちには二日で本が届くと喜んでくれる顧客が何百万人もいる。それが二分で届くとなると、どうなるんだろう？」と、ベゾスは考えたに違いない。

ベゾスはスタッフに実際に研究させるために、リブリエを三〇台注文した。おそらく分解したり、あれこれいじくり回したのだろう。まもなく、彼はＥインクと連絡をとった。「一緒にアメリカ市場向けの電子書籍端末を開発するために、協力してくれないか？」

ある意味このプロジェクトは、アマゾンにとって突拍子もないものだった。アマゾンは、サムスンのような家庭用電子機器メーカーではなかったし、アップルのようなコンピュータ・メーカーでも、ノキアのような携帯電話メーカーでもなかった――この三社のほうがまだＥインクのパートナーにふさわしい。だが、ベゾスは常に、自分がやることにはベストを尽くした。顧客のハッスル・マップを作るところからはじめ、そこから割り出した新しい形のディマンドを突き止め、「そのディマンドに応えるためにアマゾンはなにをすればいいか」を考えた。その答えが「優れた電子書籍端末の開発」なら、それがアマゾンがすべきことだった。

ベゾスは慎重にこのプロジェクトを立ち上げた。会社が成功し急成長を遂げている時期は、主力ではない革新的な製品やサービスに資金を投入するのは難しい。社内対立、予算の問題、根深い決めつけ、脅威への思い込み、習慣的な行動様式がプロジェクトを微妙に狂わせる可能性が大きいからだ。そこで、ベゾスは右腕だったスティーブ・ケッセルに一任した。彼は知名度と影響力から見ても、社内外を問わず人々を先導しまとめるには適任だった。ケッセルには新たな肩書（デジタル担当シニア・バイス・プレジデント）を授け、このプロジェクト専門の子会社――名前はラドラムのスリラー小説に出てきそうな「Ｌａｂ　１２６」――を設立した。

最先端テクノロジーが集まるカリフォルニア州クパチーノ（優秀な人材が確保でき、シアトル本社から距離をおけた）を拠点とするLab 126のリーダーシップを委ねられたのは、パーム、リナックス、アップルを渡り歩いた神童、グレッグ・ゼハーだった。ゼハーは優れた技術者たちを大勢雇い入れ、世界一の電子書籍端末――リブリエにはできなかったバックストーリー要素を備えた機器――の開発に着手した。

「わが社のオンライン・ショッピング・ビジネスモデルを破壊する者が現れるとするなら、それはわれわれ自身だ」――ベゾスはこう決意した。

❏　❏　❏

その一方で、ソニーの宇喜多は電子書籍端末の夢をあきらめたわけではなかった。 Lab 126の技術者チームが開発にとりかかったころ、ソニーはリブリエの欠陥と取り組んでいた。二〇〇六年、新しいソニー・リーダーがアメリカ市場に送り込まれた。いぜんとしてインターネットへの接続機能は搭載されていなかったが、リブリエよりも大きな画面（六インチ）と高コントラスト、読みやすさが売りだった。ボタンのデザインも工夫され、持ちやすさも考慮された。評価には、「美しい」「並外れた」「優雅」「驚くべき」といった感覚的な言葉が多く見られた。

ソニーは、期待を裏切るリブリエのバックストーリーを改善する試みとして、出版社に熱心に働きかけ、コネクト――アップルのｉＴｕｎｅｓストアに相当する――を通じて販売する魅力的なラインアップを取り揃えた。だが、ここにひとつ問題が生じた。ソニー・リーダーが登場した時点で、コネクトはすでにiTunesとの戦いに敗れ、瀕死状態だったことだ。当然のことながら、結果は成功とはほど遠かった。二〇〇七年に、ある批評家はこう書いている。

今年初め、ソニーはオンライン・ストア、コネクトの音楽部門にタオルを投げ込んだが、電子書籍部門はまだ元気で生きている。というか、とりあえず生きている……

ソニーは二万冊以上の書籍を取り揃え、そのラインアップは読者を惹きつけるに充分なほど多彩に見える。コネクト・ストアは、殺風景ではあるが使いやすく、《パブリッシャーズ・ウィクリー》誌のレビューの要約やユーザー・コメント欄も用意されている。だが、残念なことに、コメント欄はほとんど埋まっていない。『ヤバい経済学』『ティッピング・ポイント』、ステファン・コルバートの『*I Am America (And So Can You!)*』などのおなじみの本でもコメントはまだ寄せられていない。このため、コネクトは自販機がずらっと並んだゴーストタウンのようだ。ここに来ればほしいものが揃う。だからコーラを買いに人々がやってくるはずだが、あろうことか誰も来ていないのだ。

もしソニーが独自の小売サイトではなく、バーンズ&ノーブルのような大手書店チェーン、あるいはオレゴン州ポートランドのパウエルズ、デンバーのタタード・カバーなどの大きな書店チェーンと提携していたら、このディマンド物語はどんな展開を見せただろうと思わずにはいられない。もちろんインターネットでコンテンツをダウンロードできる機能とアマゾン並みの大量の書籍を揃えたほうが好ましいが、ソニー・リーダーはアマゾンがまだ装置の開発に取り組んでいるあいだに、電子書籍端末のディマンドの水門を開けることができたに違いない。

だが、そうはならなかった。ソニーは、バックストーリーの脆弱さがリブリエの呪われた運命を招いたプロセスを目撃していながら、電子書籍端末の未来を左右するバックストーリーの重要性を充分には認識していなかった。ソニーが新たに構築したバックストーリーは、改善こそされていたが充分ではなかった。こうして、電子書籍端末の長大な物語に新たな失敗の一ページが加わった。

はたしてここでEインクは終焉を迎えたのだろうか、電子書籍端末の覇権争いは呪われた結末を迎えたのだろうか？

答えはノーだ。一四カ月後の二〇〇七年一一月、アマゾンはキンドルを発表した。読むための装置を徹底して追求したキンドルは、装置自体にこれといった長所は盛り込まなかった。実際、ソニー・リーダーのほうが多少なりとも洗練されていた（ソニーはモノクロ八階調、キンドルは四階調）。だが、画面《スクリーン》対決が引き分けだったとしても、スクリーンの**「裏側」**、舞台裏をのぞいてみれば、そんなことはたいして重要ではないことが分かる。

キンドルの利点は、直接書籍のダウンロードができたことだった。これは、それまでの電子書籍端末には見られない大切なインフラだ。実際のところ、装置をUSBケーブルでPCに繋ぐのは大変な負担ではないが、ダウンロードにひと手間かかる、ひとつ制約が増える、ひとつ周辺機器が増えることは、製品のマグネティックな魅力を**劇的に損なう**。PCと繋がなくても済むことが、キンドル・ユーザーに開放感を与え、キンドルに魔法をかけた。

さらに重要だったのは、アマゾンの無敵のラインアップだった。ジェフ・ベゾスは一〇年以上かけて世界最大のオンライン書店を築き上げ、それぞれの大手出版社と協力関係を培ってきた。また、二〇〇三年に他社に先がけて本文検索ができる「なか見検索」を導入し、書籍デジタル化の経験を蓄積してきた。電子書籍体験を忘れられないものにするために、ベゾスはこうした長所を動員した。キンドルを市場に送り出した時点で、ダウンロード可能な電子書籍の数はソニーの四倍以上にあたる八万八〇〇〇冊に達していた。このなかには《ニューヨーク・タイムズ》紙の書評欄に掲載された最新ベストセラーも含まれていた。さらに優れていたのは、アマゾンのアカウントを持っている人ならクリック一回で購入できた点だ。電子書籍の値段はほとんどが一〇ドルだった。この値段は廉価なペーパーバック版と比べても安く、最新刊のハードカバーとの価格差は非常に大きかった。《ニューヨーク・タイムズ》紙をはじめとする定期刊行物の電子版の購読もできた。キンドルはノートパソコンに代わって、オンライン・ニュースの手軽な読書端末になった。

キンドルの強みはまだあった。六五〇〇万人のオンライン買い物客との継続的な関係だった。そのなかには、アマゾンが本の嗜好（とEメールアドレス）を押さえている数百万の「本の虫」たちがいた。ソニーのオンライン書店を訪れた人が「ゴーストタウン」に迷い込んだような気がするとしたら、キンドルのユーザーは、個人の好みに合わせた「お勧めの本」や同じような興味を持つ読者が書いた生き生きとしたレビューが並ぶ、親しみやすく見慣れた光景を目にする。

キンドルの外見からは、インターネットのワイヤレス接続やアマゾンと出版社の関係、個人向けの「お勧め本」といった特色は見えない。こうしたバックストーリー要素は目に見えないが強力で、電子書籍体験を劇的に向上させ、キンドルにリブリエには欠けていたマグネティックな魅了を与えている。三九九ドルという値段の高さ（そのうえ、アマゾンでしか扱っていない）にもかかわらず、第一陣は三五分以内に売り切れた。

電子書籍テクノロジーは試行錯誤の三年を経て、突如としてディマンドの主脈を掘り当てた。Eインク・テクノロジーに加えてアマゾンが顧客に提供した数々の利点のおかげだった。

また、多くの利用者へのわれわれのインタビューからも明らかなように、二〇〇七年に電子書籍端末へのディマンドが出現した背景には、消費者の環境意識の高まりがあった。インタビューに自発的に応じてくれたかなりの数の人々は、自宅の部屋に積み上がった新聞や雑誌、書籍のために樹木が犠牲になっていると考えることが**嫌で仕方がない**と言う。

もちろんいまでも、「本の手触りや匂いが大好き」だから、電子書籍端末には触りたくないという昔からの書籍愛好家も存在する。だが、現在その数は、紙のもたらす古色蒼然とした楽しみに罪の意識を感じる人々と同じぐらい、あるいはそれより少ないかもしれない。これもキンドルが成功したひそかな要因だったと言えるだろう。この要因の重要性はいまも高まっている。

こうしたさまざまな要因が絡み合って、キンドルはEインクが探し求めていたディマンドの突破口を切り開いた。あるアナリストの概算によると、二〇〇八年末時点でキンドルの販売台数は五〇万台、売上はおよそ二億ドルに達した。揺籃期の電子書籍業界では驚くべき躍進だった。

顧客中心、ディマンド中心の企業で知られるアマゾンは、初代キンドルだけで満足はしなかった。一五カ月後の二〇〇九年二月、穏当な価格削減（三五九ドル）、流線形のより人間工学に基づいたデザイン、Ｅインク画面の転換速度の向上、音声による読み上げが可能になった音声変換機能などの特色を組み込んだキンドル２が発売された。これも初代キンドル同様、あっというまに売り切れた。同年一〇月、ちょうどホリデー・セールの最中に、ポップカルチャーの象徴的存在であるオプラ・ウィンフリーがキンドル２と「恋に落ちた」と自分の番組で宣言した（Ｅインクの社員たちは、当時、会社の広い作業室兼会議室に集って番組を見ていた。そして、ジェフ・ベゾスがオプラのスタジオの聴衆にタダで書籍の詰まったキンドルを配る場面を目にしたとき、興奮すると同時にゾッともした、と笑いながら話してくれた。在庫確保のためにディスプレイを急いで製造しなければならないという大問題が持ち上がったからだ）。

二〇〇九年五月、画面がさらに大きくなった（九・七インチ）三代目キンドル、キンドルＤＸが製品ラインに加わり、キンドル専用の電子書籍フォーマットのほかにＰＤＦファイルも読めるようになり、さらに画面を縦にしても横にしても読めるように切り替えも可能になった。二〇一〇年八月には、また別のモデルが登場した。これは、パフォーマンスに多少改善を加え、価格をＷｉ－Ｆｉ版一三九ドル、Ｗｉ－Ｆｉ＋３Ｇ版一八九ドルと大幅に下げたモデルだった。

現在アマゾンのシニア・バイス・プレジデントを務めるスティーブ・ケッセルによれば、最も注目すべき点は、キンドル所有者の書籍購入回数が印刷された書籍を郵送で受け取っていたときの二・七倍に上がったことだ。おなじみのジレットの「剃刀《かみそり》と替刃モデル」に当てはめれば、顧客がいままでの**二・七倍髭を剃りたくなる方法**を見つけたというわけだ。新しいディマンドの創出、そして、利益の構築とはまさにこのことだ。

アマゾンは、ハッスルを取り除いたマグネティックな魅力とパワフルなバックストーリーによって、電子書籍端末への潜在的なディマンドを開発した。そして、現在、ワンクリック・ワールドの他の住人たちが急成長を遂げつつあるこの業界に参入しはじめている。

ソニーもまだ撤退したわけではない。二〇〇九年八月、ソニーはアメリカ市場で、モノクロ八階調を一六階調に改良し、画像を鮮明にしたソニー・リーダーの新バージョン、デイリー・エディションを発売した。バックストーリーの改善にも努力し、デイリー・エディションではついに3G通信サービスとコンテンツの充実を図った。いぜんとしてナンバー2に甘んじてはいるものの、この製品を導入したことによって、ソニーは独自のディマンドを着実に増やしつつある。

二〇〇九年一〇月、バーンズ&ノーブルもヌックを引っ提げて三番手としてこの業界に参入した。ヌックはキンドルにかなり似ているが、Eインク画面の下部に入力用の小さなカラータッチスクリーンを付け加えた。コンテンツは同社のネットショップB&N.comが供給し、そのコンテンツ量はアマゾンにつぐ業界第二位となった。

二〇一〇年三月、アップルは前評判の高かった待望のiPadを発表し、まったく別の方向からこの市場に参入した。モノクロのEインクではなく鮮やかなフルカラーを採用し、マルチタッチパネル式のLEDディスプレイが搭載された。電子書籍端末としてのiPadは、ワンクリック・ワールドの達人であるアップルならではの、すばらしいバックストーリーに支えられている。バーンズ&ノーブルやアマゾンからヌックやキンドル用のコンテンツを購入できるアプリも使用できるため、そのコンテンツ量は抜きん出ている。二〇一〇年末、iPadの販売台数は七〇〇万台を超えた。そして、バーンズ＆ノーブルがＬＥＤスクリーンを採用した新製品ヌック・カラーを発売するなど、追随するタッチパネル式タブレットが次々に登場した。

二〇一〇年一二月、電子書籍業界に最後（現時点で）の大物が姿を現した。書籍販売サービスＧｏｏｇｌｅ　ｅＢｏｏｋだ。この新しいオンライン書店の売りは、無料のパブリックドメイン（著作権切れ）書籍三〇〇万冊とそれ以外の書籍を何十万冊も取り揃えた世界一の書籍数だった。Ｇｏｏｇｌｅ　ｅＢｏｏｋは、キンドルを除いてデバイスを選ばず、ｉＰａｄ、ｉＰｈｏｎｅ、ｉＰｏｄ、ヌック、ソニー・リーダー、パソコンなど、実質的にあらゆる端末で閲覧できる（もっともＧｏｏｇｌｅ　ｅＢｏｏｋファイルをキンドル用に変換する不正ソフトがすぐに登場したが）。また、アマゾンや大手チェーン店の進出によって売上の落ちた全国の独立系書店がただちに低価格で電子書籍市場に参入し、売上を回復することができるように提携したことも見事なバックストーリーのひとつだった。

二〇〇七年のアマゾンの革命は、さらに新しい思いがけない展開をもたらしている。だが、現時点ではキンドル主導の状勢に変化は見られない。二〇一〇年末までにキンドルの販売台数は推計八〇〇万台に達した（正確な数字は発表されていない）。そして、キンドルの販売台数が伸びるにつれて、電子書籍の売上も増えていった。アマゾンによれば、キンドル用書籍の売上は書籍全体のほぼ半分を占めている。

電子書籍端末のディマンドの突破口は大々的に開かれた。では、このディマンドの最大の分け前にあずかるのは誰だろう？　その答えは、読書家たちが長期的に見て最もマグネティックだと感じた装置になるはずだ。だが、それには、各社が創り上げる充実したバックストーリーの力と、出版社、書店、デザイナー、流通業者、プログラマーなどとのネットワークの強化が欠かせない。

今後一〇年間に電子書籍はさらに普及し、バックストーリーの重要性は一層強まるだろう。これは、デジタル時代の到来とともに存在意義がなくなるのではないかという「昔ながらのメディア」企業の懸念は事実無根であることを意味している。もっとも、彼らが人を惹きつけるコンテンツを創り届けてきた独自の経験を充分に活かすことができればの話だが。

テクノロジーのスピードと柔軟性を駆使し、丹念に練り上げられた言葉——心に残る物語、素敵な登場人物たち、心を豊かにしてくれる見識、情熱的で心揺さぶる詩——に内在する力を増幅させ、何百万人もの若者たちが電子書籍端末を使った読書に没頭する機会を提供する。そんな出版社を思い描いてほしい。オプラ・ウィンフリーのブッククラブからJ・K・ローリングのハリー・ポッター・シリーズにいたる過去の出版界の大きな現象は、適切な読書体験が適切な方法で適切な時期に訪れたときに発生するディマンドの兆候にほかならない。強力なバックストーリーに裏打ちされた電子書籍端末は、われわれが知ってまだまもない方法でこの種の読書体験を強化することができる。

こう考えると、書籍の将来的なディマンドに限界があるなどと言えるだろうか。

バックストーリーから踏み出したテトラパック

パリでもベルリンでもローマでもかまわないが、友人のアパートで夕食後のコーヒーの準備を手伝っているとき、アメリカ人がヨーロッパを訪れたときに感じるちょっとしたカルチャー・ショックがある。アメリカ人は信じられないほど小ぶりな冷蔵庫をのぞいて、「牛乳はどこ？」と尋ねる。返ってくる答えは、「食器棚」。その言葉通り、棚には牛乳の四角い紙容器が置いてある。そのほかにも衛生状態に敏感なアメリカ人なら室温で保管しようとは夢にも思わない食品——箱入りのオレンジジュース、スクランブル・エッグ・ミックス、ヨーグルト、プリンなど——と一緒に。

どうなっているんだろう？ ヨーロッパの人々はアメリカ人が昔から気をつけてきた食品衛生の原則に気づいていないのだろうか？

この答えはわれわれにディマンドの世界の魅惑と、文化と心理がディマンド形成に与える影響を生き生きと教えてくれる。

まずはオランデーズソースの話からはじめよう。新鮮な卵黄、バター、レモン汁で作る風味豊かな正統派オランデーズソースは、エッグ・ベネディクト（イングリッシュマフィンにベーコンとポーチドエッグを挟んだもの）にかけたり、蒸したアスパラガスや茹でたサーモン・フィレに添えるものだ。このソースが、普通の食品棚に置かれた**常温保管されていた箱**から直接プレートに注がれたとしたら、一般的なアメリカ人は「そんなまずそうで危ないものは食べない」と言い張るだろう。だが、あなたもすでに口にしているはずだ。昔ながらの素材で作ったオランデーズソースは、現在、ヨーロッパの友人の牛乳と同じように、冷蔵不要の特別なカートンに入って売られている。保存料などの化学物質も使われていないこのソースは、食品安全基準を満たし、ゼロから作るよりはるかに手早く簡単に使える。

なによりも驚かされるのはこのソースがおいしいという点だ。味見をしたあるアメリカ人シェフも、「私が作ったソースとの違いを見つけるのはとても難しい」と認めた。この出来合いのオランデーズソースは、アメリカ中のレストランやホテル、ケータリングで提供されている多種多様な箱入り液状食品のひとつにすぎず、この種の食品が使われるケースはますます増えている。

これは近年、研究所から食品棚へ一気に突き進んだ科学の飛躍的進歩のなせるわざだろうか？ 必ずしもそうではない。アメリカに箱入り食品ディマンドの新しい潮流が訪れるまでには**五〇年以上を要した**。こんにちでも、棚に並んだ常温の紙箱の中身がおいしいディナーに使われていることを**知りたいとは思わない**アメリカ人は多い。

この革新的な容器は、二〇世紀の食品包装分野で最も重要な発明と称され、その優れたデザインゆえにニューヨーク近代美術館の永久収蔵品として展示されている。これを創り出した並外れた企業は、気づかれずに消費者の食生活を転換するという「見えにくい革命」を遂行してきた。そして、アメリカの消費者にテトラパックという名前が耳慣れないうちから、食品メーカーはこの企業をよく知っており、年々信頼を深め、テトラパックの技術に対する巨大なディマンドを創り出してきた。

興味深いことに、テトラパックの新たなる一章がいまはじまっている。これはユニークで驚異的な製品だが無名に近いものが、どこかの製品のバックストーリーとしてではなく、舞台裏から足を踏み出しディマンドを惹きつけることができるか否かを検証するテストでもある。

❏　❏　❏

無菌包装容器はスウェーデンのルーベン・ラウジングが発案した。一九一〇年代、ニューヨークのコロンビア大学でビジネスを学んでいたラウジングは、全国規模の流通販売、セルフ・サービス式店舗、スーパーマーケットの発明といった食品小売業における近代的手法の数々に衝撃を受けた。同様の動きがやがてヨーロッパにも革命を起こすと彼は確信し、その試練に対処する方法を考えはじめた。

スウェーデンに帰国したラウジングは、発明家のエリック・オークルンドと組んで、オークルンド&ラウジング社を設立した。たとえば小麦粉の輸送・販売に使われていた古い樽に代わる消費者向けのパッケージといった、二〇世紀新時代の小売業に包装容器を提供する会社だった。

一九三〇年代、ラウジングは、その包装容器や流通販売の改善が急がれていたもうひとつの生活必需品である牛乳に着目した。当時スウェーデンではアメリカと同じく、牛乳は大きくて扱いにくい缶や重いガラス瓶に入れて売られていた。だが、缶や瓶は新たに台頭してきたセルフ・サービス式店舗には不向きだった。ラウジングは、消費者と生産者双方のハッスルを排除する新しい容器を模索しはじめた。

まず必要だったのは、牛乳を密閉状態で容器に流し込む方法を考案することだった。細菌に触れれば保管可能な期間が大幅に短くなってしまう。技術的に困難をきわめるこの問題を解決するまでには何年もかかった。

一九四三年に、妻のエリザベスと昼食を食べながらこの問題について話していたとき、突然彼女が言った。「チューブに牛乳を**流しつづけて**、そのまま封をすればいいんじゃない?」つまり、途切れることなく牛乳を流し込めば、パッケージに不純物の入る余地はないというわけだ。

ラウジングは半信半疑だった。彼はのちに、「まず無理だと思った。封をするときに加わる熱のせいで牛乳に焦げ臭さがつくと思ったからだ」と語っている。

だが、妻はこう言い返した。「試したことがあるの？」後になってラウジングは、あれは「彼女ならではの言い草だった」と述べた。昼食後、研究室に戻った彼は、紙製のシリンダーに流れが途絶えないように牛乳を注ぎ込みながら封をし、焦げ臭さがしないことを発見した。この牛乳で満たされた密閉紙製シリンダーは四面体《テトラヘドラル》の容器となり、**テトラパック**と名づけられた。

だが、牛乳の連続注入と空気の入らないパッケージだけでは問題を解決したことにはならなかった。その他に多くのイノベーション――軽く柔軟性があって無味無臭で液体が漏れない多層構造の紙・プラスチック・ホイル素材、パッケージと中身の双方を迅速に殺菌して無菌状態に保つ方法、必要なプロセスを迅速かつ効率的、自動的に行う連動式の機械システムなど――が必要だった。大量の四面体容器をどのように輸送するかという問題は、ラウジングの同僚ハリー・ヤーランが一八個の四面体をきちんとコンパクトに収納できる六角形の「バスケット」を設計して解決した。

すべての問題が収まるべきところに収まるまでにほぼ一〇年かかった（のちにラウジングは、「誰もやったことがなかったことをやるのは本当に難しい」と北欧人らしいひかえめなコメントを残している）。当初オークルンド&ラウジング社の子会社として設立されたテトラパック社は、一九五二年九月、スウェーデンのルンド酪農組合に四面体容器を製造するテトラパック製造機第一号を納入した。二カ月後、組合は無菌処理された一〇〇ミリリットル入りのテトラパック牛乳を売り出した。

テトラパック・システムはすぐさま乳製品業界のバックストーリーに貢献し、その恩恵の一部は直接消費者にもたらされた。テトラパックは缶とは異なり、容器を開けるための道具はいらない。紙パックの角をちぎるだけで、カップに注いだり直接飲むことができる。* テトラパック容器はガラス瓶や瀬戸物のように割れたりせず、中身が台なしになることもなければ、破片で怪我をする危険もない。テトラパックが開発した一五秒弱加熱する瞬間殺菌法は、味や食感をほとんど損なわずに中身（牛乳などの液状食品）を自然に近い状態で保つことができた。缶や瓶とは異なり、殺菌済みテトラパックは、開封後に冷蔵庫で保存したときにも容器から臭いが移る心配がなかった。

恩恵は食品加工業者、卸売業者、小売業者にももたらされた。輸送コストは、軽量だったことと独特の幾何学的形状のおかげで激減した。バスケットにぴったり収めると、円柱形の瓶や缶よりもスペースをムダにせずに済んだ。さらに重要だったのは、傷みやすい牛乳などの食品にテトラパックを使えば、冷蔵せずに一年間新鮮な状態で保存できたことだ。このため、加工工場から店舗まで送り届けるための「コールド・チェーン（低温流通体系）」を整える必要はなくなった。冷蔵トラックや冷蔵車がいらなくなったのだ。その結果、輸送可能範囲が劇的に広がり、より大きな市場に対して製造できるようになったため、製造コストの削減にも貢献した。また、省エネの観点から見ても、テ

＊ これは取るに足らない事柄ではない。容器の歴史を振り返ってみると、金属製の缶が発明されたのは一八一三年、缶切りが誕生したのは一八五八年という奇妙な事実が浮かび上がる。四五年間も鑿《のみ》やつるはし状のもので缶を開けていたことになる。

トラパック容器は「二酸化炭素排出量」の低下という経済効果（もっともその重要性が浮上するまでにはかなり時間がかかったが）をもたらした。

ようするに、テトラパックは乳製品業界のハッスル・マップを、そのバックストーリーを劇的に改善することによって描き直し、やがては乳製品以外の食品メーカーにも同じような恩恵をもたらしたのである。

テトラパックは、ひかえめな独自のやり方でマグネティックな製品となった。消費者には歓迎され、テトラパックを積極的に採用した企業は経営が上向き、利益が増えた。食品会社はまもなくこの冷蔵不要の包装技術を使って、発展途上国をはじめとするより広い市場に向けて加工食品を送り出す仕事に着手した。一九六四年、ヨーロッパ以外の国では初めて、レバノンでテトラパック・クラシック・アセプティック充塡機が操業を開始した。その技術はトレーニングセンターとともに、一九七二年にケニア、一九七八年にブラジル、一九七九年に中国へ渡った。中国で最初に製造されたのはサトウキビジュースと菊花茶用のテトラパックだった。現在テトラパックの設備は五大陸一七〇カ国におよんでいる。

これだけのディマンドを誕生させたことで、ルーベン・ラウジングは世界一成功した、世界一リッチな実業家のひとりとなった。二〇一〇年のテトラパックの年間売上は八九億五〇〇〇万ユーロ（約一一〇億五〇〇〇万ドル）に達した。年間製造数は一四五〇億個。世界人口に換算するとひとり当たり二〇個という計算になる。また、最初に触れたように、テトラパックのオリジナルデザインは、フランク・ロイド・ライトの落水荘やイームズの椅子に並ぶ二〇世紀を象徴するデザインとしてニューヨーク近代美術館の永久収蔵品となっている。

❏　❏　❏

ところが、このラウジングの発明品に対するディマンドが出遅れた市場がひとつあった。しかも、それは地球上で最も豊かで最も重要な消費者市場で起きた。アメリカ市場では、テトラパックのマグネティックな魅力とそのディマンド創出力は低迷していたのだ。

アメリカ人は六〇年間も無菌パックに入った食品や飲料を購入しようとしなかった。唯一の例外は、一九八〇年代にアメリカで絶大な人気を誇った、子供用ジュースが入ったテトラ・ブリック容器だった。金属箔で裏打ちされた小さな穴に短いストローを刺して飲む、飲みきりの小さな容器だ。

これ以外のテトラ・レックス（日本の一般的な牛乳パックの形）からテトラ・ウェッジ（四角錐のような形状だが上部が尖っていない子供向け飲料に使われる容器）にいたる容器は、ことごとくアメリカではディマンド獲得に苦戦を強いられた。

なぜか？　ヨーロッパの人々にあれほどマグネティックだったテトラパックになぜアメリカ人は尻込みするのだろう？

この違いの背後にある文化的社会的要因を見ていくと非常に興味深い。まず最初に挙げられるのは、アメリカでは早い時期に冷蔵庫が普及しており、一九三〇年代初めには各家庭に冷蔵庫があるのが当たり前だった点だ。一方で、技術史家デビッド・ランデスは一九六〇年代に、フランスにおける家電に対するディマンドは、「冷蔵庫に保存した食品は確実に味が劣化する」と主張する主婦層によって抑制されていると述べている。一九七〇年時点で、アメリカの家庭での冷蔵庫普及率は九九パーセントだったが、西ヨーロッパはわずか七二パーセントだった。

巨大な冷蔵庫に支配されたアメリカのキッチンの物理的構造がアメリカ人の行動の基本構造を形作っており、これから派生する購買、貯蔵、食品の使い方といった生活様式はディマンドに多大な影響がある。ヨーロッパの町や都市の住人は、毎日のように地元の小さな商店に出かけ、魚、肉、野菜、チーズ、パン、ワイン（そして最新の近所の噂話）を仕入れるのが一般的だ。だが、アメリカ人は週に一度巨大スーパーへ出向いてまとめ買いし、持ち帰った山のような食料品を巨大な冷蔵庫や冷凍庫に貯蔵する。このため、アメリカ人は昔から低温保存していない傷みやすい食品に対する不信感を募らせてきた。

すでに見てきたように、ここでも顧客のタイプによってマグネティックな製品は異なるという原理が働く。広範な顧客を扱うテトラパックのような企業にとって最も大きな課題は、**すべての顧客**にそれぞれがマグネティックだと感じる製品をいかに効率的に提供するかという点だ。

室温保存の安全性に対して人々が漠然とした不安を抱いている状況では、正攻法でアメリカ市場に挑んでも成功しないだろう。アメリカ人消費者のテトラパック容器への認知は、子供用ジュース程度でしかない。オランデーズソースのような本格的な製品用にパッケージを売り込もうとしても、これではイメージがよくなかった。

というわけで、テトラパックのアメリカ消費者市場への初進出は間接的な道を辿った。現在、テトラパックがそのバックストーリーに大きく貢献している食品会社の数はますます増えており、家庭でもレストランでも無菌容器に入った食品がなにも知らないアメリカ人の食卓に登場している。

これは「見えないディマンド」とも言えるだろう。

❏　❏　❏

テトラパックのような偉大なバックストーリー提供企業の仕事は非常に複雑で、少なくとも三つのレベルで発生するディマンドを知り尽くしていなければならない。まずは直接の顧客、すなわち製品やサービスを購入する食品容器業界、次に顧客の顧客、すなわち容器業者から製品を購入するグロサリー・ストアなどの小売業者、そして最後は顧客の顧客の顧客、すなわち最終的に複雑な機械を動かすお金を提供してくれる製品の最終顧客だ。

こんにちの複雑かつ重層的なグローバル・エコノミーのなかで、この種の思考方法は不可欠である。そして、これこそテトラパックが習熟してきた考え方だ。

テトラパックは、食品容器業者レベルでのディマンドを切り拓くために無菌包装をはるかに超える驚くべきイノベーションを重ねてきた。

ルーベン・ライジングたちはスウェーデンの乳製品業界にテトラパック・システム第一号を納入するまでに、一〇年の年月をかけて複雑に入り組んださまざまな問題を解決してきた。そのなかで、プロセス管理、機器設計、材料科学、微生物学、均質化・蒸発・濾過などの技術分野の知識やスキルを蓄積してきた。現在、テトラパックはこうしたスキルを活かし、顧客に代わってコスト削減、効率改善、ダウンタイムの短縮、新しい市場に向けた新製品開発による新たな収益機会の創出に携わっている。

たとえば、テトラ・ホイヤー・ディープブルー・アイスクリーム・フリーザーの開発だ。これは顧客の乳製品メーカーとの密接な関係から誕生した、改良型アイスクリーム製造システムだ。アイスクリーム製造過程におけるフリージング・プロセスを転換したスイスの科学者E・J・ウィンドハブの設計に基づいて作られたディープブルーは、製造プロセスの簡素化と短縮化、支出の削減、ダウンタイムの短縮、ムダの削減など、アイスクリーム・メーカーに数々の恩恵をもたらしている。また、ディープブルーで製造したアイスクリームは、口触りがクリーミーで滑らかなため、原材料の生クリームとバターの量を四〇～五〇パーセント減らすことができる。健康志向の消費者が増えている昨今、これは大きな長所となり、健康的な冷たいデザートに対するディマンドを促すすばらしいバックストーリーとなる。

この新しい低脂肪アイスクリームを満喫した人がテトラパックの革新的なフリーザー、ディープブルーを目にすることは決してない。これはテトラパックが生み出した、数々のディマンド創出のためのアイデアのひとつにすぎない。こうしたアイデアが多くの食品会社のバックストーリーに不可欠な部分を作り出してきた。

食品加工業界に対するテトラパックのマグネティックな訴求力は、技術的創造力を上回るものだ。**M（マグネティック）＝F（機能）×E（感情）**に当てはめれば、テトラパックが喚起する**「感情」**はクライアントとの密接な協力関係がもたらしている。

ここではビジネスデザインに対するテトラパックの並外れたアプローチが決定的な役割をはたす。すでに述べたように、バックストーリーの巨匠は常に、「うちの会社は顧客に奉仕し顧客から学ぶために最適化されているか?」と自問する。テトラパックの経営陣もまさにこの問いを繰り返し、その答えを向上させるために何度も会社を作り直してきた。

一般に企業間取引は「営業」と「調達」と呼ばれる部門が担当し、営業担当者と調達担当者のふたりがかかわる。両社とも製品の注文、設計、製造、輸送、提供、サービスにかかわる社員を擁しているが、彼らは基本的に企業間関係の一部だとは思っていないし、そのつもりで行動することもない。

だが、テトラパックの場合はまったく異なる。中国の乳製品メーカー、スペインのジュース・メーカー、インドのネクター・メーカー、いずれにしても新しいクライアントを引き受けた時点で、食品加工と包装の専門家チームを派遣し、先方の工場の操業状態を検証してそのニーズを分析する。工場への製品の出入りや流れ、普段の製造目標、輸送スケジュール、障害や機器の故障の原因、廃棄率、コスト削減と効率最大化の機会などを調査する。テトラパックは、相手企業と一緒に現地で集中的に作業する科学者、技術者、設計や開発の専門家数千人を雇い入れ、問題点を洗い出してハッスル・マップを作成し、ハッスルを削減、排除する方法を見出そうとしている(「どこであれムダが発生していれば、不完全なシステムです」とテトラパックの広報担当者は言う。これこそテトラパックが容認できないことだ)。そして、最後に特定のテトラパック機器の導入を勧める。導入にあたっては、専門家による顧客企業社員の訓練、継続的なモニタリングと必要に応じたグレードアップが提供される。充塡機の製造は、何百社にも上る地元の「システム・サプライヤー」と「部品サプライヤー」に外注するが、テトラパック独自の貢献や食品加工システムに対する専門知識は社内で保持する。

これは、「取引」に重点を置いた典型的な企業間関係ではない。むしろさまざまな接点で**継続的な関係**を築くことに重点を置き、仕事をうまく進める新しい方法を発見するために顧客企業の奥深くまで入り込む。営業・調達部門はもとより、エンジニアリング、製品開発、品質管理、マーケティング、顧客サービス、在庫管理、物流、財務、人事、訓練などの分野から大勢の人が集まって継続的に取り組む。担当者ふたりだけが年に一、二回契約折衝をするのとはわけが違う。

テトラパックの営業マネジャーの役割も変わってくる。同社の広報によると、「(従来の)営業担当者と異なり、アカウント・マネジャーの仕事は単なる営業の範疇を超えています。自社製品の売り込みに終始するのではなく、責任を持って顧客ビジネスの成長を手助けするのです……『テトラパックは貴社の成長のパートナーです』という姿勢で」

テトラパックの類まれな顧客中心ビジネスデザインは特筆に値する。ちなみに、スイスに本社を置く一番のライバル企業SIGコンビブロックの場合は、いわゆるライン部門(製造、技術、調達など)が市場部門(販売、サービス、営業開発など)とは別個に並立する形で業務を遂行する従来型組織構造で運営されている。ほとんどの企業組織はこの形をとるが、結果的に顧客に接するマネジャーと実際に製品開発を担当するエンジニア、科学者、デザイナーの結びつきが「点線」となり、役割が曖昧になったり優先順位が混乱することが多い。SIGコンビブロックが無菌包装分野のグローバル・ディマンドを満たすレースで、テトラパックに大きく溝を開けられているのはおそらくこのためだ。

テトラパックの顧客中心ビジネスデザインは組織の奥深くまで浸透している。一九九〇年代初頭には、技術と専門分野に基づいた従来型部門を撤廃するために、研究開発部門が再編され、特定の顧客を扱う個別プロジェクトに合わせた機能横断型チームが誕生した。こうした組織改革のおかげもあって、一九九四〜九九年にかけて研究開発関連のディマンドは数倍に増え、特許取得数も伸びた。

テトラパック固有のビジネスデザインが企業顧客のバックストーリーを強化する一例として、成長著しい中国の乳製品業界を見てみよう。一九九八年、テトラパックは中国政府衛生当局の管理指導官らと中国全土の学校で牛乳を毎日提供するプロジェクトに着手した。中国の乳製品のための容器充塡システム（操業インフラ）の設計はテトラパックの貢献のひとつにすぎない。テトラパックは乳製品を取り巻く中国人の習慣を変えることにも力を入れた。子供たちに学校で牛乳を飲ませる利点を栄養学的視点から家族や教師に指導する、酪農家を訓練し中国で生産される原乳の品質を向上させるといった取り組みだ。たとえば、二〇〇八年には、テトラパックが後援した「乳製品学校」で二六〇人の酪農家が乳牛の生産性を向上させる新しい技術を学んだ。二〇〇九年には、中国食品市場固有の技術、ビジネス、マーケティング関連の問題調査と解決にあたるテクノロジー・センターを浦東（上海郊外）に開設した。ここでは、地方の道路状況を分析し、各地の輸送システムの問題点を解決するための専門知識や指導を提供するなどの活動を行っている。

テトラパックが顧客企業の製品ディマンドの方向づけや、新しいディマンド創出に積極的にかかわっているのは中国にかぎったことではない。政府機関、ＮＰＯ、地元の乳業・酪農業者と連携した学校給食（フード・フォー・デベロップメント）プロジェクトは、世界五〇カ国で行われている。このプロジェクトのディレクター、ウッラ・ホルムは、ゴールは「牛乳を飲む世代」を創出し、あわせてテトラパックと顧客企業のビジネスを切り拓くことだと言う。

社会・教育・健康・環境問題といったテトラパックの中国における多岐にわたる取り組みに対して、中国のある新聞はテトラパックが「たびたびメディアから『うるさい奴ら』と攻撃されている」と書いた。だが、この記事には、「しかしながら、人民はテトラパックが『うるさい奴ら』であることを歓迎しているようだ」という一文が添えられていた。

顧客のバックストーリーを強化するために親密な関係を作り上げることが**相手の脅威になる**場合もあるが、結果的にマグネティックな製品とディマンド増がもたらされれば、この種の親密さは脅威ではなく称賛に変わる。これが教訓だ。

実際、この種の結びつきは、テトラパックがマグネティックなバックストーリー企業となる感情的エネルギー源となっている。ウェグマンズ、ケアモア、キンドルなどの消費者向け製品は、思いがけない快適な方法――より豊かに、より創造的に、より楽しく、より健康的に、より便利に――で日常生活を向上させることによって感情的結びつきに火を点け、**「もうなくては生きていけないほど好き！」**といった顧客コメントを導き出す。テトラパックが提供するサービスのような製品でも、顧客企業の生産性、効率、イノベーションの向上を目指してチーム一丸となって取り組み、顧客感情に火を点け、「うちに来てくれたテトラパック・チームはとても有益で、彼らなしでこの製造問題を解決できたとはとても思えない」と言わしめる。

製品や恩恵が異なろうと、感情的訴求力の威力は変わらない。

人的結びつきを基盤とした永続的な感情の絆を企業間で構築するには、技術力はもちろん、人間関係を作り上げるスキルやビジネスに対する広い洞察力、両社のゴールに向かって努力する姿勢など、さまざまな優れた資質を備えた何千人もの社員が必要だ。株式非公開企業であるテトラパックはほとんどの成功の秘密を公開してくれていないが、彼らのシステムをのぞいて同じようなチームを育てることは不可能ではない。

たとえば、最近、テトラパックは社内コミュニケーション担当副社長という役職を創った。彼女の使命は、全社員が自社のビジネス戦略、その戦略と各人の職務の関係、クライアント企業のゴールを充分に理解し、ゴール達成のために献身的に取り組むように導くことだ。この種のことを口にする企業は多いが、テトラパックほどこれを重視し、具体的な策を施しているところは少ない。

もうひとつ例を挙げよう。テトラパックのＬｉＶＥプログラムは、スピーチ、音楽、ゲーム、インタビュー、質疑応答、スライド上映、ドキュメンタリー仕立ての映画、聴衆参加型活動などを盛り込んだ、四時間におよぶ社員のチーム意識を高めるためのイベントだ。このプログラムは二五カ国語に翻訳され、世界中で実施されている。最終的に二万一〇〇〇人の社員全員がプログラムに参加し、時間にして八万時間が費やされる。ここからも社内コミュニケーションの重要性を重視するテトラパックの姿勢をうかがうことができる。

テトラパックの顧客に話を聞くと、こうした姿勢がどのように結果につながっていくのかを知ることができる。一九三三年にニューヨーク州北部で創業したバーン・デイリーの経営陣、フィル・

マザーとニック・マルセラは、ミルクと生クリームの長期保存型製品を手掛けるためにテトラパックに協力を求めたときのことを語ってくれた。スタート時点での両社の関係は必ずしも良好ではなかった。「彼らの提供するサービスが充分だとは思えなかった」とニックは回想する。これに対し、テトラパックは北米の副社長をクライアントに派遣し、クライアントと一緒に提携関係を改善するための行動計画を練った。その後、テトラパックは再訓練とスキル向上のために、自社のサービス部門を丸ごとスウェーデンに送った。一日や二日ではなく一カ月ものあいだだ。

現在テトラパックは、バーンの問題を迅速かつ効率的に解決するだけでなく、さらに効率性と収益性、持続可能性を高めるために積極的にかかわっている。「昨年、いままで問題が起きなかったところで問題が発生した」とニックは笑顔で説明してくれた。「われわれはなにが起きているのか知りたかっただけだが、テトラパックは話し合うためだけにチームを送りこんでくれた。やってきた三人はわれわれと一緒に二日間かけて、工場を見て回ったり、うちの社員たちと話したり、業務を改善する方法を見つけてくれた」。バーンが直面した問題を理解し画期的な方法を考案することでバーンの成功を支える――これが双方のゴールだった。

「**ヒア・ミー、ノウ・ミー、グロウ・ミー**（話を聞いてほしい、理解してほしい、成長させてほしい）」――テトラパックの幹部たちが口にするこのメッセージは、すべての顧客との会話に暗に込められている。これは、テトラパックの顧客サービスに対する**信念**でもある。この六つの言葉にはバーン・デイリーとの関係の原動力が明らかに表れている。

ウェグマンズなどの偉大なディマンド創出企業と同様に、テトラパックもマグネティックであるかどうかのカギを握るのは**社員**であり、それなりの投資が必要なことを認識している。

❏　❏　❏

テトラパックはクライアント企業の黒子に徹し、大きな成長を遂げ、巨大なディマンドの流れを創り出してきた。クライアントのビジネスに成功をもたらす製造システムを創るというその顧客中心のアプローチは、見事に機能している。だが、市場変化に対応するには絶え間ないイノベーションと改善が必要だ。CEOのデニス・ジェンソンが指摘するように、何十年もかけて開発してきた九〇〇〇にもおよぶ生産ラインは、テトラパック最大の武器でもあり、最大の弱点でもある。「わが社の機械は平均一三年で大部分を改修する必要があります。わが社が顧客の収益性を高める新しいソリューションを提示できなければ、ライバル社が入ってくるということです」

純粋なバックストーリー企業としての成長には限界がある。とりわけ、なかなか顧客が無菌包装された食品に手を出そうとしない巨大なアメリカ市場での限界は見えている。テトラパックがジュース・メーカー以外のアメリカ企業にそのノウハウの恩恵をもたらしたいと思うなら、バックストーリーから踏み出し、消費者に無菌包装の安全性、便利さ、経費削減効果、味のよさをわかってもらう努力をしなければならない。

現在、同社はテトラパックをヨーロッパの人々同様、アメリカの消費者にとってもマグネティックな製品にするために、いくつかの取り組みをはじめている。

まずは足がかりを作るために、行動インフラがいまだ形成されていない新興製品分野に進出することにした。近所のグロサリー・ストアで乳製品の並ぶ通路と豆乳の棚を見比べてみよう。前者は冷蔵ケースに従来のプラスチックや原紙の容器が詰めこまれ、後者は（ほとんどの場合）冷蔵されていない棚に並ぶ鮮やかなテトラパック容器が目を引く。昔から慣れ親しんできた冷えた牛乳を無菌包装に転換するようにアメリカ人を説得するのは難しい。だが、豆乳なら期待できる。豆乳がアメリカで知られるようになったのは、一九七九年、香港に本社を置くビタソイがサンフランシスコのチャイナタウンの数店舗に初めて製品を並べてからだ。この手つかずの市場はイノベーションの機会を提供した。この機会を奪取したのがテトラパックだった。

こんにちのグルメ食品市場ももうひとつの機会を提供している。九〇年代半ば、フロリダを拠点とする企業シェフ・クリエーションズは、レストラン、ケータリング、ホテル、カフェテリアなどの外食産業に自慢の料理を提供する方法を模索していた。テトラパックはヨーロッパで習熟したバックストーリー・マジックを武器に支援を申し出た。テトラパックからやってきたチームは、ソースやデザートにテトラ・ブリック（レンガ型の容器）技術を活かすためにシェフ・クリエーションズに協力した。一番のハードルは味だった。テトラ・ブリック容器に入ったオランデーズソースはレストランの厨房で作ったソースとなんら遜色のないものでなければならなかった。もちろん腐敗などは論外だった。食の安全にかかわる問題ほど食品ビジネスを台なしにするものはないからだ。

現在、テトラパック包装を使ったシェフ・クリエーションズの食品は、アメリカのグルメ食品市場で確固たる地位を築いている。読者もどこかの素敵なレストランで食事をした際に、必ずこのソースやデザートを口にしているはずだ。シェフ・クリエーションズの広報担当はよくこんな話をする。ケータリング業者が結婚式用に三〇〇食のクレーム・ブリュレを用意しなければならなくなった。数年前ならこれだけのディマンドに応えるのは困難をきわめたが、テトラパック包装のおかげで可能になった。

テトラパックはこのほかのバックストーリーの隙間にも進出している。レストランではテトラパック包装のプディングやスープ、卵料理なども提供している。ヒューストンの喫茶店のオーナー、キャロル・ホワイトは、「棚にきちんと収納できるし、冷蔵庫のスペースは空けておきたいので」無菌包装の豆乳を使っている。そして、「お客さんには見えませんし、違いはわかりませんから」と小声で付け加えた。

だが、テトラパックの経営陣はいま大きな問題を抱えている——これが**アメリカ人の目に入ったとき**、はたして無菌包装を受け入れてくれるようになるだろうか？

ほんの少しずつではあるが、かつて「ノー」だった答えが「多分」に変わり、やがて「イエス」になろうとしている。

アメリカ人はようやく、紙パック入りの大人向け食品や飲料に好意的になりはじめたところだ。シェフ、グルメ、挑戦好きな食通といったグルメを自任する人々がその先陣を切る。

二〇〇四年、グルメに人気の《クックス・イラストレイテッド》誌は、紙パック入りのチキンスープと従来の多様な缶詰タイプを比較した。編集長のジャック・ビショップは、「紙パック入りスープのほうが明らかに味がよかった。違いははっきりわかる」と力説し、ホーム・シェフたちにこんなアドバイスを付け加えた。「缶切りは捨てなさい」

この直後、《ニューヨーク・タイムズ》紙記者のケート・マーフィーも独自の実験を試みた。「紙パック入りのカットトマト（パルマラットのＰｏｍｉ）と缶詰のカットトマト（デルモンテ）を比較したところ、紙パック入りのほうが均一で味、色ともに優れていた。また、食通気取りの人たちの集まりに、レストランや外食産業のみで使われているブランド、シェフ・クリエーションズのクレーム・ブリュレを出したところ、口を揃えておいしいと絶賛され、レシピを聞かれた」

シェフ・クリエーションズに関するマーフィーの話は、新たなディマンドが形成されはじめていることを示す興味深い一例にすぎない。彼女の記事が掲載された時点（二〇〇四年三月）では、同社の紙パック入り食品はレストランや食品卸売業者だけに販売されていたが、こんにちの小売市場（消費者と家庭料理）は徐々にテトラパックに場所を提供しはじめている。一九〇グラム入りテトラ・ウェッジ・アセプティックに入ったアルフレードソース、鳥のグレービー、そして、あのオランデーズソースは、現在クローガー、セーフウェイ、ウィン・ディクシーその他のチェーン店で入手できる。ほかにも、ウォルフガング・パックのスープ類、ブラジル・グルメのネクター、ソーク・ワイルド・ガーデンのフムス、アルテオリバのエクストラバージン・オリーブオイルなど、テトラパック容器を使った食品の数は増えてきている。

テトラパックは、消費者のほしがるものに対する調査、その新しいソリューションの訴求力テストと実演に多大な労力を割いている。世界各地に一二の研究開発センターを設け、イタリアのモデナにあるコンシューマー・コンセプト研究所では、工業デザイナー、心理学者、グラフィック・アーティスト、エンジニアらが機能横断的チームを結成し、容器に関する顧客行動を調査している。

たとえば、テトラパックが雇い入れたエスノグラファーがクリップボードとビデオカメラを携えてグロサリー・ストアをめぐり、食品容器の外観、形状、サイズ、種類に対する実際の消費者の反応や最終的な購買決定を観察して記録する。

マーケティング・ディレクターのクリス・ケニアリーは、テトラパックの研究開発チームの使命をハッスルを改善することだと説明している。「新しい製品が提供するソリューションには多くのコンセプトが必要で、それぞれ一番よいものを見つけるために評価を下さなければなりません。チームの仕事は、消費者ニーズをすべて洗い出し、それを現行の製品ポートフォリオに照らしあわせ、ギャップを特定することからはじまります」。このリサーチに基づいて、デザイナーは大量の試作品——二〇〇八年だけで九四三六点——を製作する。その後、テストを経て実際的なものを選り分け（二〇〇八年は六二六点）、そこから製品化するものを選び出す（全部で九点）。

テトラ・リカルト誕生にいたる物語は、テトラパックがいかにして直接消費者に接し、ディマンド創出のためのスキルを磨いてきたかをリアルに語ってくれる格好の例だ。二〇〇四年に登場したテトラ・リカルトは、レトルト殺菌（加圧加熱殺菌）に対応した初のテトラパック製品で、従来の液状食品包装技術には適さない比較的大きな具材を含む食品を無菌状態に保つものだ。この紙パックはホーメルのチリ用の容器としてデビューしたが、売上はかんばしくなく、ホーメルは製品ラインを引き揚げた。

だが、テトラパックはこれにめげることなくこの問題に真っ向から取り組んだ。そして、デルモンテと協力し、あらごしトマトとカットトマト、トマトソースの製品ラインをコレッツリというブランドで売り出した。そして、厳選した小売店で一二週にわたるテスト販売を行った。結果は上々だった。消費者は紙パック入りのほうが金属缶のものより「新鮮」に感じ、店長は直方体の箱のほうが円筒形の缶よりも効率的に棚に並べることができると歓迎した。問題の売上も、缶製品より二九パーセント高かった。こうしたデータで武装したテトラパックは、食品業界にテトラ・リカルトの利点を売り込んだ。こうして、スイートコーンから水分を含んだキャットフードまで、さまざまな食品に新しい包装技術が使われるようになった。

テトラパックの努力によって、無菌包装は多くの食品分野に登場し、次第に消費者に受け入れられるようになってきた。消費者の意識が変わりつつある兆候はもうひとつある。無菌包装容器に入った「高級」食品、ワインの需要が増えていることだ。ここにきてテトラパックの本来の特質(ヨーロッパ生まれ)ともうひとつの特質(環境にやさしい)が結びつき、アメリカ人消費者に訴求力を発揮するパッケージが誕生した。

ワイン輸入業者J・ソワフ社の創業者であり社長のマシュー・ケインは、オーガニック認定されたマルベック種で作った新しいワインのための容器にテトラパックを選んだ。これぞワイン輸入業の環境経済学だ、と彼は確信した。

「私は長いあいだ、ワイン・ビジネスの仕組みはおかしいと思っていた。八割のワインは一週間のうちに飲んでしまう。四〇ポンド箱に入れた九リットルのワインを何千マイルも船便で運んでくるなんておかしいじゃないか」

高級な年代物も含めて外国で「別の方法で包装を」という要望があったにもかかわらず、ケインは、ワインにテトラパックというのには躊躇した。「ここアメリカでは、奇をてらった仕掛けとしてしか使われていない」からだ。だが、二〇〇八年、ガソリン価格が高騰し、経済がぐらつきはじめ、消費者が財布の紐を締めるようになると、環境意識の高まりも手伝ってテトラパックの経済論理が説得力を増してきた。

無菌包装で環境にやさしいというテトラパックの特色は、博識のワイン愛好家たちに対する重要なアピール要素だ。**これはテトラパックが習得した三つのレベル（メーカー、小売業者、消費者）で考えるという姿勢を物語る一例である。**その恩恵を充分に活かすことは決して簡単なことではなかった。実際、一時期、テトラパックなどの企業は紙パックのリサイクル・システムの不備を指摘され環境論者の攻撃にさらされた。メーン州は一九八九年に無菌紙容器を禁止する州法を制定した。当時のCEOウーノ・シェルベリはライバル企業に前例のない連帯を呼びかけ、無菌包装協議会（現在は紙パック協議会）を結成し、環境学者、エンジニアらとリサイクル・プログラムの開発、製品のカーボン・フットプリントの削減に取り組んだ。こうした努力の結果、メーン州の州法は一九九一年に覆り、当時テトラパックのアメリカのトップを務めていたデニス・ジェンソンは、一九九六年、副大統領アル・ゴアにホワイトハウスへ招待され、大統領から「持続可能開発賞」を授けられた。

環境に配慮したことによって、テトラパックはディマンド・チェーンの三つのレベルで味方を増やすことができた。ジェンソンCEOが言うように、「小売業者が高まる環境意識を先導し、消費者の環境への懸念をうまく利用している。この状況はすでに定着しており、わが社が小売業者にとって望ましいサプライヤーでありつづけるためには日常的なビジネスの一環として環境問題に対応しなければならない」

マシュー・ケインのオーガニック認定ワインは「イエロー＋ブルー」（混ぜると環境《グリーン》）というブランドで売り出された。現在は、マルベック種に加え、アルゼンチン産トロンテス種、チリ産ソービニオン・ブラン種、スペイン産ロゼも扱っており、いずれもその味わいをワイン愛好家たちから絶賛された。だが、環境への影響が少ないことが彼のワインの売りになっている。ケインは辛辣な言葉で従来のガラス瓶入りワインと比較する。

たしかにガラス瓶は再生できる。だが、再生にはお金がかかる。実際リサイクルしている人はごく一部にすぎない。アメリカでは、ワイン瓶の一五パーセントしか再生されず、残りは埋め立て処理場行きだ。テトラパックも再生率もほとんど同じだが、ゴミとしては、テトラパック三〇個がワイン一本に相当する。どちらがいいか比べるまでもない。

ケインはもうひとつ驚くべき数字を挙げた。「ガラス瓶入りワインを輸送する際、重量の半分は瓶だ。テトラパックなら重量の九三パーセントがワインで、容器はわずか七パーセントだ」これなら卵にも勝てる。殻が全重量の一二パーセントという卵は昔から「申し分のない完璧な包装容器」と言われてきた。環境にやさしいテトラパックは母なる自然さえもしのぐ。

環境への配慮はテトラパックとの感情的なつながりを高め、消費者ディマンドを活性化させる大

きな役割をはたしている。だが、美意識も捨てたものではない。テトラ・プリズマ・アセプティック開発の背後にあるのは視覚的美しさの追求だ。これはテトラ・ブリックの一種だが、高さがあってスリムで胴体部は八角形という特徴がある。また、印刷で「メタリック加工」を施すこともできる。プリズマの視覚的新しさは、どことなく現代的なオフィス・タワーやフランク・ゲーリーの美術館デザインを思わせる。テトラパックは「生活のあらゆる場面で理想的な包装容器」と表現している。このすばらしいデザインを世に出したことによって、新たな顧客層が誕生した。加工食品を売る企業は人目を惹く高級感のあるユニークな容器を求めているからだ。

プリズマにストリームキャップという名前のねじ込み式のキャップをつければ、注ぎやすく、不正開封を防ぎ、再封も可能になる。キャップ式プリズマはワイン容器としても魅力的だ。現在カナンデーグア・ワイン・カンパニー（現社名センテラ・ワイン・カンパニー）は、二〇〇五年にサングリアの白と赤にプリズマを採用した。反応がよかったため、いまはバンダンジュという製品ラインにもプリズマを使っている。

テトラパックにとって、いまはアメリカ市場に紙パック入りワインを送り出す絶好の時期だ。環境意識の高い消費者が増え、市場への熱心な働きかけがあり、世界金融危機後に消費者が価格に敏感になったこともあいまって、無菌包装というコンセプトは徐々に広がりを見せ、次第に受け入れられるようになった。ディマンドが大きな変化を遂げる条件は整った。テトラパックはその一画の理想的なポジションにいる。

❏　❏　❏

テトラパックの物語はディマンドに関する興味深い教訓を与えている。

第一に、最も重要なディマンドの突破口が、簡単そうに見えていかに**「複雑」**なものであるかを思い起こさせてくれる。ルーベン・ラウジングが牛乳の新しい包装技術について考えはじめたのは一九三〇年代だった。新しい**「アイデア」**に辿りつくまでに数年を要し、実用化に漕ぎつけるまでにはさらに一〇年かかった。この長大な物語は、ディマンドを刺激する偉大なアイデアを結実させるには、膨大な時間、忍耐、資金を必要とすることを教えてくれる。そして、優れたイノベーションに着手するのに最も適した時期は常に「昨日」であることを教えてくれる。

第二は、ディマンドとインフラのバックストーリー要素のあいだに存在する**「相互依存関係」**だ。ネットフリックスが創出し、満たした便利な「映画を郵送」するシステムに対するディマンドは、インフラであるDVDやDVDプレーヤーが登場しなければありえなかった。ジップカーが創出し、満たした時間決めレンタカーに対するディマンドは、追跡や予約に欠かせないインターネット・インフラがなければありえなかった。

同様に、軽量、便利、冷蔵不要の食品包装容器に対するディマンドも、テトラパックが充填機材を開発しなければ存在しなかった。しかしまた、こんにち世界各国で何十億個もの多様な無菌包装容器を製造している工場を含めたテトラパックのインフラは、創業者ラウジングの発明した容器が最初の段階で顧客にマグネティックな訴求力を発揮しなければ構築されることはなかった。おそらくラウジングは、市場には決してお目見えしない奇抜なコンセプトの考案者としてビジネス史の片隅に追いやられていただろう。そして、われわれがこんにちこうして語ったり、紙パックに入ったスープやジュースやワインを買うこともなかっただろう。インフラと消費者ディマンドは手に手をとり合って、互いに依存して成長していく。そして、それぞれが成長することが長期的な経済の展望と健全さを決定づける。

最後はおそらく最も重要な点だ。テトラパックの物語は、個々の消費者のディマンドの全体構造が強力な究極の依存関係にあることを示唆している。世界有数の優れたバックストーリーを持つサプライヤーであるテトラパックは、乳製品や加工食品を扱う企業に包装容器を販売することで利益を上げる。だが、人々が食品に求めているもの、つまり便利さ、新鮮さ、おいしさ、値段の安さといった特質をテトラパックが理解していなければ、たいした利益は期待できない。おそらくテトラパックが企業顧客にもたらす最大の利点は、**顧客の顧客が願っているもの、何カ月後か何年後かにほしがるものを感知し提供する能力だろう。**

なぜなら、食品に対する巨大なディマンド・ピラミッドは、最終的にはキッチンのテーブルに座って「今晩、なんにしよう?」と思いをめぐらす人に行き着くからだ。

4

トリガー——人々を「夢中」にさせ、購買の決断を下してもらう

Trigger ①製品について耳にすることと製品を買うことの差。②人々をマグネティックな製品に心から心酔させ顧客に転じさせる、ビジネスデザインに不可欠な要素。③本当にほしかったものを購入にいたらせるなにか。④様子見の人を顧客に転じさせるなにか。

ネットフリックスの秘密の武器は、二〇〇年前に生まれていた

二〇〇一年、起業家リード・ヘイスティングスがレンタル・ビデオの延滞金四〇ドルに頭を抱えてから四年、そのときのハッスルからビデオ・レンタルの新しい手法を思いつきネットフリックスを立ち上げて三年が経っていた。

ボードイン大学で数学を専攻し、スタンフォード大学大学院でコンピュータ科学の修士号を取得後、ピュア・ソフトウェアという名のソフトウェアのデバッグツールの開発会社（のちにもっと大きな企業に買収され、現在はＩＢＭが吸収）を立ち上げたヘイスティングスは、科学とハイテク・ビジネスの両分野に精通していた。また、観察力に優れた消費者でもあり、消費者心理も理解していた。インターネットと呼ばれる新しいものが、アマゾンのおかげで本の購入が簡単になったよう

に、迅速かつ手軽な映画選びのベースになるのではないか——ネットフリックスはこのシンプルなコンセプトに基づいて誕生した。

インターネットにつぐイノベーション、DVDの登場にもヘイスティングスは惹かれた。重くかさばる壊れやすいビデオに比べると、DVDははるかに簡単に顧客に届けられるように思えた。彼はさっそく試してみようと、CDの束（当時DVDは簡単に入手できなかった）を買いこみ、切手を貼った封筒に突っ込んで近所の郵便局から送ってみた。二日後、自宅の郵便受けにCDが届いた。粉々になるかと心配していたが、無傷で再生可能だった。

後になって、DVDの郵送はこのときの実験ほど簡単ではないことに気づくことになるが、この最初の成功が彼を焚きつけた。インターネットとDVDの組み合わせは、ブロックバスター、ムービー・ギャラリー、ハリウッド・ビデオなどの企業や何千軒もの無数の小さなレンタルショップの面倒な小売形態を一掃できる。そして、見たい映画が見つからない（妻はどんな映画を喜ぶだろう？　これは子供向きだろうか？　この冒険映画はリアルなバイオレンス映画なのか、「楽しい」バイオレンス映画なのか？）、話題の映画が出払っているときの落胆、地元のレンタルショップまで往復二回車を走らせなければならない不便さ、そしてなによりも腹が立つ延滞金。こうしたビデオ・レンタルにまつわる無数の悩ましいハッスルを軽減または排除できる。彼はそう考えたに違いない。

ヘイスティングスは仕事にとりかかった。彼はチームのメンバーと一緒に、ネットフリックスの映画を選ぶためのウェブサイト第一号を作り、カリフォルニア州北部のスコッツバレーにある本社近くにＤＶＤ配送用の倉庫を建て、さまざまな種類のＤＶＤを購入し、マーケティングを開始した。

しかしながら、最初の製品はマグネティックとはほど遠いものだった。現在と同様に、初代ネットフリックスもインターネットで映画を選び、ＤＶＤを郵送する形態だった。だが、映画一本につき四ドルという従来となんら変わらないレンタル料が課され、延滞金まで発生する仕組みだった。そもそも彼は延滞金からこのビジネスをひらめいたのに。当初は話題性を求めて、他店では手に入らない「とっておきのもの」で顧客を呼び込む手段を使った。コンサートの前売券やエンタテインメント関連のポスターや関連商品のようなものだ。

このサービスを聞きつけた大半の顧客の反応は冷淡だった。この時点で、ネットフリックスは、店舗を構えたレンタル・ビデオ店より幾分まし、あくまでもほんの少しましな程度だった。人々を習慣的な行動領域から引きずり出して新しい消費パターンへいざなうには、マグネティックな魅力が欠けていたのだ。

ヘイスティングスはすぐに気づいた。そして、それから何カ月もかけて同社が取り組んだ数々の改革は、ディマンド創出がいかに難しいかを教えてくれる。

ネットフリックスは、映画を何本見ようと同じ値段という会費制度を導入し、延滞金は撤廃、一部で人気はあったがディマンドが不足がちだったＤＶＤ以外の製品を廃止した。また、映画の種類を格段に増やすために投資した。これで、ビデオ・レンタル最悪のハッスルのひとつ、店にわざわざ足を運んでも見たい映画が見つからずムダ足に終わったときの失望感に対処することができた。

そして、いくつも料金体系や料金水準のテストを重ねていった。

おそらく最も注目すべきは、ヘイスティングスが作り上げネットフリックスがこんにちまで貫き通している伝統だろう――**決して取り返しのつかない事態を招かないように、テストし、実際に提供し、またテストしてもう一度テストを繰り返すこと。**彼は新しいアイデアには必ず実地テストを行う。実際になにが機能し、どの程度効力があるかを観察する。ネットフリックスをよく知る人が「コンピュータ科学者が運営するエンタテインメント企業」と称するのはこのためだ。

彼は数々の改革を重ね、ようやくこんにちのネットフリックスに近いビジネスモデルに辿りついた。このビジネスモデルがのちにマグネティックで楽しい製品に対するディマンドの太い流れを創出することになる。

だが、二〇〇一年時点ではディマンドは細い流れにすぎなかった。ネットフリックスの全国の会員数は五〇万人を下回っていた。駆け出しの企業にとってはまずまずの数字ではあるが、アメリカの映画視聴世帯数一億三〇〇〇万からすれば微々たるものだった。売上（七六〇〇万ドル）も、ブロックバスター（五一億ドル）に比べればはるかに見劣りした。

ネットフリックスの製品はブロックバスターよりも優れており、より手軽で安くハッスルなしに近い――ヘイスティングスはそう考えていた。一部にネットフリックスが大好きという顧客もいた。調査でも、ネットフリックスの名前を聞いたことがあると答えた人はかなりの数に上っていた。にもかかわらず成長の歩みはいぜんとして遅かった。なぜか？

あと必要なのはマグネティックな製品だけだろうか？　それは違う。顧客の購買決定がどれほど無気力や疑念、怠惰、習慣、無関心によって下されるか——これは顧客と話すことで得られる最も貴重な教訓のひとつである。すばらしい新製品を耳にしてから実際に購買行動に出るまで（出たとしてだが）、何カ月も、ときには何年もかかるのはこのためだ。マグネティックな製品は注意を惹きつけるが、ほとんどの場合は購買行動を誘発する明確なトリガー（きっかけ）が必要だ。

二〇〇一年のネットフリックスにとって、これは急を要する問題だった。チームのメンバーは、オンラインDVDレンタルのディマンドを創出し支配するチャンスは時間的にかぎられていると考えていた。何千人もの企業家も含めて世界全体がインターネットの革命的な力に注目していた。もちろんヘイスティングスも、インターネットを使ったビデオ・レンタルというコンセプトを思いつく目端の利く人間が**自分だけ**だとは思っていなかった。いま、ネットフリックスを**急激に**成長させることができなければ、誰かが突然現れて、一割程度改善した同様のサービスを提供する可能性はきわめて高かった。一割の改善でも市場は占領されるだろう（実際、DVDオーバーナイト、グリーンカイン、DVDアベニュー、レントDVDヒア、レントアニメ、クリーン・フリックスといったライバルたちがすでに姿を現していた）。

さらに、エンタテインメント、小売業、オンライン販売の強力なブランドネームを持つ資金も経験も豊富などこかの大企業が自分と同じ機会を狙っている、と彼は確信していた。「ブロックバスター、ネットフリックスを駆逐するためにオンラインDVDレンタル業に五億ドル投資」——こんなヘッドラインを見ることになるのではないかと、ヘイスティングスは日々、戦々兢々としていた。ブロックバスターでなければ、アマゾンかウォルマートかアップルか。ディズニーかもしれない……。

唯一の望みの綱は成長だった。静かに目立たないように、だが**すばやく**。そうすれば、大企業がこの業界に勝機を見て参入する決断を下したときには、あいにくなことにネットフリックスはひと足早くスタートしているという寸法だ。ゆっくりした着実な成長など**選択肢にはなかった**。

なぜもっと多くの人々が加入してくれないのか？　ヘイスティングスと彼のチームを悩ませていたのはこの問題だった。

ネットフリックスの七人のリーダーたち（多くはいまも経営に携わっている）は、その徹底した分析力を活かして、既存の顧客データから答えを見つけようとした。すると、ひとつ有望なアノマリーが見えてきた。サンフランシスコ・ベイエリアにおけるネットフリックス浸透率（全世帯数の二・六パーセント）がどこよりも二倍高いことがわかってきた。全国の加入者を同じ割合に持っていければ、会員数は五倍に増え二七〇万人を超える。

では、ベイエリアが高いのはなぜか？　なぜここではネットフリックス製品がボストンやシカゴ、マイアミに比べてよりマグネティックなのか？

リーダーたちはそれぞれに仮説を展開した。

ある人はこう言った。「ベイエリアにはうちの本社がある。だから社員たちがネットフリックスの話をして、友人や近所の人を加入させたのではないか」（これはありそうにもなかった。というのも、当時ネットフリックスの社員数は少なく、とても影響力があるとは言えなかったからだ）

こんな意見もあった。「ベイエリアにはハイテク関係者が多く暮らしている。彼らはインターネットに詳しいし、オンライン・ショッピングにも通じている」(ハイテクに詳しい人々が暮らしている地域はほかにも山ほどあるが、ネットフリックスに押し寄せる気配はなかった)

三人目の意見はこうだった。「比較的裕福な人が多い地域だからだ。現実を認めようじゃないか。ネットフリックスは贅沢品だ。必需品ではない。自由にできるお金がある人のほうが喜んで映画にお金を使うのではないか」(たしかにそうだ。だが、ニューヨークやボストンなどほかの多くの都市にも富裕層はたくさん暮らしており、彼らはネットフリックスに近寄らなかった)

もうひとりが提案した。「それはベイエリアがカリフォルニアにあるからだ。映画産業の本場じゃないか! 間違いなく、映画ファンが多いからだ」(この論理だとロサンゼルスが第一位の市場でなければならないが、サンフランシスコに大きく後れをとっていた)

ついに、ヘイスティングスがこの議論に決着をつけた。

「仮説はもうこれくらいにして、もっとリサーチをしてみよう」。こうして、アメリカの各都市におけるネットフリックスの顧客と非顧客の双方の反応に関する徹底的な分析がはじまった。目的は、ネットフリックス製品がほかのどの地域よりベイエリアの住民にマグネティックである**理由**を見つけること。

結論が出るまでオフィスの灯りは煌々《こうこう》としていた。

ベイエリアの顧客の反応には、たった一点だが確実にほかと違う点があった。それは加入率の差を説明するに充分なものだった。ベイエリアの会員は、ほぼ全員がＤＶＤの手元に届くまでの早さを絶賛していたのだ。そして、ほかの地域の人で同じように感じた人は、ほぼ皆無だった。

この驚くべき新事実は経営陣の目を覚ませた。加入率が違う理由は明らかになった。すべてのDVDを郵送する配送センターがあるのがベイエリアじゃないか！　オークランドやサン・ラファエルやパロアルトの顧客が、返却するDVDを月曜の朝、郵便受けに入れれば、倉庫にはおそらく火曜日に到着する。顧客の希望リストに並ぶ次の映画を同じ日に発送すれば、水曜日には届く。四八時間で一回転することになる。

これとは対照的に、ニューヘブンやボルチモア、シアトルの顧客は手元に新しいDVDが届くまでに四〜六日待たなければならない。これだけ空けばネットフリックスのことなど忘れてしまう。せっかく定期的に映画を見る「ムービー・ナイト」を予定してもこれでは意味がない。

翌日に配送してもらえる顧客はその効率と便利さに感動し、見終わった映画を郵便受けに入れた瞬間から次の映画が届くのが待ち遠しくなる。彼らはネットフリックスの驚異的な早さと信頼性を友人や家族やお隣さんに自慢した。

かたや一回転に五〜六日かかるほうは、投げやりな反応を示したわけだ。

これは少し皮肉な結果だった。ネットフリックスの基盤は、ふたつの卓越したテクノロジーの突破口――インターネットとDVD――と優秀なプログラマー・チームが開発したすばらしいソフトウェアだった。この企業はハイテク世界の純粋な所産だった。だが、成功の背後にあった秘密の武器は、二世紀以上もの昔に、ベンジャミン・フランクリンが創設し国家公務員が運営するローテクの郵便制度、アメリカ郵政公社だったことを知って、ネットフリックスのリーダーたちは衝撃を受け、おそらくは悔しい思いをしたに違いない。

そして、次に起きたことは、ヘイスティングスを偉大なディマンド・クリエーターたらしめた資質を物語るものだ。彼はこの驚くべき事実を知った瞬間から行動を起こしたのだ。

二〇〇二年一月二一日、ネットフリックスは**ふたつめ**の配送センターを開設した。場所はロサンゼルスのすぐ南にあるカリフォルニア州サンタアナだった。翌月、ボストンのすぐ西、マサチューセッツ州ウォチェスターに三つめのセンターがオープンした。その後数週間、ヘイスティングスはロサンゼルスとボストンの加入者数に注目し、その数が着実に増え、ベイエリアの「通常の倍」と同じ加入率に到達したことを知った。これは、この地域の加入者が突如として新しい映画が四八時間以内に届くと知って驚き、その友人や近所の人たちも加入するようになったからに相違ない。ほかに説明のしようはなかった。科学的探究精神を貫くネットフリックスは結果を歪める恐れのある地元広告やPR活動を自制してきたからだ。

二〇〇二年中にさらに九カ所の配送センターを開設し、翌年には一二カ所が加わった。そして、新しい配送センターが開設された地域はどこも加入率が一気に倍増した。

車のイグニッションキーを回すようにネットフリックスに対するディマンドが始動し、まるでこの街からあの街へ次々にスイッチが入っていったかのようだった。

二〇一〇年末時点で配送センターの数は五六カ所に達し、大多数のアメリカ人の手元に翌日にDVDが届く体制ができあがった。加入者数は二〇〇〇万人を突破したが、ヘイスティングスのディマンド創出エンジンにはまだまだ成長する余地が残っている。

二〇〇一年以前にも、ヘイスティングスらは新しいディマンド創出に不可欠な第一の要素であるマグネティックな製品を創っていた。だが、マグネティックな製品だけでは不充分だった。二〇〇一年時点で足りなかったのはディマンドの**トリガー**である。**様子見客をマグネティックな製品に心から惹きつけ、顧客へと変えるビジネスデザインに必須の要素**だ。

実際、すでにわれわれはこれが機能するプロセスを見てきた。ジップカーの人気のカギが**「密度」**だったこと、キンドルに不可欠だった違いは**「書籍への瞬間的なアクセス」**だったことを思い出してほしい。これがディマンドの蛇口をひねるトリガーだった。同様に、ネットフリックスのディマンドを一気に過熱させたトリガーは**「配送速度」**だった。

ディマンド・トリガーの力は誰もが体験したことがあるはずだ。一番最近購入した新製品を思い浮かべてみよう。初めてその製品について知った日から最終的に購入にいたった日までどれぐらいかかっただろう？

トリガーは、製品を耳にしただけで終わらせるのか、それとも購入にまで背中を押すのか、その違いを生み出す。トリガーは、顧客の無気力を打ち破り、製品のマグネティックな魅力を強化する。たとえば、製品価格を下げる、より使いやすくする、さらにカスタマイズするといったことだ。製品への共感を呼び起こすトリガーもある。優れた宣伝広告、PR、マーケティング、クチコミキャンペーンなどだ。サンプルや無料のお試し、会員料金の割引などを提供し、顧客が試してみよう、買ってみようという気にさせるトリガーもある。製品のマグネティックな魅力を長続きさせるトリガーは一過性のものより強力だ（ネットフリックスの超スピード配送は典型的な前者の例だ）。

マグネティックな製品はめったに登場しないすばらしいものだ。だが、トリガーなしでは、どれほどマグネティックでもディマンド創出にはつながらない。だからこそ、ディマンド創出物語には必ずトリガーの探求——できればふたつ、三つ——という特色が見られる。

❏　❏　❏

リード・ヘイスティングスとネットフリックスのチームが二〇〇一年に翌日配送に思い当たったころには、すでに三年がかりで偉大なディマンドが飛躍するトリガー探しに大きな労力を注いできていた。ジップカー、キンドル、テトラパックと同様に、ネットフリックスの物語もディマンド創出の難しさ、そして偉大なディマンド創出チームの費やした時間の背後にはどれだけ多くの優れた努力が隠れているかを物語っている。

ヘイスティングスはピュア・ソフトウェアを創業し会社を育てていくなかで多くの経験を積んできた。彼はよく「最初に作った会社でたいした仕事もできなかったのは非常に幸運だった」という言い方をする。社員一〇人の会社が六四〇人になったころ、「私は自分が無力に思えて、どうしていいかわからなかった」。彼は自信を失い、取締役会で解任してくれと言い出したほどだった。そして、一九九六年に会社の売却が決まったときは正直ほっとした。彼はその後の活動休止期間にこれまでの経験をじっくり振り返り、次のステップ・アップに役立つ教訓を引き出した。

製品を支えるバックストーリーはゼロから創り出すのではなく、外部の資源を活用して創り出す。これはそのときの教訓のひとつだ。とらえどころのない新しいディマンドを捕まえようとするとき、バックストーリーにぜひとも必要なすべての細部まで習得するには時間、資金、能力、気力、どれもいくらあっても足りない。わざわざ一からやり直し、それに資源を投入するのは失敗の処方箋にほかならない。

そこで、ヘイスティングスらは宅配インフラを考案する（小売業者で言えば各地の不動産や施設への投資に相当する）代わりに、既存の宅配インフラの利点を活用する方法を考えはじめた。もちろん、やがて不可欠なトリガーとなるアメリカ郵政公社のことだ。

だが、郵便配達員にすべてを任せるのはそれほど簡単なことではなかった。ヘイスティングスがCDの束を郵送してみたところ、その郵便局ではうまくいったというだけのことだった。郵便局の施設は土地によって異なる。ワイオミングやアラスカの小さな田舎町の郵便局もあれば、大都市の何百万通もの郵便物を扱う大規模郵便局もある。使っている機械も最新式の大規模なものから古色蒼然としたものまでさまざまだ。全国どこに暮らす顧客にもサービスを提供しようとするなら、どの郵便局を使っても損傷率をかぎりなくゼロに近づける努力が必要だった（ネットフリックスに加入したての熱狂的な映画ファンが壊れたDVDに何枚まで耐えられるか想像してみよう。一枚か二枚、それ以上は無理だ）。

ネットフリックス初期のチームメンバーのひとり、ジム・クックが当時を振り返ってこう語っている。


私は郵便局内での作業を知るために、地域最大級の郵便局数カ所に出向き、何百時間もかけて観察し、山のように質問を浴びせた。

手紙は何台かの高速で回転するドラムに入れて仕分けることがわかった。この手の手紙をもみくちゃにする金属製ドラムは、普通サイズの手紙を一時間当たり四万通仕分けることができる。薄いプラスチック製のＤＶＤなどひとたまりもないのは明らかだった。私はこれではうちのビジネスは無理だとがっかりしたが、この機械とは別に、雑誌その他の大型の「薄い郵便物」を選り分けるコンベヤーがあることに気づいた。そして、手紙区分機ではなくこれを使ってもらうにはどうすればいいかを考えた。

ネットフリックスは自動的に「薄い郵便物」扱いされるユニークで独創的な封筒デザインにとりかかった。ＤＶＤには衝撃を吸収する保護材が必要だった。また、倉庫係がディスクを壊したり落としたりせず簡単に開封できる料金受取人払いの返却用封筒も用意しなければならなかった。さらに、できるだけ軽量でなければならなかった。追加料金がかかると郵送費がかさむからだ。

試作は何度も繰り返した。当初は紙、ボール紙、プラスチックなどいろいろな素材を試した（プラスチックはリサイクル不能ということですぐにボツになった）。発泡スチロールの保護材も試してみた（これも重すぎるという理由でボツになった）。気密性が高いものは空輸した場合に膨張する恐れがあった（小さな空気穴を開けた）。シールをめくると返送先の住所が現れるタイプ（あまりにも面倒）もあれば、各項目が七六ワード以上もある八カ条の封筒の取扱説明書（冗談じゃない！）を印刷したものもあった。

ネットフリックスは完璧な封筒ができあがるまで試行錯誤を繰り返した。そのプロセスで、ひとつ、またひとつとさまざまな発見があった。たとえば、送付用の封筒を裏返すと返送用封筒になるようにすれば効率がいいことがわかった。そして、ついに、内側に隔壁の入った軽くて頑丈な紙製封筒が完成した。封筒には細い窓が開いていて、開封しなくてもなかのＤＶＤ袋に記されたバーコードを読みとれるようになっていた。広告を掲載できるスペースも設けた。最終的なデザインはシンプルで派手で目を惹くものだった。一番重要だったのは、損傷率一パーセント以下で郵政公社のインフラを活用できたことだ。

ネットフリックス会員でなくてもこの特徴的な真っ赤な封筒を見たことがあるはずだ。ネットフリックスの封筒が日々の取り扱い郵便物の四分の一を占める郵便局も多い（ネットフリックスの年間郵送費は五億ドル。郵政公社の運営予算のかなりの部分に相当する）。

試作品はその数一五〇点、と言うとやりすぎだと思うかもしれない。だが、デザインチームが微調整を繰り返すたびに、取るに足らないことかもしれないが顧客の小さなハッスルが軽減された。顧客が開封する際に三秒短縮できる、あるいはＤＶＤの損傷率が〇・八から〇・六パーセントに減ったなどということはどうでもいいことに思える。だが、これを何百万人もの顧客や何億通もの郵便に掛け合せてみれば、その恩恵は計り知れない。

同じ時期、ヘイスティングスらは真にマグネティックな製品を創り上げるためにやっておかなければならない無数の細かい問題に取り組んでいた（この種の**執念**は、偉大なディマンド・クリエーターに共通している）。

彼らは必要なところでは創造し、模倣できるものは模倣した。何カ月にもおよぶ試験期間に、ダイレクトメールの専門家、機械エンジニア、ソフトウェア開発者らによるチームが、驚くべき配送システムや何百万枚ものDVDを日々分類・発送するための独自の高速オプティカル・スキャナーを作り出した（幸運にもネットフリックスの施設を訪ねたことがある人なら分かると思うが、われわれがカリフォルニア州フレモントの配送センターを訪ねたとき、その広大さと徹底した効率性に呆然とした）。あんなシステムは見たことがない。それが存在するということだけで、ライバル企業の出鼻をくじくには充分だろう。

ヘイスティングスは、貴重な資金とすばらしいウェブサイトをゼロから設計するエネルギーを浪費する代わりに、アマゾンのサイトを研究し、その九〇パーセント以上を模倣した。ネットフリックスのサイトは、ナビゲーション・システム、製品とボタンの配置、検索ツール、顧客レビューやプロの評論家の書き込み、解像度を落としてすばやくページを閲覧する方法にいたるまで、アマゾンにそっくりだった。

「ユニークであるための模倣」戦略とでも言っておこうか。もちろん、この戦略はしかるべき使い方をしなければならない。**新しいビジネスデザインのコア**となる部分は模倣ではできない（ネットフリックスの場合、コアは「インターネットあるいは郵便による信頼できる手軽な低価格の映画レンタル」だった。ユニークなウェブ・デザインはこのコアではない）。偉大な芸術家や作家と同じように、偉大なディマンド・クリエーターは**取るに足らないこと**は恥ずかしいとは思わずに模倣する。そうすれば「**大きなこと**」にオリジナリティを注ぎ込むことができるからだ。

レーダーに感知される前にさっさと成長を遂げるために、ヘイスティングスは高価な宣伝広告ではなくクチコミによるバイラルマーケティングを活用した。会員を増やすためのマーケティング・パートナーも探した。ネットフリックスは、アメリカで販売されるDVDプレーヤーの八五パーセントを占めるソニー、東芝、パナソニックの三社に、製品購入時にネットフリックスの無料お試し会員がもれなくついてくる特典をもちかけた。

通常、メーカーはこの手の話には躊躇する。「だがあの時期、DVDプレーヤー・メーカーはレーザーディスクやベータマックスのような無残な結果に終わるのではないかと恐れていた」とジム・クックは説明する。メーカー側はふたつ返事で一〇回無料のビデオ・レンタル特典を同梱してくれた。メーカーと提携することでマーケティング力を手なずける省エネ・バックストーリーを作り上げたネットフリックスは、顧客へのリーチを強化することができた。さらにほかに回す資金的余裕もできた。

映画レンタルのハッスルをひとつひとつ取り除き、製品に磨きをかけながら、ネットフリックスは偉大なディマンド・クリエーターの例にもれず自問した。顧客のために全体を作り上げるのに、わが社に**「なにができるか」**と。そして、製品価値を高めるために、DVDレンタルだけでなく、映画を選ぶ際に便利な会員ごとの希望リスト、映画のプレビュー、評論家のコメント、発売前のDVDの事前予約などのサービスも提供した。

だが、製品価値を最も高めたのは「シネマッチ」推奨エンジンだった（これも世界的なオンライン小売業アマゾンからひらめいたツールで、アルゴリズムを使って顧客の好みそうな製品を推奨するものだ。日本のツタヤは独自のメディア推奨システムを開発した）。シネマッチとは、映画に対する各会員の過去の評価（標準的な会員の評価数は二〇〇本を超える）に基づいて、顧客が高い評価を下すと思われるものを予測するシステムだ。これは顧客に重宝され、顧客の六〇パーセントは日々シネマッチが提供する無数の推奨情報に基づいて映画を選んでいる。

希望リストと抱き合わせたこの推奨エンジンは、紆余曲折を経て、ついに、従来のビデオ・レンタルで最もうんざりするハッスルのひとつ――ビデオ店の通路をうろうろ歩き回る実りない金曜日の夜――を排斥した。シネマッチの推奨を参考に自分の希望リストを作れば、一〇本でも二〇本でも好きなだけ見たい映画をリストアップしておくことができる。そして、リストに応じて郵便受けに届く仕組みだ。

ヘイスティングスらは長い年月をかけて製品に磨きをかけ、常に失敗から学び、顧客のハッスル・マップをさらに改善する機会を探してきた。

たとえば、以前は傷など見にくくなる不具合が生じていないか点検するために、返却されたDVDを同時に一〇本ほど高速再生して目視で確認するために人を雇っていた。だが、最終的に、同じ作業を破格の精度で自動的に行う装置を知り、人海戦術は廃れた。

状況の変化に伴って、製品はどんどん高まる顧客の期待に見合うように改善していかなければならない。ヘイスティングスらはこの現実を直観的かつ深遠に受け止めてきた。そして、なにごとも徹底して分析する彼らは常に変化する顧客に対して執拗な調査を行う。ネットフリックスは毎日のように、電話やメール、自宅訪問など平均二〇〇もの個別の調査を行っている（「メディア人類学者」を自認するネットフリックスの社員たちは、実際に同席し、映画やテレビ番組を見ている顧客の行動――どんなときに一時停止ボタンを押すか、リモコンの置き場所、いつどんな理由で視聴をやめるか――を観察する。各地のネットフリックスの施設では、定期的に顧客のフォーカス・グループを集めた会合を開く。ここにはマーケティング専門家やエンジニアも参加し、会合で得た情報をもとにソフトウェアを作成するなどの対応をしている。また、手元に届くまでどれぐらいかかるかといったEメールによる日常的な問い合わせにも真摯に対応する（毎日何万通ものメールを返信している）。差し迫った問題が発生したときは、二四時間以内に調査する体制を整えている。

ネットフリックスの社員は、ヘイスティングスの技術畑を歩んだ経歴と細かい所に徹底的にこだわるやり方は密接に関係していると言う。「ピュア・ソフトウェアの製品は、ソフトウェアのバグを見つけるソフトだった。これはまさにリードの姿勢だ。彼は、ほかの人がすべて順調と思ってもなにか欠点を見つけだす」。これはネットフリックスのエラー率――配送中の損傷やラベル違いのDVD――を一パーセント以下、次に〇・一パーセントに、最後は〇・〇一パーセントに下げることができる考え方だ。下がれば下がるほど顧客のハッスルは排除されていく。

❑　❑　❑

ところで、ヘイスティングスらがビジネスを開始し、構築し、改善しているころ、潜在的なライバル企業はなにをしていたのだろう？

驚いたことになにもしていなかった。何カ月もすぎ、やがて何年も経った。ネットフリックスは相変わらず成長していた。当初はゆっくりとだが、配送速度というトリガーを発見してからは加速度的に成長していた。それでもブロックバスターは動かなかった。ウォルマートもアップルも映画会社もその他大手のメディア企業も動かなかった。ネットフリックスが発見した新しいディマンドは、いかにも手がけそうなライバル企業には見えなかったようだ。

ブロックバスターをはじめ大手企業は、ネットフリックスの船出から四年経った二〇〇三年まで動かなかった。この年、ウォルマートがついに独自のウェブベースのＤＶＤレンタル・サービスに乗り出した。ネットフリックスの株価は下落した。世界最大手の企業がプレスリリースを出しただけでライバル企業たちに戦慄が走った。だが、二〇〇五年、ウォルマートはネットフリックスにささやかな顧客リストを売却し、この業界から撤退した。

同年、ネットフリックスから遅れること五八カ月、ブロックバスターが鳴り物入りで参入した。ブロックバスター・バイ・メールの売りは低価格とネットフリックスを上回る品揃えだった（二万五〇〇〇点対二万点）。またもやネットフリックスの株価は下落した。ここにきて小さなダビデは明らかに困難に直面した。ついに眠れる巨漢の戦士ゴリアテが目覚めたのだ。

だが、ネットフリックスは迅速かつ断固として対応した。まるで何年も前から準備していたかのようだった。値段はブロックバスターに合わせて下げた。映画のラインアップも迅速に拡張した。二〇〇五年末までに品揃えでもブロックバスターを上回り、この優勢を保ったまま現在にいたっている。推奨エンジンの改良もさらに加速した。ダビデは当惑するゴリアテに投石機で何度も石を放ちつづけたのだ。

とはいうものの、ブロックバスターも反撃を開始し、オンライン・ビジネスの開発と販促に五億ドルを注ぎ込んだ。理解に苦しむ戦略だが、当初ブロックバスターは店舗とオンラインの両サービスをまったく切り離していた。このため最大の武器になるはずの広範な店舗チェーンを充分に活用することができなかった。だが、二〇〇七年初めにギア・チェンジした。トータル・アクセスという名称の新しいプログラムを発表し、オンライン・サービスと店舗を直結させたのだ。バイ・メールの顧客はどこのブロックバスターの店舗でもディスクを返却することができるようになった。返却した時点で店舗で一本無料で借りられるレンタル券をもらえ、同時に次のDVDが配送センターから発送される。

この魅力的なパッケージは、長年営業してきたブロックバスターが初めて提供したマグネティックな新製品だった。二〇〇七年第2四半期は、ネットフリックスが史上初めて会員数の**減少**を経験した唯一の時期だった。会員がブロックバスターに鞍替えしたためだ。しばらくはヘイスティングスの最悪の悪夢――眠りから目覚めたブロックバスター――が現実になるのではないかと思われた。だが、トータル・アクセスはふたつの大きな難問を抱えていた。フランチャイズ契約のオーナーたちの多くがこのプログラムへの参加を拒否したことと、無料特典が多すぎて実質的に会員が増えるたびに赤字になっていったことだ。

ヘイスティングスらは数字を分析し、すぐにブロックバスターの戦略は維持できないと判断した。彼らは現状維持の姿勢で製品の品質向上に努め、あわよくばブロックバスターが早い時期にタオルを投げ込んでくれればと祈っていた。

それから数カ月のあいだにダメ押しの事態が発生した。

二〇〇七年半ば、ブロックバスターは財務的に逼迫し、フランチャイズ店からはトータル・アクセスの大幅な変更を求める声が高まった。このため、値上げを敢行し、無料レンタル券の特典を大幅に削減し、店舗に返却する場合は手数料を課すことにした。この新しいトータル・アクセスは、最低料金が月額八・九九ドルで、郵送のみの対応で一回にDVD一枚、最高料金は月額一七・九九ドルで郵送と店舗での返却ができ、一回に三枚借りられる。店舗返却は月五枚までだ。この両プランのあいだにいくつかのオプションも用意したが、顧客は不満を募らせ、わかりにくいという声が上がった。

顧客レビューのウェブサイト、ギズモードはこの戦略転換を分析し、「ブロックバスターのおかげでネットフリックスを勧めやすくなった」と結論づけた。

こうして脅威は取り除かれ、優位に立ったネットフリックスはひたすら成長するのみだった。会員数は再び増えはじめ、二〇〇八年末にはネットフリックスの株式時価総額はブロックバスターの一〇倍に達した。二〇一〇年、ブロックバスターは破綻し、二〇一一年にその資産はオークションに出された。

❏　❏　❏

現在、ネットフリックスのビジネスデザインは申し分ない。二〇〇〇万人を超える会員に、友人に自慢せずにはいられない超マグネティックな製品を順調に提供している。

だが、ヘイスティングスらの関心はすでに次なる段階に移っている。

ＤＶＤにはかつてのＶＨＳのように限界がある。次世代映画配信の主流は映画のダウンロードとビデオ・ストリーミングだ。長年、アメリカ郵政公社に頼ってきたネットフリックスのきわめて効率的な配送マシンは時代遅れになっていくだろう。ゲームのルール変更に伴って、ネットフリックスはすばやく顧客の一歩先、ライバル企業の二歩先を行くことができるだろうか？

いま、その答えが形になりはじめている。

二〇〇八年初頭、ネットフリックスはひそかにストリーミング革命のインフラに進出しはじめた。二〇〇九年半ば、ネットフリックスのストリーミングは、ＰＣ、Ｘｂｏｘ３６０、ソニー・プレーステーション３、サムスンとＬＧのブルーレイディスク、ＴｉＶｏとＲｏｋｕ（ネットフリックスから派生）などの専用ビデオ機器を通じてすでに三〇〇万世帯に配信されている。二〇一〇年には、任天堂のＷｉｉ、アップルのｉＰｈｏｎｅ、ｉＰｏｄタッチ、ｉＰａｄ、アップルＴＶなどさらに機器の数が増えた。同年末には二〇〇種以上の機種で一〇〇〇万を超える会員にサービスを提供するものと予想されていた。

ＤＶＤや郵送システムを打ち切る準備はまだ整っていない。ヘイスティングスらは漸次的に移行していくつもりで、これには数年かかるとみている。「ネットフリックスは三幕ものの戯曲です」と広報のスティーブ・スウィージーは言う。

第一幕は郵便を使ったＤＶＤの宅配です。二〇一〇年には第二幕に突入しました。郵便によるＤＶＤと自宅のテレビやパソコンへのストリーミング・サービスです。そして、ＤＶＤはなくなりストリーミングだけになる第三幕は、予想を上回る速さで到来しつつあります。実際、わが社は二〇一〇年九月から、カナダでDVDなしの純粋なストリーミング配信を開始しました。

アメリカでのDVD宅配サービスはまだ数年は続けていきます。しかし、国外進出の際はストリーミングのみになるでしょう。二〇一一年には次なる国際進出をはたす予定です。

正確な移行のタイミングは予測できないが専門家の予想より早まるものと思われる（アメリカでも二〇一〇年一一月にストリーミングのみのプランが導入された）。だが、その時期がいつになろうとネットフリックスは対応できるだろう。

ストリーミングには新しいビジネスモデルが必要だ。著作権法の「ファースト・セール・ドクトリン（頒布権の消尽）」の下では、DVDを購入した者は実質的に制約されずに販売・レンタルすることができる（同じ理由で中古本も著者・出版社の許諾なしで販売できる）。だが、ストリーミング・コンテンツを配信する際には、所有者・製作者の長期的な収益を約束するライセンス契約を結ばなければならない。

これがネットフリックスの微調整したビジネスモデルの財務的な足かせになるのではないか？必ずしもそうとは言えない。DVDの郵送量が減ってくれば年間五億ドルに上る郵便料金も減り、新たなストリーミング・ビジネスに投資する余裕が生まれるはずだ。スウェージーはこう見ている。「郵送コストが半分になれば、さらに二億五〇〇〇万ドルを映画会社に注ぎ込むことができます。

このウォルマート並みの金額があれば、わが社は映画会社の最大顧客になれるでしょう」

ヘイスティングスらは常に先を見据え、長年にわたってこの分野に働きかけ、映画会社や放送局、製作会社などのコンテンツ・サプライヤーとの関係を築いてきた。「われわれの戦略は」とヘイスティングスは皮肉な笑いを浮かべながら言う。「連中に巨額の小切手を切ることだ」。現在ネットフリックスは、ディズニー・チャンネル、NBCユニバーサル、ワーナー・ブラザーズ、MGM、CBS、二〇世紀フォックス、ライオンズゲート、ニュー・ライン・シネマ、エピックスなどいくつもの会社と契約を結び、何千本もの映画やテレビ番組をストリーミング配信している。

この新しい世界には新しいライバルが現れるものだ。広告収入で運営するビデオ・ストリーミング会社Huluやユーチューブ、ペイー・パー・ビュー方式のダウンロード配信を行うアップルやアマゾン、ペイ・パー・ビュー方式のケーブルテレビ会社コムキャスト・オン・ディマンドなどだ。ネットフリックスのビジネスモデル――月定額制ストリーミング――は他と異なる。目下のところどのモデルも伸びており、ストリーミングは今後アメリカの家庭にさらに浸透していくものとヘイスティングスは期待している。

この大勢が参加するチェスゲームの次なる展開において、ネットフリックスは好位置につけている。とはいえ、次はどんなハッスル・マップが現れるのか？　カギとなるディマンド・トリガーは？　アクセスのしやすさだろうか？　（もしそうなら、ほとんどすべてのメーカーの何百種類もの装置に配信できるネットフリックスは幸先のいいスタートを切ったと言えるだろう）。貴重な独占コンテンツか？　自宅で３Ｄといった顧客経験を高める技術躍進だろうか？　世界中の人々と人気アーティストのイベントを共有するといった、エンタテインメントとソーシャル・ネットワークの結合だろうか？

いまのところその答えは誰にもわからない——リード・ヘイスティングスにさえ。だが、彼がその答えを最初に発見するひとりであることは間違いないだろう。

ネスプレッソが抽出した「存在しなかったディマンド」

ディマンド創出物語にふたつと同じものはない。ネットフリックスは古典的なダビデとゴリアテの物語だ。リード・ヘイスティングスたちの新興企業は、巨大な業界リーダーのすぐ鼻先で広大な新たなディマンドの流れを創出した。

今度は望遠鏡を反対側からのぞいてみよう。大成功を収めた巨大企業が、既存のビジネスモデルにうまく適合しない新しいディマンド創出アイデアの小さな灯を育てようと奮闘努力する話だ。これは、これまで以上にさまざまな紆余曲折を経て、これまでとはまったく異なる試練に挑む物語である。

話は一九七〇年代初頭、スイスのジュネーブにあるバテル・リサーチ研究所からはじまる。ここでは科学者たちがシングルサーブのエスプレッソ・マシンの基本設計に取り組んでいた。一九七四年、この装置の商品化権をスイスに本社を置く世界最大手の食品・飲料会社ネスレが買い取った。その後ネスレは、エンジニアのエリック・ファーブル率いるチームのもとで、一〇年以上の歳月をかけて技術改良を進めた。

八〇年代半ば、ネスプレッソと名づけられた新しいシステムが完成した。ネスプレッソ・マシンは、蒸気を当て、空気を混入させ、抽出するという三段階のプロセスを経て、最適な温度と圧力でコーヒーカプセルから味わいと香りを引き出す。そして、どのコーヒー・メーカーよりも簡単に衛生的においしいコーヒーを淹れることができる。熟練したバリスタのさじ加減が必要な、従来のかさばる故障しがちなエスプレッソ・メーカーとは異なり、この機械はコンパクトで信頼性があり操作が簡単で、その独自の技術は三〇にもおよぶ特許で保護されていた。

ネスプレッソのシステムはコーヒー好きにさまざまな恩恵をもたらした。一回に抽出するのはカップ一杯分だ。このため、飲む人に特別な一杯でもてなされている感じを与える。味・香りの種類も多く、どれもキラキラ輝く色違いのアルミニウム製カプセルに入っている。たとえば、ディナー客に食後のコーヒーを供するときなど、好みに合わせて選んでもらうことができる。ある人にはリストレット（「ラテンアメリカ産の純粋アラビカ豆をベースにした繊細さと、ロブスタ種のコクを組み合わせたもの」）、次の人にはカプリチオ（「満足感を与えるなめらかなエスプレッソ」）、三人目はヴォリユート（「甘く芳醇な若いラテンアメリカ産の豆の、ほのかに花の香りがする味わい」）というように。顧客の多様な好みに応えることがパワフルなディマンド増幅効果——**私にぴったりあった製品**を作ってほしい、そうすればもっとほしくなる——をもたらす。

こうした特色のおかげで、エスプレッソに人一倍うるさい人でも、ネスプレッソのシステムに感銘を受け、こんなコメントを残す。「エスプレッソにこんなに種類があることを初めて知りました……これならおいしいエスプレッソをいつでも飲めます……これはプロの淹れた本格的なコーヒーが作れるすばらしい方法です」

マシンが完成したとき、ネスレにすばらしいディマンド創出の機会が訪れたように見えた。世界で最も人気のある飲み物を作り出す、革新的な特色を誇る便利な新しいテクノロジー。何百万人もの消費者が歓迎してくれるはずだった。だが、ネスプレッソを市場に投入した初期のころは、ディマンドが弱かった。このビジネスに絶滅の危機が訪れたのも一回どころではなかった。

問題はなんだったのか？　答えはトリガーの欠如。というよりも一連のトリガーの欠如と言ったほうがいいだろう。顧客の無気力を克服し、**「潜在的な」**ディマンドを**「真の」**ディマンドに転換するトリガーだ。トリガーの探求はネスプレッソの物語の目玉である。

❏　❏　❏

ネスプレッソの物語を理解するうえでカギとなるのは、非常に大きな成功企業の内部に画期的な新ビジネスを構築することの難しさである。

ネスプレッソにチャンスが訪れたとき、ネスレはすでに世界有数の大企業で、売上は何百億ドルもあり、世界八〇カ国に何十万人もの労働者を抱え、ある評者の言葉を借りれば「来る年も来る年もスイス時計のごとく」律儀に利益を生み出していた。この巨大企業にとって、ネスプレッソの商品化の機会は、ネスレが第四位に甘んじていたロースト&グラウンド（焙煎・粉砕、R&G）コーヒー分野で躍進するきっかけとなる（ネスレはすでにネスカフェ・ブランドでインスタント・コーヒー分野を制していた)。R&Gは世界のコーヒービジネスの七割を占めており、ネスレ経営陣はかねてからこの何億人にも上る顧客に、コーヒーを提供し利益を上げる方法はないかと思案していた。ネスプレッソはその答えになるはずだった。

だが、難しい問題があった。食品・飲料ではなく**「マシン」**のブランドを構築するというアイデアは、ネスレ経営陣の思惑とは真逆だった。ネスレには電化製品業界の経験は皆無だったからだ。そして、既存のビジネスモデルに整合しない真新しい製品を発売するとなると、ネスレの規模と辿ってきた栄光の軌跡は諸刃の剣になる。厳格な経営システムと保守的なスタイルは、まったく異なる市場での実験よりも既存ビジネスの防衛と拡張に適していた。

CEOのヘルムート・マウハーは、昔からネスレのような大企業におけるディマンド・イノベーションの難しさを理解していた。物事を型にとらわれず考えるマウハーは、ミネラル・ウォーターの持つ大きな可能性に目をつけ、ペリエ、ヴィッテルなどのブランドを買収するよう早い時期から会社を説得したひとりでもあった。彼には、成熟市場で新しい潮流を創り出すことはネスレを厳しい競争にさらすことを意味し、ネスレの規模、歴史、文化が資産にも障害にもなることを理解していた。

ネスレの製品ラインに新たにミネラル・ウォーターのような製品を加えても、従来のビジネスを逸脱しないが、ネスプレッソは異色だった。そこで、一九八六年、ネスプレッソを市場に出す準備が整った時点で、彼は新規事業をネスレ本体と分離する策をとった。

そこでまず、新規事業に懐疑的な伝統的企業体質が課す「すぐに利益を出せ」という重圧から守るために、ネスレの完全子会社を設立し、道を挟んで本社の向かいにある自社ビルに事務所を開設した――その規模をうかがわせる象徴的な動きだ。当時ネスプレッソを任されたエグゼクティブ、カミロ・パガーノはこう語っている。

新規事業は物理的にネスレから切り離されたため、信頼性を確立することができたし、本社のルールと戦わずに済みました……イノベーションというものはたちまち組織の抵抗に遭うものです。小さな子会社なら別のやり方を追求することができますし、人々を育て試してみることもできます。そして、万が一失敗しても、それほど大きな痛手にはなりません。

パガーノとエンジニアのファーブル率いる八人のネスプレッソ・チームは、新たな「スカンク・ワークスミネラル」（ロッキード・マーチン社が生み出した最先端技術開発チームのニックネーム）を結成し、コーヒー・ポッド・テクノロジーの商品化にとりかかった。ネスレの伝統的な市場の牙城から離れて新しい業界のパイオニアとなる、喜びと不安の交錯。このときの彼らの心境は想像にかたくない。

だが、残念なことに彼らの試験プログラムの成果はかんばしいものではなかった。彼らはカフェやレストラン、オフィスなどエスプレッソが供される場所で、ネスプレッソ・マシンのマーケティングを行った。ところが、マシンのふたつの大きな長所――コンパクトなサイズと使いやすいこと――はこの種の市場では意味がなかった。たいていのオフィスやレストランのキッチンはカウンタースペースがとくに狭いというわけではなかった。また、バリスタたちもすぐに簡単に入れられるエスプレッソ・メーカーを脅威とみなした。一九八七年までに売れたのは、製造台数の半分にすぎなかった。

普通の大企業ならこの時点で新規事業を打ち切るか売却するだろう。なにゆえ順風満帆な食品・飲料企業が、失敗したキッチン用電化製品の根拠のない可能性に惑わされなければならないのか――ネスレ社内ではこんな疑念が頭をもたげ、特別扱いされているネスプレッソに怒りを募らせる人もいたに違いない。

だが、パガーノはこの新技術が新たな機会探しに値すると主張した。そして、マウハーを説得し、一九八八年、またもや、ジャン・ポール・ガイヤールを招聘しネスプレッソを任せるという異例の行動に出た。

ネスレは外部からエグゼクティブを雇ったことはほとんどなかった。ガイヤールの前職は、巨大タバコ会社フィリップモリスの傘下でファッション・ブランド、マルボロ・クラシックスを立ち上げる仕事だった。パガーノは伝統的な企業に対する「手探りの挑戦」という意味でネスプレッソと同じパターンだと直感した。

ガイヤールは単なる外部の人間というだけでなく、メンタリティの面でも明らかに部外者だった。この強引で口数が多く自慢話が好きな男は、ネスレがこれまで雇ってきたひかえめな、政治的にも社会的にも保守的なチーム・プレーヤーたちとは対照的だった。また、決然と厳しい要求をつきつけ、自分が作ったものではない組織やシステムには耐えられなかった。パガーノは当時を振り返って、「われわれにはネスレ上層部とは異なる行動をとる人間が必要だった」と言う。ガイヤールはまさに適任だった。

就任してまもなく、彼はネスプレッソの未来は家電市場にあると判断した。そして、ネスレ役員会で、この優れた家庭用コーヒー・メーカーは本格的なコーヒーを求める裕福な洗練された主婦層を惹きつけることができると主張した。そのためには、中程度の価格帯でレストランとオフィスを狙った戦略を大転換し、ハイエンドの高級品消費市場を狙う必要がある。これもネスレにはほとんど経験のない分野だった。

ガイヤールにとって逆風だったのは、彼の提案の信憑性を裏づける証拠が不足していたことだ。調査データや市場実験は、家庭用エスプレッソ・メーカーの潜在ディマンドはささやかなもので、コーヒーカプセルひとつの値段が二五スイスサンチーム（約一六セント）を上回ればディマンドが大幅に抑制されることを示していた（ガイヤールの目標価格は四〇サンチーム）。試験的に五カ所の高級家電販売店にネスプレッソ一〇〇台を持ち込み積極的な販促を依頼したが完全な失敗に終わった。売れたのは三〇台に満たなかった。

だが、ガイヤールに事業を中止する気など毛頭なかった。彼は、まもなくネスプレッソに訪れるはずのディマンドの広大な流れを約束する大胆な（必ずしも同意は得られなかったとはいえ）予測を展開し、何日もかけてネスレの役員たちの説得に精を出した。役員会では、失望させる数字は素通りし、数少ない見所をできるかぎり際立たせ、テストマーケティングのデータから最も可能性を感じさせる部分を提示した。そして、おそらくは指をクロスさせながら、ＦＡＸ機器や携帯電話も「初期の試験販売」では惨憺たる結果だったと指摘した。

役員たちはネスプレッソをネスレの食品・飲料ビジネスにはムダなじゃまものだと思っていただろうが、マウハーCEOは型破りなガイヤールを支持した。役員らは内心の疑惑を押し隠して、ガイヤールの実験の継続に同意した。

ガイヤールには、いま一度、蛇口がひねられるのを待っているディマンドが存在することを実証する機会が与えられた。だが、同時に成功へのプレッシャーも高まった。

❏　❏　❏

カフェ、レストラン、オフィス市場への導入に失敗したネスプレッソは、戦略というよりも消去法で家電市場への退却を余儀なくされた。そしてすぐに、革新的な製品だけでは大きなディマンドを生み出すことはできないという、多くの企業が学んできた教訓を学ぶことになる。

当初、家電市場への新しいエスプレッソ・メーカーの販売は思うようには進まず、さまざまな悪影響をもたらした。家電販売店はこのなじみのない機械の仕入れを渋り、種類豊富なコーヒーカプセルを取り揃えておくことを嫌がった。カプセルの売れ行きが滞れば、鮮度が落ち香りが飛んでしまう。これでは顧客の不満を呼び、ネスプレッソのディマンド力も弱まる。この下向きのスパイラルは誕生まもないネスプレッソを破壊する可能性があった。

これは大企業に属する野心的なマネジャーがよく直面する類の危機だった。ガイヤールは、新しいディマンド創出のための実験的手法の必要性とネスレの保守的な企業文化のあいだの緊張関係を巧みに処理した。だが、ここでネスプレッソの売上を一気に増やし、コーヒーカプセルの劣化を食い止めるトリガーを見つけられなければ、すべて水の泡となる。

捨て身のガイヤールはネスレ経営陣に型破りな策を提示した。すなわち、消費者への直販だった。「電話で受注してから、すぐにカプセルを発送します」と彼はうまくいってほしいと願いながら力説した。「便利ですよ、一日で玄関まで届くんです。このサービスの名称はネスプレッソクラブにします。ネスプレッソを買った人が自動的に会員になる仕組みです」

直販はたしかにコーヒーカプセルの鮮度を保証するが、それ自体でいくつもの大きな問題を投げかけることになった。まず、すでにネスプレッソを販売している、あるいは**売ろうともがいている**家電販売店の問題だ。彼らは自分たちを飛び越えて売るという考え方を嫌がるからだ。また、顧客が同じ店でコーヒーカプセルを買えないことになれば、客足が遠のく心配もあった。

さらに悪いことに、ネスレは創業このかた消費者に対する直販経験がまったくなかった。歴史ある数々の成功を収めた大企業に、まったく新しいビジネスモデルを提案すれば、間違いなく反対に遭う（どの企業の経営陣も似たような状況でガイヤールの提案を聞けば、驚きうろたえるだろう。「普通に店で売れないからといって、クラブを作るだと？」）

ガイヤールの甘い言葉とマウハーCEOの口添えでネスレ役員会は直販を承認した。ネスプレッソとその擁護者にとってまさに綱渡り的な瞬間だった。この賭けに負ければネスプレッソは確実に破滅だった。

ガイヤールは意を決してネスプレッソクラブの開設を宣言した。初日、三人が登録した。二日目は、一一人。

三日目は、ひとりも現れなかった。

さすがに自信満々のガイヤールでも考え直さないわけにはいかなかった。

だが、何週間かすぎ何カ月か経つと、一〇人単位になり一〇〇人単位になり、その数はゆっくりと膨らんでいった。いったん入会すると固定客となり、注文額は年間三〇〇ドルから四〇〇ドルに上った。設立二年後の一九九〇年、ネスプレッソクラブはスイス、フランス、日本、アメリカに二七〇〇人の会員を擁するようになった。一九九二年にはドイツ、ベルギー、オランダ、ルクセンブルクに、一九九六年にはスペイン、オーストリア、イギリスにも拡大した。同年末までに、会員数は世界各国で二二万人を超えていた。一年後、その数は三〇万人に達し、ネスレに一億四〇〇〇万ドルの売上をもたらした。

これはネスプレッソの存続に充分な成果だった。この成果はネスプレッソにさながら野球のトリプル・プレーに匹敵するような三つの恩恵――顧客、経営陣、収益――をもたらした。

顧客にとって、直販はコーヒーカプセルの鮮度と一貫した高いサービス水準を保証してくれるものだった。ネスプレッソクラブは四八時間以内に注文の品を届け、二四時間体制で電話（のちにオンライン）での問い合わせに応じてくれた。こうした最上級のサービスによって、ネスプレッソ愛飲者がマシンとコーヒーを楽しむだけでなく友人に勧める確率も高まり、売上を刺激する要因となった（配送センターを新設して配送時間が短縮されるたびにクチコミが広がりネットフリックス会員数が増えたことと同じだ）。

時が経つにつれて、ネスプレッソクラブが提供する顧客サービスは増えていった。期間限定で売り出すコーヒーのお知らせ、年二回発行の《ネスプレッソ・マガジン》誌（世界一五カ国、八言語で配布される美しい「コーヒーの楽しみガイド」）、磁器や銀製のカップ、プレート、ボウル、ミルク泡立て器やミルクヒーター、掃除やカルキ取り関連商品、アイス・クラッシャーといったアクセサリーなどだ。マシンが故障した場合は無料で引き取り、代わりのマシンを貸してくれた。フィルターの洗浄期限に達すると洗浄キットが顧客のもとに送られてきた。

ネスプレッソが最初のトリガーを創り出すことに成功したのは、ほとんど偶然と言っていいだろう。ネスプレッソクラブのおかげで、クチコミが強力なディマンド創出ツールとなった。フランスのネスプレッソ顧客に対する調査では、「大好き！」と答えた人は他のコーヒー・メーカーの倍にあたる七一パーセントに達した。そして、六〇パーセントは、少なくとも月に一回は会話のなかでネスプレッソを讃えると答えた。

ネスプレッソクラブはネスプレッソ経営陣にも恩恵をもたらした。顧客に直接マーケティング・メッセージを伝えたり、ディマンド創出努力に活用できる膨大な顧客データを得ることができるからだ。どのような顧客が最もコーヒーやアクセサリー、菓子類その他の製品を買うのか？　消費行動パターンは時とともにどのように変化するか？　季節に応じて購買習慣が変わるか？　どのような特価品を喜ぶか？　ネスレのマーケッターはネスプレッソクラブが提供したデータでこうした顧客動向を知ることができた。直販で小売業者を通さないのでネスプレッソの利幅は拡大し、そのまま最終利益となった。

おそらく直販モデルを採用したことで最も注目すべき点は、ネスプレッソが五〇〇年も続くコーヒー業界に革命を起こしたことだろう。アップルのｉＰｏｄがｉＴｕｎｅｓストアの「音楽の世界」への、アマゾンのキンドルがアマゾンの「読書の世界」への入口となったように、ネスプレッソ・マシンはクラブ会員が特権的に享受できる「コーヒーの世界」への入口となった。《フィナンシャル・タイムズ》紙コラムニストのジョン・ギャッパーはこう書いている。「ネスプレッソが登場するまで、あの手の物が必要だったとは思ってもいなかった。ネスプレッソを所有しているのは私だが、いまや私のほうが離れられない付属物のようなものだ」

❏　❏　❏

一九九〇年代半ば、新しいエスプレッソ抽出技術が発明されて二〇年以上経って、ようやくディマンドは流れ出した。そして、この時点でネスプレッソはふたつめのトリガー、さらに強力なトリガーを発見した。

一九九四年、新たな市場を求めていたネスプレッソは、航空機のファーストクラスの調理コーナーにマシンを導入した。これが触媒効果をもたらしたのだ。航空会社それ自体は比較的市場規模が小さく、大きな利益をもたらすものではない。だが、ネスプレッソは潜在的な顧客に提供する「トライアル」が大変な影響を生み出すことに気づいた。

最初にネスプレッソを供したのはスイス航空だった。他の航空会社もこれに追随し、マシンの販売台数は少しずつ伸びていった。関係は明らかだった。ファーストクラスの乗客は裕福でよく旅行に出かけ洗練されている。つまり、ネスプレッソの顧客として完璧だった。トライアルの場はファーストクラスのキャビンだけではなかった。フランス、ベルギー、その他ヨーロッパ諸国の高級レストランにもマシンを卸した。政治家やジャーナリストといった厳選したオピニオン・リーダーたちには、オフィスでＶＩＰ客に振る舞ってもらえるように、**「無料」**でマシンを提供した。こうしてネスプレッソの売上は上向きはじめた。ガイヤールらは、またもや偶然に最も強力なトリガーを、顧客がネスプレッソを**自分で試してみる機会**を見つけることができた。その後数年間、さまざまな形式、場所でトライアルが実施され、次第に何千人、やがては何百万人ものコーヒー愛好家がネスプレッソの顧客に転じていった。

一九九七年八月、気骨あるジャン・ポール・ガイヤールがネスプレッソを去った。彼は当初ネスレの別部門へ移ったがその後ネスレを退社した。後任は、オランダ生まれのネスレはえぬきのヘンク・クワクマンだった。頑固なカウボーイ、ガイヤールとは異なり、彼は典型的なネスレ型マネジャーだったが、ガイヤールが先鞭をつけたイノベーションを縮小するどころかさらに推し進めた。だが、ガイヤールと違ったのは、ディマンド創出戦略の基礎作りに、徹底した顧客調査の重要性を力説したことだ。彼は就任して二カ月も経たないうちに、**顧客にとってのエスプレッソの意味**をより徹底的に調査するよう命じた。コーヒー好きに自然にネスプレッソを選んでもらえるために必要なステップを特定し、その結果、着実だが歩みの遅い成長を劇的に加速できると考えたからだ。

調査はヨーロッパ五カ国で実施され、いくつか重要な事実が判明した。まず、エスプレッソは顧客にとって**強く「感情」に訴えかける**飲み物であることがわかった。感情の喚起は口に含んだときにはじまる。その味わいは、口のなかでできれば瞬間的に一気に広がるのが理想的だ。クワクマンの洒落た表現を借りると「舌《タン》の上のタンゴ」ということになる。しかし、ここで終わるわけではない。エスプレッソを愛する人は無形の特質と結びついている。たとえば、高級レストランでのおいしい食事が象徴するようなよい人生、スタイリッシュ、トレンドに敏感、目が肥えている、「イタリア的」などだ。つまり、エスプレッソは、朝のコーヒーのような実利的な世界とはかけ離れた**「セクシー」**な飲み物だということだ。

ネスプレッソは完璧なマシンを作るために技術面で努力を続けてきた。その努力をムダにしないためにも、最後の開発段階の少し手前で歩みを止め、エスプレッソ愛好家の無言の期待と願いを拾い上げ表現するために感情に訴える製品作りを考えるべきだ、とクワクマンらは気づいた。

調査チームはさらに掘り下げた。回答者の約一五パーセントはエスプレッソ・メーカーを購入したことがあったが、大半は失望していた。ほとんどはネスプレッソ以前の従来の機器で、表面の泡立つ**「クレマ」**もなく、味の濃厚さに欠け、香りの選択肢があまりにも少ない物足りないものだった。そして、所有者の半数が使っていないと答えた。

最終的に、エスプレッソ愛好家のなかでネスプレッソの名前を聞いたことがある人は一パーセントにすぎないことが判明した。ネスプレッソの購入者はおおむね喜んでいたが、そのコメントに熱は感じられず、マシン自体がいくら優れていようと真のマグネティックな魅力にはならないことを示していた。また、抽出後のカプセルを片づける際にキッチン・カウンターや床にどうしてもコーヒーの滴《しずく》が垂れてしまうなど、小さな苛立ちをおぼえるハッスルに言及した人も多かった。

調査結果はいずれも、大規模なディマンドの突破口を開くまでの道のりはまだ遠いことを示す意気消沈させる内容だった。ところがクワクマンは喜んだ。滴がこぼれると不満を言われてもだ。「問題が見つかるということは、ビジネスが見つかるということだ」、と彼は世界の偉大なハッスルの改善者たちと同じ哲学を口にした。

クワクマンらは、心に刻み込んだ新しい洞察とコーヒー愛好家の心情をベースにネスプレッソの再建にとりかかった。これはマシン自体の再設計からはじまり、完成するまで二年近く要した。滴が垂れる問題などはささいな挑戦だった（抽出後の空のカプセルが自動的に排出され、貯まる区画を設ければ解決した）。彼らは、従来の四角い黒い箱からスタイリッシュでセクシーな機器――クワクマンの言う「コーヒーのアルマーニ」――に作り変えるために、家電メーカーと協力し、さまざまな課題を克服した。そして、何カ月もの実験を経て、流線形のアール・デコ風のものから色鮮やかな艶消しステンレスが特徴のウルトラモダンなもの（《ニューヨーク》誌いわく、「目新しい道具好きを魅惑し、パーク・アベニューの古臭いキッチンを現代的に変えるレーシングカーのような流線形のマシン」）まで一連の製品が完成した。

製品のマグネティックな訴求力をさらに高めるために、クワクマンらはデザイナーとこの新しいブランドにふさわしいロゴを考案した。彼はこう回想する。「私はナイキの熱狂的なファンだった。キャップやTシャツ、ズボン、運動靴についていたあのシンボルがたまらなく好きだった。『Nike』と何度も繰り返さなくても、常にナイキをイメージさせる」。そして、マシン、コーヒーのパッケージ、カップやスプーンにまで、互い違いに重ねた一足のハイヒールにも見える、新しく図案化された「N」のロゴがお目見えし、シャネルやメルセデス・ベンツのシンボルのように、プレミアムな輝きを放った。

この種のデザイン・イノベーションは製品訴求力の強化に向けた大きな一歩だった。こうして、ネスプレッソは足りなかった感情的エネルギーを見出した。

同時に、クワクマンはこの製品を顧客がもっと買いやすいものにしたいと考えていた。これには大幅な値下げが必要だった。彼は小売価格を下げることで多少なりとも財務的負担が生じると考え、ネスプレッソの製造関係者たちと折衝した。実際、この新製品は売れ行き好調が見込まれ量産によって製造コストが激減するとネスレを説得し、資金を引き出していた。最終的に、新しい製品ラインの価格帯は、一九九ドルから二〇〇〇ドル強（キッチンの水道管に直結させた多機能マシン）となった。

現在ネスプレッソは、大多数のコーヒー好きが許容できる値段で提供されている。ディマンドはすぐに反応した。

だが、クワクマンの仕事はここで終わったわけではなかった。まだ、やり残したことがあった。「マーケティング努力に対するわれわれの意識はまだ低い。クチコミのスピードは遅い。なんらかの方法でネスプレッソのコンセプトを知ってもらわなければならない」

こういうときの当然の解決策は広告だった。だが、ネスプレッソの雑誌広告にはほとんど効果は見られなかった。彼は広告戦略を再考し、トライアルの力を活用することにした。広告がネスプレッソを試そうとする機会をいくらかでも刺激するとしても、それが単なるブランド認知に終わらず行動に移させるトリガーになるだろうか？

解決策は印刷広告からテレビCMへの移行だった。たしかに経費はかさむが、テレビという媒体は、単に文字で説明するよりもはるかにネスプレッソの美しさ、簡単さ、スピード、優雅さを**鮮やかに表してくれる**。そのインパクトは計り知れなかった。そして、二〇〇〇年のクリスマス商戦にCMがはじまると、ディマンドは何倍にも増えた。

テレビCMという間接的な形態で使用されたトライアルだが、トリガーとしての力を実証してみせた。

❏　❏　❏

クワクマンはトライアルの力をいっそう高く評価するようになり、潜在的な顧客を取り込む創意工夫を凝らした。

彼らはファーストクラスでネスプレッソを提供する航空会社の数を増やした。二〇〇〇年には二〇社一一〇〇機にマシンが搭載され、年間三五〇万人の乗客がネスプレッソの香りと味わいを体験した。

だが、機内でエスプレッソを味わうよりも効果的だったのは、マシンを実演する機会だった。ネスプレッソは販売店に、店頭展示に終わらない販売努力を展開するよう熱心に働きかけた。二〇〇〇年、ネスプレッソはヨーロッパ全土とアメリカの小売業者に対して、広範な実演販売のトレーニングを行った。また、顧客に「エスプレッソ・マシンを買うとしたらどこの店で買うか」を尋ね、取扱店舗のリストを作成し、名前が挙がった店と販売契約を結んだ。やがて何百店もの小売店がネスプレッソを置くようになり、この楽しく簡単に使える機器の実演販売を行った。

トライアルというトリガーをさらに高める新発見もあった。それはじつにシンプルなものだった。多くの店舗がネスプレッソの実演販売を行っていたが、一部に一歩踏み出して実際に抽出したコーヒーの試飲を勧めた店があった。

結果は驚くべきものだった。調査してみると、**マシンとコーヒー両方のトライアル**を行った店舗は、マシンの実演のみの場合の**六倍も売れていた**のだ。

試飲することが重要なトリガーになることは誰の目にも明らかだった。だが、これはあくまでも後から振り返ってわかることだ。二〇〇七～一〇年にかけて、何十万人もの顧客が**一度も見ずに**キンドルを購入した（二〇一〇年半ばにターゲットの一部店舗で売り出すまで、キンドルは小売店では購入できなかった）。

様子見客を顧客に変えるトリガーは、演繹的な論法や他のビジネスの実例からは導き出せない。実際に試してみたときに、なにが起きるかを見極めるのだ。トライアルが必要ない製品もあれば、ネスプレッソのようにトライアルに依存する製品もある。顧客が製品を好きになるチャンスを与えれば、多くの顧客が好きになってくれるだろう。だが、トライアルなしでは「なにも起きない」——これはディマンドの世界で最も怖い言葉だ。

トライアルがもたらした六倍という力は、ネスプレッソのディマンドの水門をこじ開けた。ネスプレッソの役員たちは、イヴロシェなどの高級化粧品メーカーの先例にならって、デパートの売場に働きかけた。「貴重なスペースを二〇平方メートルを貸していただけませんか？　ネスプレッソの店舗を開設し、訓練したわが社の社員が実演販売を行い、お客様にカップ一杯のコーヒーを提供します。わが社のスタッフがマシンを売って、そちらに売上が発生するわけです」

最初にこのオファーを受諾したデパートは、パリのギャラリー・ラファイエットだった。ここでのマシンの売上台数は、年間五〇台から七〇〇台近くに増えた。すると、ヨーロッパの大手小売チェーンはこぞってネスプレッソの出店を誘致するようになった。

この成功によってさらに型破りで斬新なディマンド創出戦略が登場し、現在、世界で最もスタイリッシュな二〇〇都市の繁華街で展開されている。ネスプレッソの小売店チェーンだ。これもまた、保守的なネスレにしてみれば前例のない行動だった。

ネスレの役員会はまたもや不安をよぎらせながら、再度この大胆な挑戦を受け入れた。二〇〇一年、パリの中心部にネスプレッソ・ブティックが試験的にオープンした。売上が期待をはるかに上回った時点で、クワクマンは店舗数拡大のゴーサインを出した。一流建築家がデザインした、磨き上げられた木材や金属、ガラス・パネルがキラキラと輝くネスプレッソ・ブティックは現在二〇〇店舗を数え、チューリッヒ、ミラノ、ロンドン、東京、リオデジャネイロ、ニューヨークなど世界で最も魅惑的な都市の大通りに店を構えている。店内には専門スタッフが常駐し、マシンの選び方やコーヒーの種類の説明を行っており、コーヒーとお菓子まで提供している。マシンやコーヒーを試すことができるネスプレッソ・ブティックは、最も人々を惹きつけることができる手段である。

忙しい朝には、シャンゼリゼの一号店の周囲に列ができる。新製品が発売されたときに、触ってみたいと人が殺到するアップル・ストアと同じだ。ネスプレッソの売上はブティックの登場とともにに急上昇し、年間成長率は二〇〇一年に二八パーセントだったのが、翌年には三四パーセント、二〇〇三年には三七パーセント、ついに二〇〇四年には四二パーセントに達した。これはアップルが同じ年に二〇〇以上の店舗を出店した際の売上急騰と不思議なほど酷似している。

現在、充分なスタッフを置いたブティックの数は着実に増えており、社員の八割は消費者と直接接する仕事に就いている。このため、貴重な顧客の声がフィードバックされ、ネスプレッソは常にディマンド変化の一歩先を行くことができる。

こんにちのネスプレッソの成功は、親しみやすいジョージ・クルーニーを起用した昨今の宣伝活動とヨットレースのアメリカズ・カップやカンヌ映画祭などのスポンサー活動のおかげだと言う人も多い。だが、クルーニーの広告キャンペーンがはじまったのは二〇〇六年で、ネスプレッソ成長の主因とは言えない。広告はネスプレッソのブランド認知には役立ったが、本当に顧客を掘り起こしたのは、航空機、デパート、専門ブティックなどのトライアル生成マシンだった。

ネスプレッソの様子見客を顧客に転換する挑戦は、他の企業と同様にまだまだ続く。われわれの調査では、五七パーセントの顧客が、ネスプレッソの名前を知ってから最終的にマシンを買うまで一年以上の時間差があったと答えている。ふたつの強力なトリガーがなければ、真のディマンドの出現はなかっただろう。現在、新規顧客のおよそ半数はクチコミ、残り半数は家電ストアかネスプレッソ・ブティックでの無料トライアルがトリガーとなっている。

ジップカーの「密度」、ネットフリックスの「配送速度」と同様に、**「トライアル」**はネスプレッソのディマンド沸騰に不可欠のトリガーだった。

各トリガーは独立した要因ではなく、互いに強化しあうことも多い。とりわけ、最も効果的だが最も作り出しにくいトリガーのひとつである、クチコミの場合はそうだ。ありがたいことにマグネティックな製品には、顧客がしゃべりたくなるようなストーリーの要素が備わっている。この要素が製品のマグネティックな魅力を高めるトリガーであると同時に、クチコミを促進して売上を伸ばすというポジティブ・スパイラルを生み、自己強化していく。ネスプレッソはこのダイナミックな働きを実証している。現在、ネスプレッソの新規顧客の五〇パーセントは紹介だ。友人や家族と一緒においしいコーヒーを楽しむことほど自然なことはない。そうすれば、当然のことながらすばらしいコーヒー・メーカーへの興味が湧き、一台お買い上げということにもなる。

クワクマンは彼らしいひかえめな方法で、型破りなガイヤール以上の創造性や勇気を発揮する。製品に対する感情が不可欠であることを発見し、時間と労力を注ぎ込んでネスプレッソをスタイリッシュでセクシーで効率的な製品に変身させた。そして、先頭に立って、その豪華なイメージを強化するための広告やデザイン・プログラムを作り上げた。なかでも、ネスプレッソをデパートに出店することでトライアルの力を活用し、仲間たちにネスプレッソ・ブティックへの投資を説得したことは大きかった。これはライバル企業なら決して挑戦することのない大きな賭けだった。ネスプレッソはその賭けに大勝した。

❏　❏　❏

ネスプレッソの物語は、潜在的なディマンドを現実のものにするトリガーが発見できるかどうか

にかかっていた。だが、もちろんディマンドにはさまざまな顔がある。成功を継続させるためにネスプレッソに必要な要素は、すばらしい顧客体験につながる一連のバックストーリーの充実だ。

われわれはすでに、抽出システムの背後の技術発明、ネスプレッソクラブのスタッフが提供する質の高いサービス、製品トライアルを楽しく接しやすいものにするための小売店スタッフの訓練など、多くのバックストーリーを見てきた。だが、ほかにもある。ネスプレッソ製品専門のサプライチェーンの構築を積極的に行ったことだ。これは、ネスレゆずりの長期的視野を反映した策である。

クワクマンはネスレの役員、ルパート・ガッサーのおかげだと言う。クワクマンが「昔ながらのコーヒー・マン」と称するガッサーは、長年ネスプレッソ事業の支持者だった。二〇〇〇年、ネスプレッソが急成長をはじめると、ガッサーは親会社からのコーヒーの供給を打ち切るべきときが到来したと決断し、クワクマンにこう言った。「もしギャラリーを経営するつもりなら、いずれはアートについて学ばなければならない。コーヒー・ブティックを経営するつもりなら、コーヒーを学ばなければばならないだろう」

ガッサーの励ましとネスレからの莫大な投資のおかげで、ネスプレッソは独自の供給網を構築しはじめた。製品の品質を監視し、その知識を営業部門やサービス部門に授けるために、コーヒー専門家をスタッフに加えた。二〇〇二年には、スイスのオルブにコーヒーカプセル専用の工場を設立した。現在は、コーヒー豆の専門家たちがブラジル、コロンビアから西アフリカにおよぶコーヒー農園を訪れ、仲介業者や生産者に会い、畑を選び、コーヒー豆を選別している。すべては破格に高い製品水準を維持し、ディマンドを継続的に拡大するためだ。

いまや顧客が期待するようになった「舌《タン》の上のタンゴ」にときめきを感じなくなる日が来るとは思いたくない。ネスプレッソはそんなことが起きないように、バックストーリーへの投資を続けている。

クワクマンは二〇〇二年にネスレ内で別のポストに就いた。彼の後任のCEOは事業の成長をさらに推し進めた。二〇〇七年、新CEO、リチャード・ジラルドはブティックの数を倍以上の五〇〇店に拡大すると発表した。

ジラルドに、ネスプレッソは顧客変化をどのようにして追跡しようとしているのか尋ねると、一分ほど考えてこう答えた。「われわれの最も重要な仕事は『**聞く**』ことです。わが社には一〇〇〇万人の顧客がいて、常になにが好きでなにが嫌いかを教えてくれています。そして、常にアイデアをくれます。顧客は一番の営業マンなのです。**心から製品の『心配』**をしてくれています」

彼は自分のiPhoneを指差して言った。「今日も顧客から三通のメールが届きました。こういったメールにこそ注力すべきなのです。たいていの答えはここにあるのですから。われわれは聞くだけでいいんです。

品質に対する熱狂的な愛情が込められたメッセージがいつも届きます。だからこそ、今日も明日も時間をかけて世界中を回り、最高のコーヒー農園を探すのです。すでに四万人の生産者と関係を築いてきましたが、常に新しい生産者を探していて、必要なら援助も惜しみません。絶対的な最高のコーヒーを見つけることからネスプレッソ・マジックがはじまるのです。われわれも顧客と一緒でコーヒー豆にはかなり熱狂的ですよ」

現在、ネスプレッソはネスレのなかで最も速く成長を遂げているブランドである。二〇〇五〜一〇年の年間成長率は三〇パーセントを超える（世界金融危機があったにもかかわらず）。二〇〇九年、ネスプレッソは巨大な親会社の成長（買収を除く）の五分の一を担った。ネスプレッソクラブの会員数は一〇〇〇万人を超え、シングル・サーブ・コーヒー分野のヨーロッパ市場のリーダーでもある。二〇一〇年四月、ネスプレッソは堂々と、イタリアのライバル企業ラバッツァの売上を上回ったことを発表した。年間売上は三〇億ドルに近づいている。スターバックスの一〇〇億ドルにはまだおよばないが、年間販売杯数はスターバックス全店を上回っている。

ネスプレッソは現在、いくつか問題を抱えている。ひとつは、ディマンドの流れをそらさないための法廷闘争だ。ネスプレッソ・デザインの独占権を守る特許を取得しているにもかかわらず、少なくとも二社がネスプレッソ・マシンに適合するコーヒーカプセルを販売しようとしている。そのうちの一社がほかでもない、ジャン・ポール・ガイヤール率いる新興企業エシカル・コーヒー・カンパニーだ。

カプセルの収益は馬鹿にできない。ひとつ五五〜六二セントという値段は微々たるものだが、一〇〇〇万人の顧客が一日に消費する量を掛け合わせれば、防衛戦争を起こすに値する大きな売上をもたらしている。

挑戦に対する準備は整っている。何十年にもわたる実験と、苦労して開発したトリガーが圧倒的な優位性をもたらすからだ。ジラルドは言う。「ライバル社がこの市場に参入するなら、私は『がんばって』と言いたいですね。思い上がっているとは思われたくないですが、ネスプレッソが二〇年以上やってきた仕事は簡単に真似できるものではありません」

「わが社の対応は」と彼は笑いながら言った。「なにも対応しないことです」

ふたつめの問題はヨーロッパの外への進出だ。とりわけ、北米市場では単なる足掛かり以上の成長を目指している。キューリグ（親会社はグリーン・マウンテン・コーヒー）、フラビア（キャンディ帝国マースの一画）、イタリアのラバッツァ、イリーなどのライバル企業は、ネスプレッソに先んじてすでにアメリカ市場に浸透しているが、ネスプレッソに匹敵する高級感やマグネティックな魅力を持つ企業は見当たらない。

とはいえ、ネスプレッソにとってより大きな問題は市場の特性だろう。アメリカ人はヨーロッパの人々のようなエスプレッソ愛飲家ではない——少なくとも現時点では。全米コーヒー協会によれば、週に最低一回はコーヒーを飲む成人アメリカ人の割合は六八パーセントで、エスプレッソとなるとその数は八パーセントにすぎない。だが、米国市場は急激に発展している。ネスプレッソは、アメリカにおけるエスプレッソの将来的な成長を促し、その波に乗るための好位置につけていると言える。この五年で、アメリカの売上は一五〇〇万ドルから一億五〇〇〇万ドルに成長した。

ネスプレッソの歴史は注目に値する、地図に載っていない領域を探求する物語だ。ディマンド創出とは不可知の存在に敬意を払い、発見し、作り直すことにほかならない。ネスプレッソはこれを繰り返し行い、この先も同じように続けていく。クワクマンが言ったように「なにか新しいものを市場に送り出すパイオニアになろうとするなら、お手本もなければ地図もない。だから、できることは試してみるだけだ。なにが起きるかは誰にもわからない。試して発見して、早く学べば学ぶほど早く進むことができる」

見事な成功にもかかわらず、ネスプレッソが「発見」に対する意欲を持ちつづけていることが明解に読みとれる。

5 トラジェクトリー――魅力を「進化」させ、新しい需要層を掘り起こす

Trajectory ①製品のマグネティックな特色が時間とともに高まっていく進度。②ディマンドの新しい層を拓くカギとなる急激なパフォーマンスの改善（技術、感情、価格、コンテンツ）。

より速くより賢く――新しい教育のディマンドを創り出す

「なにごとも真に満ちたりることはない」――『すばらしい新世界』の著者で、小説家・評論家のオルダス・ハックスリーの好きな言葉だ。これまでわれわれは、ディマンドの世界にもこの原則が生きていることを幾度となく目にしてきた。ディマンド・クリエーターにとって、マグネティックな製品を作ることは不可欠だが、それだけでは充分ではない。同時に、顧客のハッスル・マップを理解し、そのハッスルを軽減あるいは完全に排除する形で全体像を作る方法を見つけなければならないからだ。顧客の感情的な結びつきも重要だが、**「それだけ」**では足りない。同時に、すべてのバックストーリー要素が正しく配置されているかどうかを確認しなければならない。そうすれば「不完全な製品の呪い」を避けることができる。だが、それでもまだ足りない。消費者の無関心に打ち勝ち、潜在的なディマンド力を真のディマンドに転換したいと思うなら、最も強力なトリガー

を見つけ、効果的に配備展開する必要がある。

そして、偉大なディマンド・クリエーターなら本能的にわかっていることだが、ディマンドの大潮流を作り出すだけでは不充分である。常に変化しつづける顧客の上がりつづける期待に応え、さらにはその期待を超えるためにひたすら改善しつづける必要がある。ベストタイムを〇・一秒縮めるために一年中トレーニングを積み、ときにはパフォーマンスを驚異的なレベルに飛躍させる劇的な新技術を考案し、競技そのものを変革してしまう一流のオリンピック選手と同じで、ディマンド・クリエーターも常にトレーニングを積み、より速くよくする方法を探している。

トラジェクトリーとは、発売後の製品が改善されていく進度だ。トラジェクトリーの道のりが険しければ険しいほど顧客にとってはありがたい。改善進度が五度のゆるい坂の製品もあれば、四五度の急坂を描くものもある。険しいトラジェクトリーは、現在の顧客を満足させ、新たな顧客を惹きつける。さらには、ライバルを怖気づかせる効果もある――**「われわれが創出したディマンドを奪うなら、わが社の製品と同等ではダメだ。なぜなら、貴社がこの市場に参入するころ、われわれはこの山を三キロメートル先まで登っているからだ」**

トラジェクトリーという考え方がディマンド創出の勝敗をわけることも多い。フェイスブックがSNSサイトで二位に甘んじていたのはそれほど昔のことではない。当時、一位はマイスペースだった。だが、ニューズ・コーポレーションは二〇〇五年にマイスペースを買収したがイノベーションへの投資に失敗し、一方のフェイスブックは一気にチャージをかけた。二〇〇九年、フェイスブックがマイスペースに代わって一位の座に着いた。もはや両社が競っていたことを思い出すのも難しくなった。

❏　❏　❏

急勾配のトラジェクトリーを構築するためにリード・ヘイスティングスがやったのは、近年最も注目を集めた科学的な挑戦、賞金一〇〇万ドルのネットフリックス賞を争うコンテストだった。これは、同社のシネマッチ映画推奨エンジンの予測精度を一〇パーセント以上改善した者が勝者というレースだった。

このユニークなコンテストは二〇〇六年一〇月にはじまり、世界一八〇カ国、三万五〇〇〇人以上が参加した。大学の専門家チーム、シンクタンク、企業の研究所などチームで参加した人もいれば、心理学者のギャビン・ポッターのように個人で参加した人もいた。ポッターは、高校の第四学年だった娘エミリーに数学の協力をあおぎつつ、行動経済学の知識を活かした独自のアプローチを展開した（無謀に聞こえるかもしれないが、彼は六位まで上り詰めた）。

世界中の人々がスポーツを観戦するように、この科学者たちのレースの行方を見守った。そして、二〇〇九年九月、ネットフリックス賞は、七名の数学、技術、コンピュータ専門家チームが結成したベルコルズ・プラグマティック・カオスが受賞した。

映画推奨エンジンの予測精度の一〇パーセント改善、と聞くとたいしたことはないように思えるかもしれない。だが、優れた的確な推奨エンジンの提供は、ネットフリックスをさらにマグネティックにするために不可欠なハッスル軽減ツールだ。このコンテストのおかげで映画ファンの嗜好に関する多くの新しい洞察がもたらされた。たとえば、ある映画に対する顧客の評価は時間とともに変化する傾向があることがわかった。ロビン・ウィリアムズの感傷的な映画『パッチ・アダムス』の評価は、見終わった直後は高いが、時間が経つと著しく評価が下がる。複雑な心理スリラー物『メメント』は逆のパターンで、見終わって数日、数週間経つと評価が上がっていく傾向が見られた（後になってもつれたプロットが次第に解けていくからだ）。

また、ジャンル、様式、年代、俳優といったカテゴリーに基づく推論が当てはまることもわかった。ジョン・ウェインのある西部劇が好きならおそらく別の西部劇も好きなはずだ。ただし、一部、この種の分類にあてはまらない映画もある。たとえば、突拍子もないインディーズ映画『ハッカビーズ』と『バス男』だ。いずれも人々の反応は大嫌いか大好きという極端なもので、論理的なグループ化はできない（特殊な例だが、『ハッカビーズ』が好きだからといって『バス男』が好きとはかぎらない）。

発見はまだあった。勝者となったベルコルズは、ネットフリックスの顧客の評価は、そのときの気分に左右されることを発見した。言うまでもないことだと思うかもしれないが、この発見は有用だがとらえどころがない明らかな共振現象を示している。ネットフリックスの会員がウェブサイトを訪れ、見終わった映画に悪い評価を書きこんだとする。そして、ついでにほかの映画の評価も書いておこうとすると、思っていたより低く評価してしまう。これは一時的な偏向というもので、勝者チームはこれを自分たちのシステムでいかに予測し修正するかを学んだ。

ネットフリックスが映画選択の技術を常に高めるのには理由があった。ネットフリックスが間違った映画を推奨してくるたびに、顧客は失望し、腹が立ったり悪態をついたりするだろう。つまり、会社側がこれを一〇パーセント改善すれば、おそらく賞金一〇〇万ドルなどはるかに超える顧客維持につながることになる（実際、顧客満足度と顧客維持率はすでに上向きはじめているという）。

ネットフリックス賞は、リード・ヘイスティングスをトップのディマンド・クリエーターに仕立て上げた特質のひとつを物語っている。彼は長年マグネティックな製品を創るために奮闘してきたが、一度として歩みを止めたことはなかった。彼と彼のチームはひたすら前に進み、顧客のためになる方法を実験しつづけてきた。この急勾配がネットフリックスにマグネティックな魅力を与え、何百万人もの顧客たちの、製品に関する活発なやりとりを生み出している。

❏　❏　❏

急勾配のトラジェクトリーの見事な例を取り上げてみよう。これは、アメリカ人の大半、そして、多くの専門家が、「いかなる」改善もほとんど不可能と断定した分野で起きた。その分野とは、長年悲観的な数字や頭の痛い財源不足、政治的な不調和が権勢をふるってきた学校教育の世界だ。

寄付を募った二五〇万ドルの立ち上げ資金とプリンストン大学の卒論で温めてきたアイデアを携えて、この世界に飛びこんだのは二二歳の女性だった。アメリカの教育に必要なのは、改善ゼロの状態からトラジェクトリーを上向ける方法である。これがウェンディ・コップの見解だった。その原動力となったのが、彼女が設立したNPO法人ティーチ・フォー・アメリカ（TFA）だった。現在、TFAは進化中のパワフルな教育改革運動の中心を担っている。TFAは、アメリカの教育の将来にとって非常に重要な三つの次元で、急勾配のトラジェクトリーを上りはじめている。コップの旅は、プリンストン大学四年生だった一九八八年にはじまった。このとき彼女は、アメリカの教育システムの改善を切望する教師たちのハッスル・マップに遭遇した。

私は職探しにうんざりし、実りある答えを見つけたいと思っていた。教えることが向いているのかもしれない。私はそう思って就職課を訪ねた。そして、毎年一〇〜二〇人の学生に教職免許の取得を手助けしてくれる教職準備室を紹介された。だが、そのプログラムに参加するには時期が遅すぎた。すると、係の人がファイル・キャビネットを指さした。そこには就職申込書と全国の学区から寄せられた資格要件がぎっしり詰まっていて、いろんな色の専門用語だらけの種々雑多な紙がごちゃ混ぜになっていた。

普通の若者なら目を回して教師をあきらめるだろう。だが、コップは、リード・ヘイスティングスやマイケル・ブルームバーグといったディマンド・クリエーターたちと同様に、このハッスル・マップは機会を提供してくれると考えた。そして、アメリカの一流大学の優秀な学生たちが本当に就きたがっている仕事と伝統的に送りこまれる仕事のあいだには大きなギャップがあることにも気づいた。また、落ちこぼれの危険がある児童や生徒に対する教育と彼らが必要とする教育のあいだにも同様の巨大なギャップがあることもわかった。

コップはこうしたディマンドのミスマッチについてじっくり考え、ひとつのアイデアを思いついた。ピースコープ（平和部隊）をモデルにしたティーチャーズ・コープ（教員部隊）を創ればいい。それなら、官僚的な雇用の壁も回避できるし、喜んで二年間教職に就こうという大卒者を採用することができる。経験を積んだ教師が彼らに実践的な集中訓練を施し、訓練を終えた者は、若い才能を待ち望む貧しい田舎町や都市の学区の求人に応じて教職に就く。彼らには有意義な教員生活を送れるように常にフィードバックやモニタリング、援助が提供される。

友人たちの多くは彼女と同じように充実した仕事を求めていた。これは非常にマグネティックな選択肢であり、真に世界を変えるきっかけになる。コップは友人たちがそう考えるに違いないと確信した。そして、この教員部隊が教職を目指す頭のよい有能な若者たちのディマンドを活性化し、充足することができれば、今度はこの理想的な若い教師たちがアメリカで最もなおざりにされた学区の生徒に対して質の高い教育を提供するという新しいディマンドを活性化することができるはずだ。

コップは早速仕事にとりかかった。まず、教育目的の助成金を企業から集め、各地の大学をめぐって関係作りをするために、彼女のような卒業してまもない社会意識の高いスタッフを五人雇った。それから一年のあいだに、TFAの一期生となる総勢五〇〇人を採用した。夏に集中訓練を施し、TFAが必要とみなした地方の学区に送りこんだ。彼らが全国の教壇に立ったのは、一九九〇年秋のことだった。TFAは走り出した。

見事な門出だった。教職に就きたいと思っているアメリカの若い大卒者に対する隠れたディマンドがあるはずだというコップの確信が初めて実証されたのだ。だが、まだスタートしただけのことだった。コップはＴＦＡを設立する前からトラジェクトリーという考え方を実践してきた。彼女はこう書いている。「ＴＦＡの活動を堂々と開始することができてはじめて、われわれの努力の緊急性と重要性を伝えることができるだろう」

一九九九年、コップの教員採用チームのスタッフは一〇人だった。二〇一〇年にはその数は一四二人に増え、全国三五〇校を超える大学の有給の学生代表者と仕事をしている。現在、ＴＦＡの採用担当者は、大手コンサルティング企業や投資銀行と同じように一流大学のキャンパスに常駐している。また、州立大学やヒストリカリー・ブラック・カレッジ（公民権法制定以前から黒人教育のために設立されていた大学）、その他数多くの公共機関などにも常駐しており、大学の教職員や就職相談員、最も優秀な学生を推薦してくれる学部長らと密接に連絡を取り合っている。学生自治会の幹部や、黒人系、ラテンアメリカ系の学生リーダー、友愛会の会長にいたるまで、彼らが会っていない人はほとんどいない。

ＴＦＡはスラム街で教壇に立つ大変さを伝えていないから応募者が殺到するのではないかと思うかもしれない。乏しい教材で長時間教壇に立ち、周囲は殺伐としていて、行きつ戻りつでなかなか進歩が見えず失望感にさいなまれる現実を軽んじているのではないかと。だが、真実はまったく逆だ。ＴＦＡの採用担当ディレクター、エリッサ・クラップはこう語っている。

> 私たちが提供する仕事は途方もなく難しい仕事です。だから、そこをわかってもらうためにとても努力しています。私たちは障害があっても前に進むことができる人を求めています。教室に魔法をかけるために必要な地味な努力を喜んでしてくれる人です。「魔法のようになにか

をするのではなく、一所懸命仕事をすることが魔法だ」。これが私たちのモットーです。だから、うちのメンバーと新卒者をキャンパスに送りこみ、応募したいと思っている学生に実状を伝えています。私たちが求めているのは、自分で本当に困難な課題を見つけていくタイプの人です。

現在、この種のやりがいのある挑戦に飢えている全国の何千人もの学生たちが、教員部隊のキャンセル待ちリストに加えてほしいと殺到している。二〇一一年には定員五〇〇〇人(二〇一〇年に更新した最多記録にさらに二〇〇〇人増やした定員)に対して、四万八〇〇〇人の新卒者が応募してきた。この膨大な数はTFAの積極的なリクルート活動の成果である。TFAの話を聞くまでは教師を目指すのは六人にひとりだった。約四〇校のカレッジや大学で、TFAは希望する就職先の第一位に揚げられている。二〇一〇年にアイビー・リーグの卒業生の一二パーセントはTFAに応募した。うち一三パーセントはハーバード大学出身者だった。ブラック・カレッジであるスペルマン・カレッジの場合は卒業生の二割が応募してきた。

TFA設立からちょうど六年経った一九九六年、ウェンディ・コップは大胆にも、いつの日か教員部隊のメンバーになるのはローズ奨学金に匹敵するほど特権的なことだと言われるようになってほしいと発言した。いまやその通りになった。誰もその存在を信じなかった(コップ以外は誰も)ディマンドが噴出しはじめたのだ。

おそらくコップには、若者が喜んで教職に挑戦するように導く自信があったのだろう。彼女自身がその喜びを共感できたからだ。コップは言う。「これだけ打ち込めることに、ともかくも着地できて嬉しいです。二〇年間、自分が本当にしたいことを見つけようとどれだけエネルギーを使ってきたか」。ディマンド・クリエーターの例にもれず、コップも非常に頭がいい。だが、それよりも大事なのは彼女が自分のビジョンに全身全霊を傾ける強い心を持っていることだ。

そして、応募者の数が増えるにつれて、彼らの**「質」**も上がっていった。二〇一〇年の採用者は成績の平均点であるGPAが平均三・六で、いままでで一番高い数字だった（最高点は四・〇）。採用者数が着実に増えていくと、聡明な若いアメリカ人は「とにかく教えたくない」らしいという世間の思い込みが偽りだったことが判明した。同時にこれでTFAの担った三つの重要な次元のひとつめが急勾配の改善を遂げたことがわかる。

ふたつめの次元はさらに重要だ。若い教員部隊が送り込まれた教室の成績が着実に向上したのだ。全国の問題校へ聡明で意志の強い若い大卒を派遣するだけでは充分とは言えない。成績やテストの点数を上げ、国語、数学、科学、歴史の力をつけるといった結果を出さなければならないからだ。

コップはこうした目標を達成するために、教室で**実際に役に立つ**教育メソッドに関する情報、知見、知識を増やしていくシステムを構築した。授業や指導は昔から重視こそされてきたが、ある種「アート」の領域に属していると考えられ、言葉で言い表わせなくて、説明できないものとみなされていた。こんにちこうした見方は変わりはじめている。

教員部隊のメンバーは、五週間の夏季集中訓練を受講するまでは教壇に立てない。二年間の教職期間中にも訓練やサポートが提供される。

結果はすばらしいものだった。教育史のなかで、TFAの教師ほどあれこれ詮索された教師はいない。二〇〇二年以来、研究調査によってさまざまな結果が現れている。最近のものでは、教員部隊の教師は他の新任教師よりも有能であり、教員免許、教職課程の履修、修士号などの従来の教員資格がなくても、数学、科学、国語といった主要科目でベテラン教師と変わらない力を発揮するという結果が出た。

さらにすばらしいのは、パフォーマンス改善に向かう急勾配に、組織とメンバーを押し上げるコップたちのやり方だ。ジャーナリストのアマンダ・リプリーはTFAの教員に対する前例のない大規模な調査を踏まえて次のように述べている。

TFAは長年、その思い込みや前提をそぎ落とし、仮説を検証し、雇用と訓練の改善に努めてきた。そして、教師たちは次第にすばらしい授業を行うようになった。今年(二〇〇九~一〇年)はおよそ五〇万人の子供たちがTFAの教師の授業を受けており、TFAはその八五~九〇パーセントの子供たちの成績データを追跡している。子供たちの大部分は貧しいアフリカ系またはラテンアメリカ系アメリカ人だ。また、TFAは七三〇〇人にのぼるTFA教師に関する膨大な量のデータも保管している。その量は国が運営する教育部隊が有する二倍にも達する。

先にネットフリックスを「コンピュータ科学者が運営するエンタテインメント企業」と称したが、ウェンディ・コップはコンピュータ科学者ではない。専攻は公共・国際情勢だったが、科学者と同じような、なにごとも数字で示す企業文化をＴＦＡに植えつけた。ＴＦＡの人材開発戦略担当ディレクターのアマンダ・クラフトは言う。「ＴＦＡはデータを非常に重視し、なにが機能し、なにが機能しないかというデータに基づいて、毎年モデルやプロセスを変更し、常に微調整をしています」

ＴＦＡは、メンフィスからニューメキシコ、フェニックスからシャーロット、イースト・ロサンゼルスからツインシティーズにいたるすべてのＴＦＡの教師とその生徒たちに関する膨大な情報を管理している。こうした姿勢が教員免許を持たない教師の質を客観的に評価する初の大規模な取り組みを生み出した。ＴＦＡの調査員たちは、教師観察セッションや調査インタビュー、教師とサポート・チーム間の「リフレクション・セッション」、最も効果的な教授法を割り出すために開発された生徒の学習データ調査などを通じて、現場でなにが起きているかを調べている。

こうした分析から、非常に能力の高い教師には固有の行動特性が見られることがわかった。学習担当ディレクターのスティーブン・ファーは、その著書『*Teaching as Leadership*（リーダーシップとしての教育）』のなかでその六つの特性を分析している。現在、ＴＦＡの教職準備部門、サポート部門、開発部門の専門家は、こうした特性を独自の教授戦略や戦術に取り入れ、夏季集中訓練のプログラムに組み込もうとしている。また、こうしたメソッドを実際の教室でのやりとりを題材にした注釈つきの「行動規範」ビデオ・クリップを使って提示することによって、教員部隊のメンバーたちは役に立つ教授法を目で見て、自分のやり方と比較することができる。そして、試験や失敗ではなく最良のお手本から学ぶことで、迅速かつ具体的な改善が可能になる。

こうした発見は天啓のようなものだった。ファーはこう言う。「うちの最も優秀な教師がどのように教えているかを見たとき、真似することができると感じた。説明が可能だということだ。そうすれば、多くのそこそこ優れた教師がもっともっと優秀な教師になる。つまり、最も優れた教師の教え方との違いに注目すればいいということだ」

また、調査結果を有望な教師を探し出すシステムに応用している。たとえば、ペンシルベニア大学の心理学教授、アンジェラ・リー・ダックワースがTFAの教師三九〇人を対象に行った調査によると、多項選択式テストで「忍耐力」の点数が高かった教師の生徒の成績は、「忍耐力」以外は互角な応募者より三一パーセント高かった。さらに驚いたことに、「人生の満足度」の点数が高かった人の生徒の成績は、ほかの教師より四三パーセント高かった。ダックワースの研究は、こうした資質を持つ教師は教えることへの熱意、情熱、エネルギーが人一倍強く、それが生徒に伝わることを示唆している。現在は新たな応募者を募る際に、忍耐力などの主要な資質を入念に見極めている。TFA独自の応募者選抜モデルに組み込まれているのは、三〇以上のデータのうちほんのひと握りにすぎない。

優れた教師の資質に「人生の満足度」が関係するなどと誰が思っただろう？　ここが重要な点だ。ディマンド・クリエーターは憶測や直感や「常識」には頼らない。ひたすら証拠を探し、追求する。その結果、ディマンドなど無関係な、思いもよらない場所へ導かれたとしてもだ。

教師の有効性を評価し増強するための客観的な基準とテクニックの開発は、複雑で大変な仕事だ。だが、TFAの努力はすでに生徒の成績向上という形で成果を挙げはじめている。内部調査では教員部隊の教え子たちの成績が年々上がっていることがわかる。その牽引力となっているのが教師の選抜方法と訓練方法の向上だ。改善が進むことによって、何千人もの生徒たちの数学と国語力が向上し、高学歴への挑戦と二一世紀の担い手に見合う力をつけることができる。

だが、現場の教師たちと彼らの実際の教壇生活は統計数字以上に印象的だ。エール大学を出たヨーナ・キムは、現在ニューヨークのスパニッシュ・ハーレムで特殊教育プログラムを受ける生徒たちを教えて三年目に入った。従来、こうした生徒たちに対する期待はかなり低いものだったが、キムのクラスはそうではない。彼女は言う。「ＴＦＡのいいところをひとつだけ挙げろと言われたら、**常に**教師の能力を高めることに力を入れている点です。そのためには常に学習データを評価・反省し、今後なにを教えるか、どうやって教えるかを教師に伝えなければなりません」。ＴＦＡをユニークで効果的な組織にしているトラジェクトリーという考え方は、キムのような個々の教師にまで浸透している。

ＴＦＡの創り出したツールは、キムやその生徒たちの自己改善を助けている。

> 自分が教えている数学と国語については、ニューヨーク州のあらゆる成績基準項目が記されたスプレッドシートを使っています。この基準は「必須」から「重要性は低い」までランク分けされています。たとえば、生徒の習得度が八〇パーセント以上ではなく七〇～七九パーセントの場合はセルが黄色、六九パーセント以下だと赤で表示されます。基準項目欄をスクロールするだけで簡単に状況がわかります。「この項目は大半が黄色と赤だから、ここはもう一度教えなくてはとか。なぜこの項目のできが悪いのか、教え方が悪いのか、それとももっと繰り返

し教えたほうがいいのか？　そして、電子黒板の導入なり、救済スキルを検討するなりします」。基準や生徒のデータを分析すれば、自分のパターンに気づくことができます。ＴＦＡは私たち教師が反省して活かすためのすばらしいツールを提供してくれます。

キムはＴＦＡの指導者や教師仲間から、生徒たちに挑戦し学ぶことの喜びを感じさせるシンプルかつ効果的な数々の方法を学んできた。彼女は高い基準を設定することからはじめる。「子供たちが思っているより高く設定しても大丈夫なんです。なぜ大丈夫かというと、綿密な計画を立てて子供たちにできるということを示すからです」

彼女の授業に出てみれば、こうした原則を日々の授業にどう反映させているかすぐにわかる。個別に作文指導をしているときでも、クラス全体に新しい数学の課題を教えているときでも、キムは皆の顔を見渡し、混乱や不安に陥っていないか、よそ見していないか、熱中しているか、理解できているか、いつも生徒ひとりひとりの様子に注意を払っている。彼女は一七人の生徒たちの微妙な、無言のフィードバックを踏まえて、何度もペースやスタイル、教え方を調整している。クラス全員が集中して勉強するようにさせるには、どのタイミングでディスカッションさせ、いつちょっとしたジョークを言ったり励ましたり優しく褒めたりすればいいか、彼女は直観的に理解している。

このように生徒たちの反応を見ながら上手く導くことができる能力は、ＴＦＡの挙げる優れた教師の六つの特質のひとつだ。優秀な教師には、「すばらしい授業を行う」とはよくできた授業計画に沿って教えるというような単純なものではないことがわかっている。スティーブン・ファーは言う。「すばらしい授業を行うということは、教壇に立ったときに自分の授業計画をうまく調整できるということだ。なぜなら、これまで自分が紙に書いた計画通りに授業を進めたことは一度もなかったからだ」

キムはこの種の調整はクラスを向上させるうえで不可欠だと考えている。「教える仕事の九五パーセントは、個々の生徒のニーズに合わせることだと思います」。彼女は何年も教壇に立つうちに、言葉から知識を吸収する生徒、画像から吸収する生徒、身振り手振りが一番の生徒がいることに気づいた。そして、生徒たちの家族構成や境遇を知り、ひとりひとりの生徒とどのように接すればいいかを判断している。これは教師が天職という人たちに共通するやり方で、本能的と言ってもいいかもしれない。TFAはこうした技術をより速くより意識的かつ効果的に教員部隊のメンバーが活用できるようにサポートしている。

生徒たちがスキルや知識を身につけ、自信を持つようになると、キムは小さな成果を祝う目標ポイントを設ける。彼女が作った「クラブ80」は、その週に八〇点以上取った生徒に与えられる賞だ。教室にクラブ80に到達した生徒の名前が貼りだされ、金曜日には授与式を行う。また、彼女の生徒たちはインターネットのミニコミにエッセイを発表したり、詩を朗読してアップロードする。自分の名前が画面に出たり、友達が朗読を聞いて褒めてくれるとわくわくすることを発見し、そこからさまざまな興味が広がっていく。「教えるとは、学ぶプロセスのなかの生徒、家族、見守ってくれる人たちにエネルギーを注ぐことです。成果が出たらそれこそ大騒ぎでお祝いです」

彼女のTFAの教師仲間のひとり、パーカー・ライダー・ロングメイドはフィラデルフィアで七年生と八年生に数学と科学を教えていた。彼はそのときの体験を「興奮して疲れはてた」という言い方で表現する。彼もまた、生徒の成績や授業体験の**「改善」**に執拗なまでに取り組んだ。TFAのディレクターが教授方法を教えるために開催する毎月のワークショップに参加し、仲間たちと常に注意点や評価を交換した。「僕が作った膨大な数学のメモと、ほかの人が作った科学のメモを交換したものだ。時間の節約になって助かったよ」

八年生のクラスでは、なにか学習意欲を刺激するものはないかと探した。そして、カレッジや大学八〇校に手紙を書き、学校のペナントを送ってほしいと頼んだ。一二校が送ってくれた。彼はそれをカレッジの絵と一緒に教室にかけた。すると、ほとんどの生徒たちにとって現実的ではなかった大学進学がきわめて具体的なものとなって現れはじめた。

「そして、町の一流校へ入るための高校入試の準備にとりかかった。大学入試のリハーサルみたいなものだ」。すると、そのプロセスでさらに多くの生徒たちが大学進学について考えはじめたと言う。

顧客の気持ちでTFAの影響を考えてみよう。当初の親の見解は、「学校は私になにもしてくれなかった。子供たちにもしてくれないだろう。どうせ大学まで行くつもりはないんだから勉強なんてどうでもいい」。そして、級友の同調圧力や社会的期待の低さから学習意欲をそがれた子供たちも親と同じような気持ちでいる。

だが、キムやライダー・ロングメイドのような教師に数週間も習うと、なにかが変わりはじめ、生徒たちはこんなことを口にするようになる。「先生は僕のことを心配してくれる。話しかけてくれるし、試合も見に来てくれる。親とも話してくれた」。親もこんなことを言いはじめる。「どうも普通の授業体験とは違うようだ。ネットに投稿した子供のエッセイを読んだ。詩の朗読も聞いた。うちの子がこんなにコンピュータを使いこなせるとは。あとあと役に立つに違いない」

どこかの時点で生徒と親は目に見えない一線を超えた。期待感に変化が生じ、大学に**行けるかも**」から「大学に**行くつもりだ**」に変わる。

いったんこの言葉が出れば、もっと多くの生徒たちのあいだで「本当に役に立つ教育」に対するディマンドが形あるものとして現れる。なかには強烈に進学を願う者も出てくる。

「どうでもいい」から「私は心からこうしたい」への転換。これがディマンドが発生する瞬間だ。これは、消費者が「どうでもいい」から「ジップカーに乗りたい」「ネットフリックスがいい」に変わる瞬間と同じように、明確な瞬間である。

日々、何百もの教室でこうした小さな奇跡が起きている。

われわれはそれを一〇〇万単位にまで広げなければならない。このディマンドを創り出す秘密の暗号は解かれた。次に必要なのはスケール・アップだ。

❏　❏　❏

TFAは、学区の教師選びを助け、子供たちを励ましやる気にさせる実績あるメソッドを使って教師たちを訓練するシステムを構築した。そして、三つめの次元、最も難しくやりがいのある領域の改善にとりかかった。アメリカの教育に対する姿勢を変革する仕事だった。

アメリカの教育の現状に深い失望感を抱いているのは、誰よりも教師たち自身だ。落ちこぼれや非行の恐れのある生徒を見捨て、競争率の高い都市郊外の評判のいい学区に殺到する教師たちもいれば、低迷する学校システムのなかで援助もなく疲れはて、できるだけ波風が立たないように、あきらめの境地で静かに定年を待つだけの人もいる。そして、スティーブン・ファー曰く「低い期待のスモッグ」の毒気にあてられ再起不能に陥った教師もいる。

この種のスモッグを人との交流で吸い込む場合もある。たとえば、クリスタル・ブラック（ＴＦＡの教師）はウォルマートで教材を買おうとしていたとき、「あの学校の子供たち」に教えなければならないなんて本当にお気の毒、と見知らぬ人に声をかけられた。

ＴＦＡの調査によれば、ＴＦＡのかかわっている学校だけでなく全国の学校で、教師や校長や職員たちが最後には毒を吐くのをやめ、すべての児童に有効なプログラム作りをはじめるようになる望みは残っている。

教師の有効性改善に役立つＴＦＡのツールの多くは、印刷物やインターネットから入手することができる。実際、自分たちのスキルを高めるためにこれを取り寄せる教師の数は増えつづけている。また、ファーによると、ＴＦＡに教師の求人や評価、訓練プログラムの作成に手を貸してほしいと頼んでくる学区はいっそう増えている。学校改革を優先順位の筆頭に掲げるビル＆メリンダ・ゲイツ財団の研究員は、ＴＦＡの研究プログラムを支援し、成果を教育界全体に広めている。また、アメリカ教育省の「レース・トゥ・ザ・トップ」教育構想では、優秀な教師の採用、訓練、維持に効果的な新しいツールを導入する学区には追加資金を提供している。成績責任を重視する従来の考え方は少しずつ緩和されはじめ、優秀な教師探しと開発に力を入れるＴＦＡを取り込む（または試す）動きも出てきた。こうしたアプローチを支持する教師たちはこの変化に活気づいた。非営利のニュー・ティーチャーズ・プロジェクトの会長ティモシー・ダリーは「教師の有効性改革におけるビッグバンだ……これは大きな変化だ」とした。

ＴＦＡに対する批判はある。ＴＦＡモデルは、公立学校の悩みの種である財源問題を含むシステム全体の問題をなおざりにし、聡明な若い教師を数千の教室に送り込むだけの単なる応急措置にすぎないという意見もある。また、ＴＦＡの基本的に二年間という教職期間では所詮素人にすぎず、子供たちが必要としているのは生涯を捧げるような教師だという声もある。だが、アメリカの教育におけるＴＦＡ方式の影響力の拡大は、こうした声に対するひとつの答えを暗示している。すべての学校にＴＦＡの教員部隊を送ることはできないし、すべきでもない。だが、ゆくゆくは、ＴＦＡの教員有効性に関する研究の最良の教訓がすべての教師の教授法の一部に組み込まれる可能性はある。

さらに重要なのは、ＴＦＡの卒業生が社会のさまざまな分野の影響力の強いポストに巣立っていったことをコップらが高く評価している点だ。教育改革運動の先頭に立つなど、すでに国や州政府で働いている人も多い。スティーブン・ファーによれば、コップはＴＦＡが担っているのは「教師製造ビジネス」**ではなく**「リーダー製造ビジネス」だと考えている。そして、アメリカ社会全体の教育に対するディマンドを変える何千人もの若者たちを創り出し、教師も含めてさまざまな分野に排出している。

❏　❏　❏

もちろんオンラインのビデオ・レンタルと教育改革の共通項は多くはないが、ネットフリックスとＴＦＡの物語は、ある意味で重なる部分がある。どちらの組織も、普通の人なら見過ごす、あるいは投げ出すようなハッスル・マップに潜んでいたディマンドに目をつける、洞察力に富んだリーダーが創設した。そして、細部まで配慮し、それまで人々が甘んじてきたこととは対照的に**「本当に望んでいること」**にひたすらこだわって全国的なシステムを作り上げた点と、それを通じて地域サービスを劇的に改善して急成長を遂げた点も同じだ。また、両者とも、現在、並外れたリサーチ力を基盤に、急勾配のトラジェクトリーを上っている。その結果、年々その精度と有効性が高まり顧客のニーズに応えることができるようになった。

こうした強力なディマンド創出ツールで武装したコップとＴＦＡが目指すのはアメリカの変革にほかならない。彼女たちのゴールは、教育の不均衡が国民の半数に非生産的な満たされない暮らしを強いることのない国作りだ。まだ先は長いが、いまのところその進歩には目を見張るものがある。コップは二〇一〇年四月のインタビューで次のように述べている。

この二〇年で驚異的な進歩を遂げてきました。二〇年前は、低所得地域の生徒に、彼らにふ

さわしい機会を与えればすばらしい学力をつけることができるということを教えてくれる確かな証拠はほんのひと握りでした。こんにちその証拠は山ほどあります。実際、驚くべき成果を挙げた教師や学校がいくらでもあるからです。現在、多くの地域で少なくとも一校は、徐々に進歩しているだけでなく生徒たちのトラジェクトリーに変化が現れている学校が出てきています。そして、その数は増えつづけています。だから、話は違ってきました。いまや、社会経済的に困難な環境にある生徒たちに均等な機会を与えられるかどうかではなく、システム全体で機会均等を達成することができるか。それが課題です。

国家レベルの革命の先頭に立つ組織が二二歳の大卒の女性の夢から誕生したという事実は、長いあいだ抑圧されてきたディマンドがいったん解放されると社会を変革するほどの途方もない力を発揮することを雄弁に語っている。

いまだかつてない最高のランチ——プレタ・マンジェと完璧なサンドウィッチの探求

ディマンド創出に「一回かぎり」はありえない。たとえば、製品発売の大成功。かりにもそんなことが起こるとしたら、想像もできない無数の場所で展開する長い複雑なプロセスのなかで、毎日のように起きることになる。

たとえば、驚異的なディマンド創出を担ったトレイシー・ジンゲルのケースを考えてみよう。彼はニューヨーク金融街のブロード・ストリート六〇番地にあるサンドウィッチ店プレタ・マンジェの店長だ。

二〇〇九年にジンゲルがこの店を引き受けたとき、すぐにこの店のディマンド創出を妨げる大きな障害に気づいた。近所のたくさんの飲食店との競争ではなかった。毎朝、パリッとしたおいしいサンドウィッチを作るために必要な、もぎたての新鮮なトマト、レタス、アボカドが充分手に入らなかったわけでもない。一番の人気商品に使おうと注文した放し飼いのオーガニック・チキンの仕入れ値が高かったからでもない。わずかな経費節約のためにパッケージを茶色の紙袋に変えて提供せざるをえなくなった経済的事情でもなかった。

ジンゲルの最大の敵はこのどれでもなく、エントロピーだった。

彼がそこに気づいたのは、店でひときわ豪華に輝くクリスタルのシャンデリアを点検するために、初めて梯子に登ったときだ。

埃《ほこり》が積もっていた。

プレタ・マンジェに行ったことがある人なら、店内がすばらしく清潔なことは知っているはずだ（プレタ・マンジェの店舗はよく「キラキラ」とか「まぶしい」と形容される）。ジンゲルもこのブロード・ストリートの店が顧客の目から見るかぎり完璧に清潔なことは認めている。だが、シャンデリアまで数センチメートルに近づくと、クリスタルに薄く埃が積もり、切れたままの電球もいくつかあった。

プレタ・マンジェのベテラン・マネジャーだったジンゲルはゾッとした。そして、すぐに精力的に動きだした。「シャンデリアは二時間かけてクリスタルを全部外して一回に四つずつ磨いた。電球も新調し大きな明るいものに変えた。見栄えがよくなり、これでよし！　と思った」

埃だらけのシャンデリアはもっと大きな問題の最もわかりやすい兆候にすぎなかった。店のスタッフと話すうちに少しずつ実態が見えてきた。前年に経済が悪化し売上が落ち込んだとき、前任の店長は従業員の労働時間を短縮した。結果、プレタ・マンジェの清潔に対するとてつもなく高い水準が少しだけ下がった。従業員の士気にも影響し、プレタ・マンジェの売りだった一貫した申し分のないサービスにもほころびが生じた。売上はさらに落ち込んだ。小さいとはいえ下向きのスパイラルがはじまり、とどまるところをしらなかった。ほどなくして逆転はかなり難しくなった。

ブロード・ストリート六〇番地の店はエントロピー、すなわちエネルギーの漸次的消失と無秩序に屈した。これは外部から絶えず再活性化されていないとシステムにも起こる自然法則だ。

ジンゲルはボスに電話をかけ事態を説明した。「ここで売上を伸ばすのは当面無理です。店の立て直しが必要です。プレタ・マンジェのレシピ――適切な人材、驚異的なサービス、おいしい食べ物と飲み物――に沿ってやります。そうすれば売上が上向き、儲かるようになるはずです」

それから六カ月、ジンゲルは計画を実行した。他のプレタ・マンジェで自ら教育した従業員も含めて新しい従業員を雇った。店をあげてのクリーンアップとフレッシュ化運動をはじめた。数週間は**必要以上にスタッフを増強し**、ステンレスのディスプレイラックいっぱいに人目を惹く新鮮な食べ物を並べた。活力を注入することによって、エントロピーを克服し、ディマンドの流れを創り出す策だった。

結果は上々だった。数カ月のうちに、ブロード・ストリートの店は、おいしそうなサンドウィッチ、スープ、スイーツなどの食べ物がたくさんあるキラキラと輝く店に変身し、笑顔のスタッフたちが途切れることなく訪れる顧客に効率的かつ魅力的なサービスを提供するようになった。ニューヨーク中のプレタ・マンジェに行ったことのある友人の話では、いまや「街一番のプレタ・マンジェ」で、ジンゲルは「典型的なプレタ・マンジェの人」とのことだ。ジンゲルらは引きつづきこの店を改善の急勾配に押し上げている。「食べ物のディスプレイだけのために三人のスタッフが一日二時間かけている。食べ物が常に魅力的に見えるように。サラダのアボカドはこの**角度**じゃないとダメだ。美しさはもとより、顧客にこのサラダになにが入っているかわかるようにしておかなければならないからだ。裏にゴミ箱が用意してあって、シェフが『絵に描いたように完璧』ではないと判断したものはボツになり捨ててしまう」*

エントロピーは常にビジネスを危険にさらす。とりわけ、広域にわたって何千店も店舗を構え、迅速かつ手ごろな値段で何百万食も提供し、一貫して高い水準の品質、味、栄養、サービスを維持しなければならないファストフード分野ほど危険な業界はない。

ファストフード業界の巨大企業は、厳格な規格、一括管理された巨大サプライチェーン（出発点は牛肉や鶏肉からリンゴ、ジャガイモにいたる食材を「製造」する工場）の創出、そして、従業員の仕事を可能なかぎり小さく分割し、最低限のスキルと訓練ですばやく配置転換や人材入れ替えをすることによって、エントロピー回避に努めている。たしかに規格は厳格だが、それほど高いものではない。

だが、プレタ・マンジェのモデルは違う。同社も他のファストフード企業と同じように、世界中の都市でおいしい健康的で新鮮なサンドウィッチを提供し、成長を遂げたいと思っている。そして、一度に数店舗の割合で拡張を続けているにもかかわらず、改善の急勾配のトラジェクトリーを生み出す努力も怠っていない。ライバルのチェーン店にはとても真似できないことだろう。

これを成功させるのに必要なエネルギーは馬鹿にできないほど大きい。そのエネルギーの大半は、現在最もエネルギッシュで強力なビジネスリーダーのひとり、ジュリアン・メトカーフが放っている。ジンゲルがブロード・ストリート六〇番地で梯子に登り、なおざりにされていたシャンデリアのクリスタルを磨いていたとき、彼にはジュリアン・メトカーフの情熱が宿っていたのだ。

❏　❏　❏

一九八六年、当時二三歳だったメトカーフはレストラン・オーナーでもシェフでも駆け出しの実業家でもなく、画学生あがりで、いくつかの分野を少しかじっただけの測量士だった。かなり頑固で注文の多い人物で、普通の人なら無視したりとりあえず受け入れておくようなハッスルが頭から離れないタイプだった。一番腹を立てていたのはロンドンのビジネス街のランチのひどさだった。ろくなものがなかったのだ。白いテーブルクロスのかかった高級レストランを予約して、二時間と

＊　ここで使った「製品」という用語は、「サービス」と称される無形の製品も含めて、顧客に供されるあらゆるものを意味する。本書では、「製品・サービス」の意味で「製品」を使っている。

そこそこの大金を投資し、横柄でおそらくは敵意さえ持っているのではと思えるようなウェイターが給仕してくれる味のほどは当てにできない食事をとる。あるいは、悪臭を放つエプロンをかけた無愛想な店員が応対してくれる店頭のサンドウィッチ屋に飛びこんで、濡れたままのレタス、日の経った卵、筋張った肉、香りのないトマトなど食欲の湧かない種類にかぎりある食べ物から選ぶ特権を享受するために列に並ぶこともできる。

「なんでこんなクソみたいなことを我慢しなきゃならないんだ?」とメトカーフは思った。

まさにディマンド創出の古典的な**ユリイカ!**（見つけた!）の瞬間だった。彼は大半の人が肩をすくめて受け入れるハッスルに目をつけ、機会を見出したのだ。メトカーフはこう言う。「ケータリング屋をはじめたくてじゃなくて、顧客を苦しめるさまざまな不満をなんとかして取り除くためにプレタ・マンジェを作ったんだ」

彼はセントラル・ロンドン・ポリテクニック（現在のウエストミンスター大学）で知り合った友人、シンクレア・ビーチャムと組んだ。ふたりは最初の一二カ月で八万ポンドを失い、ひたすら試行錯誤を繰り返す「悲惨な」数年をすごした。メトカーフは、ビクトリア・ストリートの第一号店の裏のキッチンで数えきれないほどの時間をすごし、チキンを料理し、パンを焼き、ソースをこねくり回し、さまざまな種類のトマト、アボカド、ナスを試し、よだれの出るようなサンドウィッチやサラダを創り出すために食感、味、色の完璧な組み合わせを探求した。まさに、ランチのために自分の研究室にこもる本物のマッド・サイエンティストだった。

一九九〇年、ようやく納得のいくメニューができあがり、ビクトリア・ストリート店は最初の収入源となった。ふたりは二号店をオープンすることにした。二号店の設備、インテリア、スタッフの雇用、必需品などは一号店の売上でまかなった。二号店は一五カ月で元が取れた。

プレタ・マンジェは歩きはじめた。

いま振り返れば、この店をユニークなものに仕立て上げたマグネティックな要素をリストアップすることはそれほど難しくない。まずは店の見た目だ。プレタ・マンジェの店舗にまったく同じものはふたつとないが、ある種の洗練された美しさが共通している。あるニューヨーカーはこんな言い方をした。「あそこには、ブルックリンのパーク・スロープのコーヒーショップのようなある種の雰囲気がある（店のスタッフが親しみを込めて「ランガーズ」と呼ぶ）ステンレスのディスプレイ・ラックの冷たい無機質な、工業デザインを思わせるあか抜けしたインテリア。天井のむき出しのままの配管の荒々しさは、小さなテーブルと椅子の暖かい木の色や、こげ茶色や小麦色の革張り長椅子のおかげでやわらいで見える。天井のレール式可動照明の紫色の電球は店内を温かい光で照らしている」

そして、スタッフの温かいもてなし。どんな顧客でも、スタッフたちの目に留まらないことなどありえない。彼らは一様に若く魅力的で親しみやすくよく気がつき、プレタ・マンジェで働くことが**「好きでたまらない」**ように見える――実際そうだ。その結果、気持ちよいきわめて効率的なサービスを提供してくれる。

先日、友人のジェームズが初めて、会議が続くのでその前にサンドウィッチでも食べておこうかとプレタ・マンジェに行った。彼にレジでチキンとアボカドのサンドウィッチを売ってくれたスタッフは、飲み物の注文がなかったので心配したらしく、ジェームズが食べ終わった後やってきて、ラッピングを片づけながら尋ねた。「なにか持ってきましょうか？　お水でもいかがですか？」彼は申し訳なさそうに首を振りながら、この話をしてくれた。「あそこまでしてくれなくてよかったのに！」。今度行ったらさっさと食べて退散すると肝に銘じた、と彼は満面の笑顔で語ってくれた。

もちろん一番大事なのは食べ物だ。そして、プレタ・マンジェの食べ物は、他のファストフード店やデリや定食屋とはびっくりするほど違う。

ひとつには新鮮だということ。本当に新鮮だ。サンドウィッチはすべてその日に店で作ったものだ（残った商品は、貧しい人々に食事を提供するニューヨークのシティ・ハーベストなどの慈善団体に寄付される。その量は二〇〇九年だけで一二万ポンドに上る）。クリーミーなマヨネーズ、パリッとしたレタス、歯応えのあるチキンやハム、香りの強いジューシーなトマト。ひと口かふた口食べただけでその違いがわかる。その日のうちに売るので添加物や保存料は当然使っていない。プレタ・マンジェはこの点について最善を尽くしている。「プレタ・マンジェの食材は本物だ」。これが信念だ。なんらかの処理を加え、解凍して温めた料理を出すファストフード店や新鮮かどうか疑わしい食事を出すデリとの違いは歴然としている。

材料の品質も非常に高い。彼らの料理に関する「雑学」を披露しよう。常連客たちがやりとりしている情報だ。まず、アボカドは、常温で運ばれて、均等に熟しているかどうかを確認するために手で剝き、店のキッチンで毎朝スライスされる。プレタ・マンジェが毎日仕入れるバジルは、毎朝手で摘んだもので、サンドウィッチに使う場合は必ず一枚ずつ丁寧に挟む。スナック・バーで使われるオートムギと果物は長さ一・二メートルのへらを使って手でかき混ぜる。エスプレッソの量はダブルで提供する（一杯にコーヒー豆一四グラム）……など。

最近メニューに登場した一風変わった組み合わせの数々を挙げてみよう。サンドウィッチ類では、バルサミコ・チキン&アボカド、エッグ・サラダ、スピナッチ&パルメザン、スロー・ローステッド・ビーフ&ブルーチーズ、スモークド・ハム&エッグ、サマー・ハーブ&フムス。ほかにも、チキン・ハラペーニョ・ホット・ラップ、サーモン&ブラウンライス・サラダ、ツナ・ニソワーズ、スリム・ブリー&トマト・バゲットなどがある。スープは、キャロット・ジンジャー、イタリアン・ウェディング、モロッコ・レンティルなどで、必ず七種類の穀物の入った焼きたてロールパンがつく。顧客の立場で考えれば、手ごろな値段ですぐに食べられるランチを探している忙しい会員や買い物客にとって、めくるめくセレクションだ。平均的イギリス人やアメリカ人に「奇妙」とか「気持ち悪い」と思わせる要素はひとつもない。それどころか、メニューに表れた洗練されたコスモポリタン的なスタイルが、ありふれたランチの選択肢との違いを際立たせている。

メニューを飽きさせないために、常に新しいメニューを試す一方で従来のメニューを交代でひっこめたり出したりする。棚に並んだサンドウィッチやスープの新製品には、「オーディションで選ばれました」、顧客のリクエスト（店舗ごとに毎日開かれるスタッフ・ミーティングで検討する）で再登場したメニューには、「復活！」と書かれたステッカーが貼られる。

「わが社は内部が精巧に作られたスイスの時計のようなものだ」とメトカーフは言う。一万個の歯車がすべて回れば動く。だが、一～三が動かないだけですべてが台なしになる。そういうことなんだ」。つまり、すべての歯車が動けば、つまり、スタイリッシュなインテリア、魅力的で有能なスタッフ、巧妙なマーケティング、そしてなによりも新鮮でおいしい食べ物が揃えば、プレタ・マンジェのマグネティックな魅力は抗いがたいものとなる。

❏　❏　❏

だが、これまで見てきたように、マグネティックな製品を創り出すのは「一回かぎり」の仕事ではない。「永続的な」ディマンドを惹きつけたいと思うなら、製品を売り出したその日から改善のトラジェクトリーをはじめなければならない。

とりわけ、ライバルのひしめく参入ハードルの低いファストフード業界では、これが急務となる。ファストフード業界は文字通り日々、競争にさらされている。メトカーフ自身も認めているように、「顧客はもちろんあちこち見て回る。毎日うちで食べていたら一週間に二〇～三〇ポンドかかる。顧客は当然ほかの選択肢も探すだろう」

これに対しプレタ・マンジェは、三つの次元で高速の改善を行った。ひとつめは、品質、味、値段および総合的な訴求力の着実な改善だ。ふたつめは、すでに高水準に達している顧客サービスの維持と向上。三つめは、世界中のさらに多くの人々にとって便利な食事の選択肢となれるように店舗数を拡張することだった。

最初のふたつ、食べ物とサービスの質の維持と改善は、創業者であり、いまや「クリエイティブ・ディレクター」の肩書を持つジュリアン・メトカーフの役割だった。これは生来トラジェクトリーという考え方ができる男にもってこいの仕事だった（彼曰く「いまだかつて満足したことはない。どんなことでも必ず少しよくなる余地がある。自分の仕事を褒められるのは好きではない。いいところよりも欠点を探すタイプだから」）。

メトカーフの改善への執着は本物だ。自分自身に怒りの矛先が向けられることさえある。彼の話（矢継ぎ早に言葉が出てくる）によると、「そこが『月並み』と『偉大』の違いで、非常にとらえどころがない。うちの一部のサンドウィッチは間違いなく偉大だし、すごくうまい。何年もかかったんだ。ぴったりのチーズを見つけるために、マヨネーズの調味料の配合を決めるために、サプライヤーと協力してきた。何年も開発を続けてきた。そこらのマヨネーズを買ってきて混ぜればいいというものではない。簡単に見えるかもしれないが、決してそうではない」

プレタ・マンジェはそれが大人気商品になったとしても、製品改良を継続してきた。ピクルスのレシピは一五回も改善された。チョコレート・ブラウニーは三六回、キャロット・ケーキは一五回だった。実際、イギリス料理の「大御所」、レストラン・オーナーのサリー・クラークは、このケーキひとつを完璧なものにするために九カ月間もメトカーフと仕事をしたという。

ほかにも品質を改善する努力を続けている。ランチタイムのハッスルでもうひとつ彼の目に留まったのは、ほとんどのファストフードが提供する非健康的な食べ物だった。塩、砂糖、化学物質、環境破壊をもたらす工場式農園から届く素材をふんだんに使ったランチだ。消費者の環境意識が高まるにつれて、プレタ・マンジェはすでに高い水準に達していた「健康にいい」というハードルをさらに上げなければならなかった。

二〇〇九年六月、乱獲の危険性について描いたドキュメンタリー映画『ジ・エンド・オブ・ザ・ライン』を見たメトカーフは、プレタ・マンジェの店舗で提供していたサンドウィッチと寿司に絶滅の危機にあるクロマグロを使うことを禁じた。二〇一〇年にも、一部のサンドウィッチに飽和脂肪酸が入っているとするクレームに対して、カロリー、脂肪含有量も含めた基本的な栄養成分をすべての店舗で表示し、ウェブサイトではさらに詳細な情報を開示した。ちなみに食品チェーン店の大半は法に定められた場合のみ対応する。

プレタ・マンジェもほかの偉大なディマンド・クリエーターと同様に、顧客の声に耳を傾ける。どの店舗にもこんなカードを貼った箱が用意されている。


私はこの店の店長のタミールと言います。

スタッフと私は毎朝ミーティングを行います。

私たちはお客様から寄せられたコメントについて、いいものも悪いものも含めてすべて話し合っています。自分たちで対処できるものは対処いたします。

対処できないものは、そのカードを本社にいるジュリアン・メトカーフに届けます。彼ならなんとかしてくれます。

お時間があれば、ぜひいますぐ私かスタッフの誰かにおっしゃってください。

「本社にいるジュリアン・メトカーフ」のくだりは真摯な対応をうかがわせる。実際、彼の電話番号は商品パッケージに印刷されている（毎日二本は電話がかかってくるそうだ。二本しかかかってこないのは、大半の顧客はこの電話番号をジョークだと思うかららしい）。

プレタ・マンジェの店長は毎朝店を開ける前に、スタッフ全員と最新の顧客コメントを検討する。店やメニュー、サービスの改善につながるいいアイデアがあれば、すぐに対応する。たとえば、ニューヨークの各店舗では、顧客の反応やリクエストに応じて常にメニューを調整する（たとえば、ファッション地区の中心にあるセブンス・アベニュー店はベジタブル・ラップやシーザー・サラダの在庫を多めにしている。ウォール街の顧客は、チキン・ベーコンといったボリュームのあるミート・サンドウィッチを好む傾向がある）。顧客の声に応えて、店内に赤ちゃんのおむつ交換台を設けるよう提案した店長もいる。現在この設備はすべての店舗に設置されている。

すでに高い水準をさらに上げるというメトカーフの執念のおかげで、プレタ・マンジェは追随するライバル企業より何歩も先を行く。プレタ・マンジェとイギリスのサンドウィッチ・チェーン店イートを比較した評論家の文章を挙げておこう。イートはプレタ・マンジェをライバル視しており、ぱっと見ではほとんど変わりない店舗を展開している。

両社の一番の違いは、陳腐ではあるがサービスだ。イートは決して充分な量を作ろうとはしない。人気メニューのほとんどは午後二時には売り切れる。彼らは愚かにも「しまった！　明日はもっとたくさん作っておきますね」などと言うが、そうしたことは一度もない。また、いつも長い行列ができているようだ。プレタ・マンジェのスピーディなサービスや充分に商品を確保した棚と比べて見ればわかる。たとえ人が殺到するランチタイムだとしてもだ（以前、ツナのサンドウィッチが品切れだと文句を言ったとき、店長はすぐに作ってくれた）。イートのしっくい壁にはファンのサインや楽しそうな声が書き込まれ、志は立派なのかもしれないが、プレタ・マンジェに比べるとスタッフ教育はなってないし、スタッフは無愛想でやる気も見られず、すべてにおいて水を開けられている。

この種の顧客中心の考え方はトップからはじめなければならない。プレタ・マンジェの場合はメトカーフがこの原則を徹底的に貫いている。

二〇〇九年八月、彼は顧客のポール・マックルーデンから皮肉交じりの手紙を受け取った。行列で待たされた時間を「ムダにした」ので、自分の時給換算した損失を賠償してほしいという苦情だった。メトカーフはこの手紙を紙クズ箱に放り込んだり、よくあることだと無視したりせず次のような返事を出した。

マックルーデン様

弊社のカフェでムダにされた時間の請求書を送っていただき、まことにありがとうございました。時間が貴重であることに異論はございません。弊社のライバル店でしたら時間をムダにせずに済んだのではと思うと心から申し訳なく思います。

貴殿のおっしゃることはまさにその通りでございます。貴殿が弊社のカフェで使われた時間は、弊社の採算性向上に大いに役立つはずです。

書面ではございますが、この場を借りて請求書の金額を大幅に割り引いていただいたことをお礼申し上げます。

ところでこの金額ですが、弊社でお使いになった二二ポンドを加えるのをお忘れになっておられるのではないでしょうか。ご迷惑をおかけしたことを思えば当然だと存じます。そこで、当方の一存で勝手ながらこの分と金利分を加えさせていただきます。

できるかぎり迅速に対応いたしましたが、ご満足いただければ幸いです。お待たせしては申し訳ないので、本日、早速経理の者に小切手を作らせました。

なお小切手でお支払することで銀行までご足労おかけすることになり、心苦しいかぎりですがご容赦ください。また、郵便局まで足を運んでいただいたことも加味させていただき、これも勝手ながらさらに一ポンド加えさせていただきました。

さまざまなご不便をおかけいたしまして、まことに申し訳ございませんでした。お忙しいところこの書簡をご高覧いただきありがとうございました。

創業者
ジュリアン・メトカーフ

手紙には六二ポンドの小切手が同封された。

この一件はいまでも語り継がれている。グーグルで「McCrudden」と「Pret」を検索してどれぐらいヒットするか試してみればわかる。この話が肯定的に報じられたことを考えれば、六二ポンドよりはるかに価値があった。マックルーデンがプレタ・マンジェ同様に請求書を送った企業のうち、支払に応じなかったところに対する**「否定的な」**報道とは対照的だった。フランチャイズ制を敷くフルーツとナッツのチェーン店クランベリーのCEOは請求書の金額を支払ったうえで、マックルーデンの手紙を読むために「貴重な時間を一二分費やした」として一八・七五ポンドの請求書を送りつけた。

メトカーフの対応は見事だった。だが、それよりもすばらしかったのは、自分の品質へのこだわりを店頭で直接顧客に接するスタッフたちに決然と伝えていたことだ。この種の意志の強さは、ディマンド・クリエーターを除けばビジネスの世界では珍しい。組織全体――ジップカーのすべての地域マネジャー、TFAのすべての教師たち、プレタ・マンジェのすべてのレジ係まで――が上を目指し**ディマンドの共同製作者**として参加しないかぎり、急勾配のトラジェクトリーを創り出すのはほぼ不可能だということをディマンド・クリエーターたちは理解している。

プレタ・マンジェのCEOクライブ・シュリーは、二〇〇三年にメトカーフに招聘された経験豊かな人物だ。香港の多国籍企業ジャーディン・マセソンに一七年勤務し、ファストフード（ピザハット、シズラー、タコベル）の経営にも手を貸してきた。彼は経営面、組織面、訓練面でメトカーフのこだわりを複製するシステムを創り出し、それを世界中の店舗に移植する仕事を担当してきた。このプロセスは独特の採用制度からはじまった。普通のファストフードであれば、応募してきた若者をほとんど採用するため必然的に群を抜いて離職率が高くなる。だが、プレタ・マンジェの場合は、初心者レベルのスタッフの選抜、訓練、報酬に莫大な資源を投資する。有望な候補者は一日有給で働いてみるように言われる。そして、店のスタッフが採用の可否を投票で決める。

上層部の独断ではなく民主的な投票で採用決定する企業の話など、耳にしたことがあっただろうか？ プレタ・マンジェはそうしている。シュリーは、プレタ・マンジェの仕事に応募した甥が店のスタッフの投票ではねられたと得意げに語った。あるとき、取締役候補の著名なエグゼクティブが店で一日働くように言われた。だが、サンドウィッチ係のスタッフが彼は鼻持ちならないほど傲慢で怠惰だと言うと、取締役のオファーは即座に取り消された。プレタ・マンジェは、ウェグマンズと同様に稀にみる**企業文化**——なによりも人間関係を重視し、互いに尊重しあい、気遣い、仲間意識を育てる——を作り上げた。ここでは市場規範と同じぐらい社会規範が大きな役割をはたす。

店頭スタッフとマネジャー層などの管理側のつながりを維持するために、プレタ・マンジェのマネジャーは全員年に四日店に出なければならない。また、店頭スタッフには、たとえば不満を訴えた客に無料で食事を提供するといった、**店長の許可を待たず自己裁量で問題を解決する権限**を与えられている。

従業員に対する報酬は申し分ない。イギリスの店頭スタッフの時給は七ポンドからはじまる。これは業界平均より一ポンド高い。また、顧客の称賛を浴びたスタッフにはティファニーに特注した純銀製の星が授与される。週ごとのボーナスは顧客を装った覆面の調査役による評価に応じて支払われる。そして、すべての従業員を対象にさらにすばらしい賞が設けられている。たとえば、四半期ごとの売上で「一位店」に輝いた店の店長には、二万～三万ドルの小切手が支払われる。

プレタ・マンジェはその採用方針をこう表現している。「われわれは幸せな人を雇って、サンドウィッチの作り方を教えている」。顧客の反応を見れば、このシンプルなシステムが見事に機能していることがわかる。

❏　❏　❏

プレタ・マンジェのトラジェクトリーの三つめの次元は、世界中のさらに多くの人々にとって便利な食事の選択肢となれるように店舗数を拡大することだ（ロンドンの友人は「食べたいと思ったとき、プレタ・マンジェが必ず近くにある」と言った。だが、他都市では**まだそこまで到達していない**）。食べ物とサービスの質を維持しつつ急激に拡大することは、最も優れた組織であってもかなりの負担になるものだ。プレタ・マンジェと言えども例外ではない。

イギリスで華々しいデビューを飾ったプレタ・マンジェは、二〇〇〇年にアメリカ市場に進出した。やがて日本、香港、シンガポールに店がオープンし、その後オランダとヨーロッパ大陸のどこかに進出する計画だった。プレタ・マンジェは一〇年以内にグローバル企業になるはずだった。だが、この時点でいくつかの歯車が故障した。日本では、フランチャイズ店の拡大を急ぎすぎ、結果として品質が落ち、まもなく完全撤退した。こうした局所的な失敗によって、プレタ・マンジェは二〇〇二年に二〇〇〇万ポンドの損失を出した。

二〇〇三年、メトカーフと新ＣＥＯのクライブ・シュリーは、今後プレタ・マンジェはフランチャイズ制を控えると発表した。最も貴重な資産、すなわちマグネティックな製品と急勾配のトラジェクトリーに対する統制力を維持するためだった。メトカーフはこう語っている。「フランチャイズ制を使えばあちこちに急速に広げることができる。だが、われわれは数をひかえめにしたほうがうまくいくと考えている」

店長のトレーシー・ジンゲルはプレタ・マンジェの忍耐が完璧な店舗網の拡大モデルを生み出すと嬉しそうに語ってくれた。「フランチャイズ制を導入すると、店長がどうせ誰にもわかりはしないと言って、一箱三五ドルのオーガニック・チキンではなく五ドルのチキンを買うと言い出したとき、誰が止められるだろう? だからうちはフランチャイズ制は使わない。仕入れ先は一カ所だ。チキンを持ってきてくれと言えば、必ずオーガニック・チキンが届く。これなら経費節約のしようもない」

現在、プレタ・マンジェの出店は慎重なペースで進められている。二〇一〇年には全世界で二五〇店舗を超えた。イギリスに二一三店、ニューヨークに二六店、ワシントンDCに二店、シカゴに一店、そして香港に八店だ。**顧客ニーズ**に応える拡張であることを確認するために、プレタ・マンジェは将来店を出す場所に関する人々の意見を積極的に求めている（ウェブサイトにはこんなメッセージが書かれている。「下記にリストアップした街、都市、通りのなかにわが社が出店すべきだと考える場所がある方はご連絡ください」）。

この戦略は機能しているようだ。二〇一〇年、プレタ・マンジェ全店舗の売上はおよそ三億二〇〇〇万ポンドと見込まれている。店舗当たり売上は一二〇万ポンドに上る。これはライバルのイートより五〇パーセント高く、その他の競合であるグレッグスなどのはるか上を行く。二〇〇九年の同一店舗ベース売上高は、業界最高と言われる一一パーセント増だった。メトカーフが二〇年以上も前に発見したディマンドはいまだかつてない強さに成長した。

だが、継続的な改善に対するプレッシャーも厳しくなっている。プレタ・マンジェの潜在的なライバルは無数に存在し、毎年のように増えている。消費者の嗜好も進化しつづけており、メトカーフらは引きつづき昔からのメニューも保持しつつ、新しい顧客を呼ぶ新メニューの開発に取り組んでいる。世界経済の停滞によって、プレタ・マンジェは値下げを余儀なくされた（イギリスの店では一・九九ポンドのハム・サンドウィッチが登場した）。新しい街に出店する際は、その土地の味や習慣に合わせて徹底的な分析が必要になる。

そして、もちろん常にエントロピーのリスクも迫っている。何千人もの従業員をディマンドの共同創出者にすることができなければ、品質と興奮がゆっくりといつのまにかさいなまれ、ついには致命的な落ち込みをもたらし、やがては息の根を止められることになるだろう。

すべては困難なトラジェクトリーの挑戦だ。プレタ・マンジェとそのファンのおかげで、メトカーフの想像力に富んだ執拗に探求しつづける脳は、日夜、ジンゲルのような何千人もの従業員と議論しメトカーフの情熱と活力を伝えるために働いている。何年か経てば、世界にランチを提供するレースで、プレタ・マンジェがさらにライバル社の二歩、三歩先を行くことができるかどうかも明らかになるに違いない。

6

バリエーション――「コスト効率の高い製品多様化」を図る

Variation ①異なるタイプの顧客が体験する異なるハッスル・マップ。②顧客ニーズ、嗜好、行動を反映しそれに応える技術。③個々の顧客にそれぞれのニーズに完全に適合する製品を提供する、コスト効率の高い方法を開発する技術。

オーケストラの売り出し方――音楽だけの話ではない

ディマンド創出の際に直面する最も巧妙で困難な課題のひとつが、「平均的な顧客」という神話だ。

アメリカのある優れたシンフォニー・オーケストラのマーケティング・マネジャーの仕事を例に考えてみよう。彼の仕事は大変なものだ。おそらくは無料の、さまざまなエンタテインメントよりもクラシックの生演奏のほうに、高額なチケット代を喜んで払ってくれる顧客の流れを惹きつけ、それを聴きにダウンタウンまで足を運んでもらう方法を考案しなければならない。

昔からこの仕事は、気が遠くなるほど大変だった。だが、いま「平均的顧客神話」を捨て去り、人々とその無限に変化するディマンドを現実として受け止めることが、クラシック音楽の未来のデイマンドを解き放つカギであることがわかってきた。

クラシック音楽のマーケターは、オーケストラの会員を増やすことがディマンド成長のカギだと考えてきた。「人々に足を運ばせろ！」というのがオーケストラのマーケターの常套句だった。思い切って一度地元のシンフォニー・ホールに足を運んでくれさえしたら、音楽の純然たる美しさが人々を惹きつけて離さなくなる。彼らはそう思っていた。

だが、この論理にはひとつ問題があった。そうはならないからだ。毎年、何千人もの聴衆候補者が、すばらしいコンサート・ホール、見事なパフォーマンス、魅惑的な演奏にぜひお越しくださいと誘われ、初めてのクラシック・コンサートを聴きにいく。だが、その大半は一回かぎりの顧客で、再び足を運ぶことはない。彼らは再三の誘いも肩をすくめてやりすごし、あまりしつこければ怒り出す。

こうして、オーケストラのマーケターは毎年、オーケストラの予算を確保して破綻せずに活動を続けられるように、誘いに乗ってとりあえず足を運んでくれる観客探しに奔走する。

ネスプレッソには「トライアル」というトリガーが功を奏した。だが、オーケストラの場合はまったく機能しないことがわかる。

問題は「顧客離反」だ。ディマンドが減少し、ムラができ、あてにできなくなる。オーケストラの演奏者の給料は比較的高い。町の中心街にあるコンサート・ホールの維持にも経費がかかる。シンフォニー・オーケストラが生き延びるためには、強力かつ安定したディマンドを生み出さなければならない。顧客の離反率が一貫して高ければ、ディマンドを創り出すのは大きな穴の開いたバケツに水を入れつづけるようなものだ。

一回かぎりの顧客を長期的なサポーターに転換できなかった明確な原因を突き止めるのは難しい。優れたオーケストラの有名演奏家たちに聴衆を喜ばせるだけの才能がなかったのか？　そうとは思えない。いまの聴衆にとってクラシック音楽は単に「高尚」すぎる、あるいは「古臭い」だけなのか？　だとしたら問題は厄介だ。これは必然的にオーケストラの終焉を意味するからだ。

本当に問題なのは平均的顧客神話だ。ある種の典型的な顧客を惹きつけるために提供する製品を作ってもムダだ。過剰（顧客が求めていないもの）、不足（顧客が埋めてほしいと願っているギャップ）、完全な過ち（現実の顧客の要求ではなく、当て推量）をもたらすからだ。

だが、ディマンド・クリエーターなら常に**ディマンド・バリエーション**に注目すべきだ。個々の顧客の違いと、その違いにどう応えるかを考えなければならない。そして、顧客を神話にすぎない平均的顧客の一員としてとらえるのではなく、人々が実際に感じ、体験し、望んでいるものに近づけるように、顧客をサブグループにわける。この「脱平均化」のためのプロセスは困難をきわめるが、同時にすばらしい機会も提供してくれる。偉大なディマンド・クリエーターがバリエーションを**「好む」**のはこのためだ。バリエーションは、より多くの人々に、より正確かつ収益の上がる製品を提供する機会を与えてくれる。

二〇〇七年、交響楽団のマーケティング課題を分析してもらうために、九つのシンフォニー・オーケストラが協力して調査チームを雇った。非公式には「顧客離反対策プロジェクト」と呼ばれるこの「聴衆増加イニシアチブ」の成果は、二〇〇八年半ばにデンバーで開催された会合で発表された。この会合には、全国のオーケストラから何百人にも上る音楽専門家が集まった。

調査では、顧客離反が九つすべてのオーケストラが抱える大きな課題であることが判明した。毎年入れ替わる顧客の割合は平均で五五パーセントに達した。これは大問題だった。初めてコンサートを聴きに来た人の離反率はさらに高く、九一パーセントという信じられないような数字だった。「人々に足を運ばせろ」の効力はもはやこれまでだった。

だが、調査チームがこの**「平均」**数字の説明を終えて、顧客のバリエーションに焦点を移すと、有望な解決策が見えてきた。彼らによると、オーケストラの聴衆はいくつかのまったく対照的なグループに分割することができた。①**「コア・オーディエンス」**——長期的なサポーター会員でそのオーケストラのコンサートに**何度も**足を運ぶ人たち、②**「試しに聴きに来るトライアリスト」**——初めてコンサートに来る**一回かぎり**の人たち、③**「特定の習慣を持たない人々」**——**ある年だけ**二回聞きに来た人たち、④**「特別な機会に来る人々」**——年に一～二回だが毎年来る人たち、⑤**「スナッカー」**——**一貫して**小規模のコンサートにだけ出かける人たち、⑥**「ハイ・ポテンシャル」**——さまざまなオーケストラのコンサートに**頻繁に訪れる**が、特定オーケストラのサポーター会員にはならない人たちだ。

つまり、少なくとも六つのまったく異なるタイプの顧客が存在することになる。たとえば、ボストンでは、コア・オーディエンスは顧客ベースの二六パーセントに相当し、販売したチケットの五六パーセントを占めていた。これとは対照的に、トライアリストは顧客ベースの三七パーセントで、販売したチケットに占める割合はわずか一一パーセントだった。九つのオーケストラの数字は驚くほど似通っていた。

コア・オーディエンスは**「現在」**のディマンドのカギを握る。彼らは顧客ベースの四分の一にすぎないが、収益のかなりの部分を担い、アメリカにおけるクラシック音楽の生演奏の存続におおいに貢献している（売上を分析してみると、チケット購入と寄付を合わせてコア世帯あたり五年間で四八九六ドルの貢献）。

このため、コア顧客を満足させることが不可欠である。幸運にも優れたオーケストラはこの点には習熟している。いったん地元オーケストラの定期サポーターになった顧客は、毎年会員資格を更新する。何十年来の会員も多い。

だが、**「明日」**のディマンドは？　アメリカのオーケストラを「顧客離反の呪い」から解放し、無限に続く単調なマーケティング活動から脱却させるにはどうすればいいのだろう？

答えは多様な顧客グループのひとつにあった。トライアリストだ。離反率九一パーセントという恐ろしい数字を示したかなり大きな顧客グループだ（チケット枚数の三分の一を占める）。コア世帯はオーケストラに五年間で約五〇〇〇ドルの売上をもたらすが、トライアル世帯の場合はわずか一九九ドルにすぎない。

つまり、これは「顧客離反を減らす」とか「もっと顧客を増やす」といったおおまかな問題ではなく、**「トライアリストを固定客に転換する」**というきわめて明確な問題である。試しに聞きに来る一回かぎりのトライアリストをスナッカーやハイ・ポテンシャルに変え、ついにはかけがえのないコア・オーディエンスに変えていかなければならない。

だが、どうやって？　その答えを見つけるために調査チームは、トライアリストが実際にどんなことに関心を持っているかを調べた。そうすれば、神話の平均的顧客ではなく**彼らにとって**マグネティックな製品を創ることができるからだ。

ここで彼らの調査は第二段階に入り、シンフォニー経験に伴うハッスル・マップを顧客タイプごとに作成する仕事にとりかかった。一番重要なトライアリストはとりわけ入念に検討した。トライアリストの再訪を妨げている障害を特定し、取り除くことがディマンドの未来を拓くカギだった。

調査チームが使ったのは**「要因分析」**と呼ばれる手法だった。彼らはオーケストラのマーケターの協力を仰ぎ意見を出しあいながら、クラシック音楽経験における七八の要因リストを作成した。コンサート・ホールの建物、バーでのサービス、客演指揮者、インターネットによるチケット入手の可否など、トライアリストの経験になんらかの**影響を与えるだろう**と考えられる、およそありとあらゆることを洗い出した。

そして、オンライン調査や顧客行動を調べるための信頼のおける手法を使って、リストの項目をそぎ落とし、サブグループ、とりわけトライアリストのハッスル・マップに最も影響しそうな要因一六個を選び出した。

結果はすばらしいもので、思いがけない発見もあった。そして、地元オーケストラの名声や質はそれほど**重要な要因ではない**ことが判明した。コンサート・ホールの美しさ、現代音楽を聴く機会、清涼飲料や軽食の品揃えなども影響していないことがわかった。

では、なにが違いを生んだのか？　リストの第一位は「駐車場」だった。最低限の手間で自宅とコンサート・ホールを往復するという単純なことが、唯一最も強力な「再訪の原動力」だった。トライアリストの重要なトリガーはこれだった。

これまで駐車場に注目した交響楽団などほとんどなかった。あるオーケストラの幹部は「聴衆から駐車場の文句が出た覚えはない。だから、そんなことは考えたこともなかった」と言う。だが、沈黙は人の目を欺く。長年のコア・オーディエンスたちはとっくの昔にほかの移動手段を考案し、自分たちのハッスル・マップから駐車場を排除していた。だが、トライアリストはそうはいかない。駐車場は大きなハッスルだった。何千人ものトライアリストがサポーター会員になるのを妨げるほど大きなハッスルだった。

多くのオーケストラは、近隣の駐車場と折衝し特別料金で契約し、車で来場する際の注意をチケットと一緒に郵送するという簡単な手段で、このハッスルを排除することができた。だが、この単純なことが強力なトリガーとなる。

調査ではほかにもいくつかのトリガーを特定していた。駐車場と同じぐらい簡単なものもあった。たとえば、トライアリストは、指揮者がプログラムについて数分でも解説してくれれば、もっと演奏を楽しめることがわかった。時代背景や作曲家の生涯などだ（後から思えば当然の話だ。クラシック音楽になじみがなく、有意義な体験にするにはなにか説明が必要な人は多い。とはいえ、当初の七八項目からこの項目が残ったのは当然とは言いがたい）。また、チケットを迅速かつ簡単に払い戻してもらえることも、トライアリストの快適さにおおいに影響した。昔ながらの「払い戻しはいたしません」は交渉を決裂させるハッスルである。

最後に調査チームは、どのようなフォローアップがトライアリストを誘い込む誘因になるかを突き止めようとした。ロマン派の曲をプログラムに加えるといいのか、二一世紀の音楽のほうがマグネティックか？　はたまた有名音楽家に会う機会を作れば人々が押し寄せるのか？　声楽のソロがいいのか器楽曲がいいのか？

指揮者やマーケティング・エグゼクティブなら答えがわかるだろう。実際、彼らは何十年もそう考えてきたからだ。だが、調査チームは、個々のオーケストラとそれぞれ地元のトライアリストの嗜好に合わせて何百もの小規模実験を行い、一連の「キラー・オファー」を開発した。たとえば、ボストンのトライアリストに対しては、土曜の夜のコンサートを含む一回券を勧めた。プログラムの内容は、非常にポピュラーな作曲家とそこそこなじみのある作曲家、なじみのない作曲家の曲を組み合わせ、「お友達ひとりまで無料」「バーで一杯無料」といった特典をつけ、もちろん払い戻し可にする。

そして、ニーズに合ったプログラム編成、ひとり無料、簡便な駐車場などを組み込み製品を強化することによって、ハッスルのないコンサート経験をトライアリストに提供することができる。

ディマンドのバリエーションに対処するための製品の個別化は途方もなく高くつくと思うかもしれない。なんといっても、特注のサビル・ロウのスーツはデパートの既製服よりはるかに高い。だが、オーケストラの調査結果はそうではないことを実証している。また、ディマンド創出に成功した多くの企業も、手ごろな値段を維持する一方で、製品バリエーションを増やすコスト効率の高い方法を見つけてきた。

調査結果を全国のオーケストラの経営者たちに伝えたことによって、クラシック音楽のマーケティングに静かな革命が起きた。ディマンドのバリエーションに対処する独自の対策に着手するオーケストラが次々に登場し、非常に有望な初期成果を挙げている。

ボストン交響楽団が従来のチケットのほかにトライアリストを対象とした「キラー・オファー」を試してみたところ、普段よりチケットの売れ行きが三四パーセント上がり、シーズンを通してチケットの販売枚数は五一〇〇枚増えた。ニューヨーク・フィルの場合、キラー・オファーの売れ行きは通常チケットの五倍だった。シンシナティ交響楽団はサマー・ポップス・コンサートで、トライアリストの半数に通常の定期会員チケット、残り半数にカスタマイズした一回券を発売したところ、後者のほうが二〇倍売れた。

現在、さらに多くのオーケストラがバリエーションを踏まえたプログラムを採用し、著しい成功を収めている。ペンサコラ交響楽団は、最近になって、一年間で全体の七分の一に相当する一〇〇人の会員を失っていた。だが、新しい会員を三〇〇人獲得し、二〇〇八～〇九年のシーズンにはチケットが売り切れた。カリフォルニア州のストックトン交響楽団は、会員数を三〇〇人増やし、ひとシーズンでチケットが四〇〇〇枚売れたと発表した。まだ記憶に新しい、二〇〇三年に破産申請したサンアントニオ交響楽団は、「クラシック」シリーズの売れ行きが前年度に比べて二七パーセント増えた。このように全体的なディマンド増は、景気回復の遅れが取沙汰される時期にとりわけ顕著に表れている。

この顧客離反の調査によって、鋭い直感でうすうす気づいていたことが実証されたというマーケターもいる。ボストン交響楽団（BSO）のキム・ノルテミーだ。彼女はかねてからディマンド・バリエーションの重要性に気づいていた。そして、ディマンドが最も弱い層、将来のサポーターになるはずの四〇歳以下の人々を対象とした、特別なプログラムを開発した。

さらに、若者たちのクラシック音楽へのディマンドを焚きつけるために、彼らのニーズに合わせた製品を提供した。学童とその親を対象とした、ボストン・ポップスのホリデイ・ポップスとスプリング・ポップス・コンサートは昔から子供づれの家族が楽しめるように、演奏中にじっとしていられない子供が飲み食いできるキャバレー風のシートや食べ物の提供などを行ってきた。ノルテミーはこれに加えて、カスタマイズしたメニューと長時間集中できない子供たちに食事を提供する最新のプログラムつきの特別なキッズ・マチネを企画した。一〇代の子供に対しては、バークシャー州のタングルウッド・ミュージック・センターでデイタイム・コンサートを開催し、一八歳以下の子供たちに無料チケット（寄付で実現できたもの）を配布している。また、高校生はたった一〇ドルで、演奏者による説明つき（先に挙げたトライアリストが最もマグネティックと言った特色のひとつ）で本番さながらの最終リハーサルを聴くことができる。大学生は、二五ドルのカレッジ・カードを買えばシンフォニー・ホールで毎シーズン開催される数々のコンサートを聴ける（年間二〇〇～四〇〇のショーが毎晩のように開催されている）。もうひとつの寄付金による助成プログラムでは、四〇歳以下の聴衆に二〇ドルという割引価格でチケットを提供している。

「大学生と三〇代の人には、舞台正面の一番いい席を用意します。お年を召した会員たちは、自分たちが愛する音楽を新しい世代が聴きにきてくれている、と彼らの姿を見るのを楽しみにしていらっしゃいます」とノルテミーは言う（**興味深い話だ。人は自分が好きなものが若い人たちのあいだで広まるのを嬉しいと感じる。こういったディマンドの社会的要素は見過ごされることが多いが、非常に力がある**）。

こうした取り組みのおかげで、ＢＳＯの年間来場者数は、ボストン都市圏人口の一二パーセントを超え、他の交響楽団を上回っている（ちなみにサンフランシスコでは約六パーセント、ニューヨークではわずか三パーセントである）。ノルテミーの調査では、ＢＳＯを聴きにくる世帯数は一万六〇〇〇世帯から四万五〇〇〇世帯以上に増えた。最も注目すべきは、会員の高齢化に悩む交響楽団が多いなか、ＢＳＯでは会員の平均年齢が五八歳から四八歳に下がったことだ。そして、特別にあつらえたプログラムが若者たちのクラシック音楽に対する新たなディマンドに火を点けることが実証された。

とはいえ、これでアメリカのオーケストラが直面する試練に終止符が打たれたわけではない。ヒップホップ世代にクラシック音楽を試してみるよう説得するのは、いぜんとして至難の業だ。だが、バリエーションというコンセプトは希望を与えてくれる。明日の顧客がすぐそこで見つけてくれるのを待っている。顧客の多様性を見出し、顧客を動かしているものを解読し、なにをどのような方法でいくらで買うのか、正しいレンズを通して見ることができれば、あなたも明日の顧客を見つけられるだろう。

ひとりずつ観客を増やしていったシアトル・オペラ

クラシック音楽の未来の顧客を増やすためにディマンドのバリエーションに対応した最も印象的な組織は、おそらくシアトル・オペラだろう。もっと大都市のもっと大きい歴史あるライバルとは異なり、シアトル・オペラは自力で持ちこたえてきたエネルギッシュなオペラ・カンパニーである（このオペラのアソシエイト・ディレクター、レベッカ・チャゴー曰く「シアトル程度の大きさの街は、シアトル・オペラのようなオペラ・カンパニーを**持つべきじゃない**のよ」）。

シアトルの秘密の武器は、人を感動させるすばらしい才能を持った、かつて高校教師だった人物が作った一連のプログラムだ。ペリー・ロレンツォの物語は、ひとりの人間の情熱が顧客のタイプごとに次々に伝染し、ついには町全体に伝染するプロセスを教えてくれる。

シアトル・オペラの総監督スペート・ジェンキンスが初めてロレンツォに出会ったのは、シアトル・オペラがまだディマンド創出にはほど遠かった一九八〇年代末だった。当時、ロレンツォはシアトル郊外の住宅地ブリエンにあるカトリック系のケネディ高校で文系科目を教え、ディベート・チームのコーチを務めていた。彼は、架空のオペラ・プロダクションのために生徒たちのチームがセットと衣装を考案して競う、年一回のコンテストの審査員としてジェンキンスを招いた。ジェンキンスはこの学生プロジェクトの質の高さと精巧さに圧倒された。ロレンツォはジェンキンスの賛辞をひかえめに受け流した。だが、明らかにこれが稀にみる才能に恵まれた教師と伝達者の邂逅《かいこう》だった。

ジェンキンスは、新しい教育部門のディレクターにロレンツォを採用した。ロレンツォは天職を見つけ、以来一七年間、二〇〇九年一二月に肺癌で亡くなるまでこのオペラで働いた。

ロレンツォがお手本にした人物は、ニューヨーク・フィルの指揮者レナード・バーンスタインだった。CBSテレビで一九五八〜七三年に放送された彼の伝説的な番組「ヤング・ピープルズ・コンサーツ」の斬新な演出、生き生きとした音楽、カリスマ指揮者の情熱は、若い世代をクラシック音楽の世界へいざなった。バーンスタインはその本能と少年のような心のおもむくままに、若者を偉大な音楽に惹きつける扉を開け放った。のちの顧客離反対策プロジェクトがトライアリストにしたことに通じるものがある。バーンスタインのDVDが発売されると、ロレンツォはコンプリート版を購入し、教師仲間で回して勉強した。

バーンスタインに触発されたロレンツォは、高校生たちをオペラに夢中にさせようとまったく新しい音楽作品を作った。彼のモットーは、「準備しろ、経験しろ、応えろ」だった。そして、言葉通り、生徒たちがオペラの旅に出る前に準備できるように詳細な情報キットを作って先生たちに配った。たとえば、社会の教師には、『トスカ』を見にいく前に、物語の背景となるナポレオン時代のイタリアの都市国家の歴史などを説明してもらった。英語の教師には、ヴェルディの『ファルスタフ』と原作のシェークスピアの作品を比較する教材を渡した。オペラを見た後は、先生方と協力して生徒にオペラ体験を作文に書かせたり（英語のクラス）、スケッチや絵で表現させたり（図画のクラス）、社会への影響に関するレポートを書かせた（歴史のクラス）。現在のシアトル・オペラ会員の多く――もちろんオペラ・カンパニーのスタッフも――は、一六歳のとき、本番直前リハーサルの前にペリー・ロレンツォの話に惹きこまれ、オペラに夢中になったことを鮮明に覚えている。

とりわけすばらしいのは、ロレンツォが考案した、もっと若い顧客グループ、小学校の子供たち向けのプロジェクト「オペラが学校にやってきた」だ。これは、歌手、ミュージシャンらアーティストが小学校を訪問し一週間ほど集中授業を行って、六〇人の五年生と協力して特別に製作した一時間もののオペラを上演するというものだ。演題は、「モーツァルトから『魔笛』」脚色ロレンツォとトニー・カリー。「ワグナーの『ニーベルングの指輪』から『黄金泥棒』」脚色ロレンツォの愛弟子ジョナサン・ディーン（現在シアトル・オペラの公共プログラムおよびメディア・ディレクター）。あるいはディーンがワグナーに触発されて書いた『ジークフリートと火の指輪』――こんな感じだろう。子供たちは音楽監督のもとで楽譜を学んだり、コーラスの練習をしたり、ダンスを覚える。ほかにも照明、大道具、衣装なども準備もする。

オペラを見る機会を得るのは、子供にとってすばらしい経験になる。ましてやオペラの上演に一週間かかりっきりになる、それも『三匹の子豚』のミュージカルといった子供用の話ではなく「本物の」オペラを上演するというのは、ほんの一部の五年生にだけ与えられた、生涯忘れることのないすばらしい機会だ。

週の終わりには、全校生徒、家族、友人、近所の人たちの前でオペラを上演する。他の偉大なディマンド・クリエーターと同じようにペリー・ロレンツォも、ディマンド・バリエーションが「顧客」の定義を広げる結果になることに気づいていた。「オペラが学校にやってきた」は、いまチケットを買う人たちを超えて、地域全体を音楽愛好者に変える役割をはたしている。その多くはやがてチケットを買うようになるだろう。

現在、シアトル・オペラの教育部門は、シアトル・オペラが脚色した上演作品の完璧な楽譜と台本の出版を企画している。子供たちをオペラにいざなう詳細な教授法の解説つきだ。これは、全国の将来のオペラ客を育てるうえでおおいに役立つことになる。アメリカの一五の一流オペラ・カンパニーが協力しあい、アイデアや資源を将来的に重要な顧客タイプ、この場合は学生や児童を対象としたディマンド創出プログラムに注ぎ込めば、どれだけの成果が生まれることだろう。彼らが愛するオペラのファンを獲得することができる。これは、全国の二五の一流オーケストラ、一〇の一流バレエ団、一五の一流モダンダンス団にも同じことが言える。

ロレンツォは、大人に対しても特定の顧客タイプを対象とした強力なディマンド創出プログラムも開発した。新しい作品を送り出す前に、彼の教育部門はそのオペラを芸術愛好家、大学生、読書好きといったグループに紹介する地域イベントを立てつづけに開催する。たとえば、二〇一〇年一月、シアトル・オペラは新作『イル・トラヴァトーレ』を上演した。初日までの数週間、無料でフライ美術館、シアトル大学、近隣の図書館など、街中でプレビュー講演会が開催された。地元ラジオのクラッシック音楽局でも何度か紹介され、スペート・ジェンキンスは地元で愛されている書店エリオット・ベイ・ブック・カンパニーでこのオペラについて講演した。この多メディア露出によって、『イル・トラヴァトーレ』がシアトルにやってくることに**気づかない人**はいないだろう。

もうひとつの顧客タイプは二〇～三〇代の若者たちだ（キム・ノルテミーがボストン交響楽団の

ターゲットにした顧客タイプのひとつだ)。彼らにとって、最もマグネティックな特色はクラシック音楽の社交という側面だ。オペラに気乗りしないという二〇代も、夜に友達と出かけるのは楽しい。そのプロセスで音楽に夢中になる人も出てくるはずだ。シアトル・オペラは、この顧客タイプのディマンドを惹きつけるために、ポッドキャスト、フェイスブック、ツイッター、ユーチューブのプログラム(毎日何千人もにコンテンツを提供している)からブラボー・クラブ(七〇〇人以上の二〇~三〇代が集まる社交クラブで、若者たちをオペラ経験に引き入れる一助となっている)まで、強力な社交ツールを用意した。シアトル・オペラがビゼーの『真珠採り』を上演したとき、ブラボー・クラブの会員は地元のバーで自腹を切って上演記念祝賀会を開いた。また、シアトルの有名レストラン、スペース・ヌードルで資金集めのイベントを開催したり、ワインを試飲する一泊旅行なども企画した。シアトル・オペラの製品が費用対効果が高いことも多くの若者を惹きつける要因だ。なかには熱狂的なファンになり未来のコア客になる人もいるだろう。

ジェンキンスは、音楽を愛するジャーナリスト、評論家、《オペラ・ニュース》誌の編集者を経て、一九八三年にシアトル・オペラの総監督に就任した。メディア業界に革命を起こしたマイケル・ブルームバーグ、画期的な電子書籍端末を開発したジェフ・ベゾス、アメリカの学校を変えたウェンディ・コップ、世界のランチを変えたジュリアン・メトカーフといった、偉大なディマンド・クリエーターたちの例にもれず、やはりジェンキンスも大改革の準備が整っていた業界にアウトサイダーの感性を持ち込んだ。ジェンキンスも同じように、シアトル・オペラを観客にやさしいオペラ・カンパニーに変えるために尽力してきた。たとえば、一九八四年、オペラ・カンパニーとしては世界で初めて字幕を採用した。歌詞や会話をわかりやすくするためだ。彼の情熱は彼を不屈のセールスマンに仕立てあげた。飛行機に乗ったときは必ず、最低でも乗客ひとりはオペラに誘うという。

シアトル・オペラはジェンキンスのもとで、見事と言うしかない成長を遂げ、予算は九倍にも達した（一九八三年の約三〇〇万ドルから二〇〇九〜一〇年の約二八〇〇万ドル）。そして、ペリー・ロレンツォのすばらしい製品バリエーション戦略を使ってアメリカ一力強いオペラ客を作り上げてきたジェンキンスは、顧客ベースを構成する多様な、常に進化する大勢の人々とのつながりを断たないように心を砕いてきた。舞台が終わると、彼は必ず観客との質疑応答セッションに顔を出す。仕事に追われた一日の最後にだ。「忘れることはない。なんといっても、観客の反応やアイデアを聞かせてもらえる絶好の機会だからだ」。シアトルをアメリカで最もオペラを愛する町のひとつに育て上げたおかげで、ジェンキンスはアメリカ・オペラ界の「最もパワフルな人物」二五人のひとりに選出された。また、シアトルの特色を作った「最も影響力のある人物」一五〇人のひとりにも名前が挙がっている。

❏　❏　❏

われわれは「オペラが学校にやってきた」の話に感銘を受け、シアトル・オペラのヤング・アーティスト・プログラムのメンバーに、彼女が出会った家族の話を聞かせてもらった。この若いソプラノ歌手は、五年生によるオペラが終わった後、父兄にこんなふうに話しかけられたという。

母親はこう言った。「あなたたちがどうやったのか私にはわかりません。でも、うちの娘に何かすばらしいことをしてくれたようです。学校から歌いながら帰ってきたんです。**歌うなんて！** 以前は、決して歌いませんでした。一度もなかったんです。

『今日は学校ではなにをしたの？』と尋ねました。普段ならちょっと肩をすくめて『別に』と言うんですが、あの日は違いました。『ジークフリートと火の指輪』の話が止まらないんです。クラスメートたちがどんなふうに力を合わせて舞台を準備したかとか、オーケストラ担当の子たちがどんなふうに練習したかとか。コーラス担当の娘たちはどうやって楽譜を勉強しているかとか。とにかく疲れ知らずでしゃべりつづけました。私にはとても信じられないいんですよ。

あなたたちがどうやったのか私にはわかりません」と彼女はさっきの言葉を繰り返した。「でも、あなた方がうちの娘の人生を変えてくれました。これは小さな奇跡です」

そして、若いソプラノ歌手は、彼女たちがどんなことをしたのか詳しく話してくれた。彼女はまたひとつ、音楽の情熱が伝染する機会が訪れたと感じていた……シアトル・オペラの人々が決して見逃さない機会が訪れたと。

このような物語は、いまから二〇年後、シアトル・オペラが、引きつづき繁栄している可能性は高いと教えてくれる……もちろんチケットを売りながら。だが、もっと大事なのは人生を変えながら存続していることだ。彼らが教えてくれたのは、バリエーションを真に理解することによって、組織は今日だけではなく将来の世代のディマンドも育てることができるということだ。

街角の店からユーロスターまで、バリエーションが生む驚異の世界

バリエーションは、多様な人口区分の何千人もの顧客を扱う大企業の関心事だと思うかもしれない。実際には、巨大企業との競争にさらされながらも成長している小規模なビジネスや小さな店舗でも、顧客との深いつながりを創り出すためにバリエーションの力を借りているところも多い。マサチューセッツ州ケンブリッジのわれわれの近所でもこの典型的なケースが見られる。

フレッシュ・ポンド・マーケットは、一九二二年にアルメニア移民のニッシュ・セモニアンが創業した店だ。車で数分のところに、もっと便利で明らかに安い大規模小売店があるというのに、創業八〇年、三代目が受け継いだいまもこの店は活力を失っていない。

フレッシュ・ポンド・マーケットは、温かくオープンで居心地がよく整頓されているがピカピカではなく、どこかなつかしいような雰囲気を漂わせている。いつも買い物客で賑わっているが、ものすごく混雑することはない。商品が並んだ箱は年代物だが、いつも美しく積み上げた新鮮な果物や野菜が並んでいる。缶詰はスーパーマーケットのように種類豊富ではないが、繊細な配慮が感じられる品揃いだ。ワイン、ビール売場には、試してみる価値のあるアルゼンチン、ポルトガル、ニュージーランドのあまりなじみのないワインがある。**まさに等身大の人間に合わせた食料品店だ。**

そして、経営者はこの規模の利点を活かして、個々の顧客のニーズに応えている。実際ここは、ここで買い物をするひとりひとりの顧客のニーズや希望に合わせて製品やサービスを提供する店にな

っている。

創業者の孫にあたるマルク・ナジャリアンはいくつか例を挙げてくれた。

うちの店は顧客を家族の一員のようにもてなしています。みんな顔見知りで、なにかあれば手を貸します。たとえば、ほしいものが見当たらないときは、「なんとかしましょう」と言って、アーモンド・バターが好きなウィルソンさんの旦那さんのために商品を取り寄せます。そんなふうにして商売しています。

精肉売場も人気があります。肉の質がいいだけではなく、必要なだけ切り分けるからです。これはうちの店にとって大きな売りです。ステーキ肉やチョップを買いにきた人はほかにもなにか買っていきますから。

グロサリー・チェーン店でも、アーモンド・バターの瓶や注文通りの切り方をしたステーキ肉など、個々の顧客がほしがるものを用意することはできる。ただし、一時的なサービスとしてだ。だが、店長がナジャリアンのように覚えていて、日常的に提供してくれるかというとそうはいかないだろう。ビジネスの規模と複雑さがそうさせてくれないからだ。フレッシュ・ポンド・マーケットにはストップ&ストップのようなチェーン店の強みはないが、ナジャリアンのように個々の顧客レベルでバリエーションを提供できる優位性がある。

近隣のグロサリー・ストアには見られないワインの種類の豊富さについて、彼に尋ねてみた。

ああ、あれにはわけがあるんです。祖父のニッシュはアルコール類を扱うつもりはなかったんです。でも、結局、近所に住んでいたワイン好きのジャッジ・コナハンに頼まれて置くようになりました。当時は店に出さず裏の小さなスペースに置いてました。

六〇年代になって私は真剣に考えてみることにしました。で、時間をかけていろいろ調べあの一画を作りました。お客さんは歓迎してくれてます。たいして量は多くありませんが、セレクションはかなりのものです。どの新種を試したいか、どの国のものが人気があるか、いつもお客さんから話を聞いて調整してるからです。精肉売場と一緒で、お客さんはワインを買いにきてほかのものも買って行きます。商売におおいに貢献してくれてるんです。

どこの食品小売業者も製品の品揃えをときおり変える。フレッシュ・ポンド・マーケットも顧客のリクエストに合わせて変えている。ワイン売場、新しい種類のハーブティ、生鮮品売場の高級トマト、すぐに目につくレジ脇のグルメ・チョコレートなどだ。変わらないのは顧客ひとりひとりとの絆だ。これがあれば顧客は何度も足を運んでくれる。変えるのも変えないのも**顧客中心のアプローチ**を反映した姿勢だ。こうしてフレッシュ・ポンド・マーケットは地域に根づいている。

そこから五分ほど行ったところに、ポーター・スクエア・ブックスがある。オープンしたのは二〇〇五年、アマゾンや巨大書店チェーンが小さな書店を**一掃した後**だった。それでやっていけたのだろうか？　この書店がいま売上を伸ばしている理由はなんだろう？

火曜日の朝、われわれと話すために、五人の共同経営者のうちのデール・シチュブロフスキー、キャロル・ストルツ、ジェーン・ドウソンの三人が店の裏の狭い事務所に集まってくれた。その間、なにか尋ねたり顧客の問題を解決しに店員がひっきりなしにやってきた。いつも通り店は立ち読み客や買いにきた人で混みあっていた。だが、ごった返しているわけではないので、居心地がいいのだろう。

「どんなふうにやっているのか?」われわれが聞きたいのはその一点だった。

彼らの答えは**「サービス」**という言葉からはじまった。この用語はあまりにも茫漠としていてほとんど答えになっていない。だが、詳細を聞くうちに、彼らは、個々の読書家にいたる多様な顧客タイプに応じて、とくに価値があると思える書籍関連の製品やサービスを提供していることがわかった。フレッシュ・ポンド・マーケットと同じで、この書店も顧客の多様で変化しつづけるニーズを踏まえた広範な製品を提供するプラットフォームだった。

「来てくれたお客さんは家に招いたお客さんと同じようにもてなします」とドウソンは言う。「ゲストのようにね。この本を探してると言われたとき、書棚を指差すだけなんてことは**絶対にしません**。カウンターから出て、一緒に棚まで行ってお客さんに手渡します」

「本がないときは二日以内に取り寄せます」とシチュブロフスキーが付け加えた。「二日あればたいていは手に入りますから。

店はこの建物がすべてではありません。町で会議が開催されるときは、会場に本の売場を設けます。地元の小学校で資金集めに本を売るときは協力します」。彼はこんなふうに、本を買うかもしれないし買わないかもしれないふたつの顧客タイプ──会議の出席者と地元の子供たちの家族──の固有のニーズに応えるサービスについて説明してくれた。

「読み聞かせのことも言わなきゃ」とストルツが言った。「毎週水曜日の朝、私たちは幼児に一時間の読み聞かせをしてます。一年半ほど前から。ドリア（店のスタッフ）は子供に本を読んであげるのが好きで、子供たちも読み聞かせが大好き」

「大人には朗読会をしてます」とドウソンが言う。「大手の書店のように有名人は呼べませんが、それはかまいません。うちには、アニー・ラモット、トレーシー・キッダー、デイビッド・セダリス、アレグザンダー・マコール・スミスが来てくれました。じつを言うと、マコールを見出してアメリカに紹介したのはうちのお客さんなんです。以来、彼はこの店に来てくれてます」

「従業員数はフル・タイムとパート・タイム合わせて二五人です」シチュブロフスキーが話しはじめた。「皆、お客さんと本について話すのが好きです。あの小説にはどんな書評が出てるか？　注目されているノンフィクションは？　新進のミステリー作家のなかで誰が一押しか？　六歳の姪にどの本をプレゼントしようか？　いつもちょっとしたアイデアや勧めたい本について顧客と話しています。常連客の方も喜んでいます。彼らにとってここは、ただ『来て本を見つけて帰る』ような本屋ではなく、延々と話し込んでいく場所なんです」

この「延々と話し込む」というのは、フレッシュ・ポンド・マーケットにも通じるものだ。ウィルソンさんの旦那のアーモンド・バター、水曜日の朝の読み聞かせで絵本の主人公アメリア・ベデリアと恋に落ちたよちよち歩きの幼児。人間の結びつきがあるからこそバリエーションを提供できる、社会規範と市場規範が併存するビジネスだ。この点が、彼らのような小さな商売と困難に直面しているチェーン・ストアを隔てている。

三つめの例は、ケンブリッジ・ストリートで何十年も店を構えるスキーンデリアン薬局だ。いまはジョー・スキーンデリアンと弟のボブが経営している。

スキーンデリアンのやり方は、フレッシュ・ポンド・マーケットやポーター・スクエア・ブックスとは少し違う。彼らの戦略はふたつのバリエーション・ツールだ。個々の顧客に合った製品を提供するために適切な情報を活用すること、特定のニーズに応えるために組織的なソリューションを作成することだ。ふたりとも実直な人間なので「戦略」などという考えは毛頭ない。顧客を尊敬と配慮に値する人間として気遣っているだけだ。ジョーはこんなふうに話してくれた。

この商売にはふた通りやり方があります。ひとつは、患者がやってきて処方箋を出し代金を払って帰る。こんにちほとんどの人が薬局で経験するやり方です。

ふたつめはかなり違います。こちらから顧客に話しかけます。なにが心配でいまどんな状態なのかを訊きます。すると、お客さんは安心して本当に訊きたいことを質問してくれます。

非常に興味深い話だった。彼らは、専有情報——顧客データの集合体——をマーケティング・ツールとしてではなく、人々がなにかに甘んじるのではなく本当に必要とし望んでいるものを要求できるように手助けするために活用している。ジョーは例を挙げて説明してくれた。

お客さんと話をすると、どうしても詮索してしまうものです。ここケンブリッジに、ブルーカラーの一族が住んでいます。うちのお客さんです。この辺一帯に苗字は違いますが八〇人以上暮らしているとは思いもよりませんでした。ふとしたことからそれを知ったのはついこのあいだのことです。少し前に、革ジャケットにノーズ・リング、髪を染めた少年たちがうちの店にやって来ました。私たちはほかのお客さんと同じように、彼らを尊重し、話を聞き、質問に答えました。それで、彼らがあの一族のメンバーだということ、他店ではいつもさんざんな扱いを受けていることを知ったんです。

そして、彼らはここでどんなふうに接してもらったかを帰ってからしゃべり、一族のほかの人たちは絶賛しました。もともと昔からうちのいいお客さんでしたが、いまでは私たちに対してものすごく恩義を感じているようで、いつもほかのお客さんを紹介してくれています。

大企業で「専有情報」と言えば、大きなデータベースに保管され、複雑なソフトで分析するファイルを意味する。だが、スキーンデリアンのような小さな商売では、顧客の顔を覚え、顧客のことを知り、自分がされたいと思う方法で顧客を扱うことを意味する。

彼らのシステムに必要だった組織作りについて、ジョーはこう語っている。

このような形で商売をしていけるように調整しなければなりませんでした。私たち兄弟は交代でお客さんと接しています。ほかにも薬剤師が三人いるので、私たちには患者たちと話す余裕があります。

患者を本当によく知れば、必ず違いが出てきます。今日知ったことがやがて、その患者が五年後に来たときに、大きな違いとなって現れてきます。患者が飲んでいる薬についてすべて知っておかなければ、飲み合わせの不適合によるひどい副作用を避けられません。

私たちの注意が報われるまでに長い時間がかかることもあれば、すぐに報われることもあります。去年の夏、ある若い女性が小さな子供をふたりつれてやってきました。彼女はショートパンツを履いてました。私は片方の脚が少しむくんでいるように見えたので、痛まないかと尋ねました。

「ものすごく痛いんです」と彼女は答えました。

私たちは数分話をして、とりあえずいますぐ救急救命室に行くように言いました。ケンブリッジ・シティ病院が三ブロック先にあります。

二時間後、彼女が戻ってきました。血栓の治療を受け、抗凝血薬の処方箋をもらってきました。脚の血栓がはがれて肺にでも入ったら、肺塞栓を引き起こし、子供たちはお母さんを亡くしていたでしょう。

もちろんこんなふうに患者を助けるチャンスが毎日のようにあるわけではありませんが、患者を知り尋ねなければ命を助けるチャンスも訪れません。

フレッシュ・ポンド・マーケット、ポーター・スクエア・ブックス、スキーンデリアン薬局の物語が教えてくれるように、小さなビジネスの規模と範囲は、まったく異なるタイプの顧客に対処する際に、大きな資金豊富なライバル企業にはないユニークな優位性を与えてくれる。実際、街角の店の店員なら、来店する顧客全員を知り、それぞれのニーズに合ったものを提供することができる。一度にひとりの顧客――これは究極のディマンド・バリエーションである。

❑　❑　❑

ディマンド・バリエーションは、地元のグロサリー・ストアといった規模の小さい、互いに顔の見えるビジネスでは、ほとんど自然な形で発生する（「ほとんど」と言ったのは、小さくてもいま挙げた三つの店のように**顧客に接しない店**も多いからだ）。これは、一対一の人的交流がディマンド創出に不可欠な他の組織でもパワフルな役割をはたす。たとえば、ＴＦＡのヨーナ・キム。彼女はそれぞれ異なる生徒のニーズに合わせて教え方を調整するために、労力の九五パーセントを費やした。だが、バリエーションは、驚異的な科学技術を操る巨大な多国籍企業にとっても強力なディマンド創出ツールになる。

イギリスとフランスをトンネルで結ぶアイデアは、古くは一八〇二年からあった。この一九世紀のトンネル計画は政治的軍事的懸念によって断念された。イギリス人はいつも、どこかの新しいナポレオンがフランス軍をひきつれてトンネルを通って攻めてくるのではと気に病んできた。*

第二次世界大戦後の西ヨーロッパの平和と統一によって英仏海峡トンネルの展望が開け、ついに一九八六年、その実現に向けてグループ・ユーロトンネルの名前で知られる英仏合弁企業が誕生した。八年後、プロジェクトは完成した。総工費は約九五億ポンド（うち四分の三は借金）、当初の予定のおよそ二倍に達した。一九九四年五月六日、女王エリザベスⅡ世とフランス大統領フランソワ・ミッテランの主宰する「英仏海峡」開通式が行われた。

トンネルの長さ世界第二位、海底トンネルとしては世界第一位のこの鉄道用トンネルは、見事な技術の結晶だった。**もっと重要なのは、トンネルを通るユーロスター国際列車サービスがはじまり、大都市ロンドンとパリをつなぐ便利な列車旅行の時代が到来したことだ。技術者、建設業者、先見の明を持った企業家たちがほぼ二世紀にわたる夢をついに実現したのだ。

こうしてトンネルは完成した。しかし、誰も来なかった。

「誰も」というのは言いすぎかもしれない。だが、たいして人は来なかった。ユーロスターの運行開始にあたって、専門家は年間利用者数を一五〇〇万人と見込んでいた。だが、開業から一年後の一九九五年に売れた切符はわずか三〇〇万枚だった。

ユーロスターの事業計画立案者たちは、未来のディマンドに非常に大きな賭けをして、大失敗した。ユーロスター経営陣は事業の再考と失ったディマンドを見つける新たな戦略開発を余儀なくされた。

問題のひとつは、ディマンド予測に使った「ブラックボックス化された」予測モデルにあった。これは、マクロ経済予測および航空業界との競争などの要因に関する一連の仮定を、ひとつの複雑な数式に落とし込むと自動的に利用者数がはじき出されるという仕組みだった。この非常に複雑かつ高尚なシステムは、その構築にどれほどの知性と労力が投入されたかをうかがわせる。だがしかし、はじき出された結果は、不正確きわまりないものだった。

ユーロスターは再スタートを切らなければならなかった。ユーロスターに対する顧客のディマンドが不均一であることを意識した、ディマンド分析と予測のためのシステムを作る必要があった。この新しい予測アプローチによってブラックボックスは「ガラスの箱」に変わった。彼らは、ユーロスターの利用者と潜在的利用者に、インタビューを行い、さまざまな顧客タイプのリストを作成し、各タイプの特色、経歴、期待、嗜好、価値を特定した。そのプロセスで、科学、数学、少しの直観、確かな信頼できるデータなどを総動員した。

こうしてマクロ経済とライバル情報を組み込んだ新たな利用者数予測が、顧客タイプ別に作成された。そして、すべての個別予測はひとつにまとめられた。セグメントごとの更新、再考、改訂は

＊ この問題に対するイギリス人の被害妄想は、ビクトリア朝が終わってもまだ続いていた。後世のビジネス史家ロバート・ソーベルは、好んで一八〇三年にイギリス政府が考え出した職務の話に触れている。その職務とは、ドーバー海峡の白い崖の上に立って小型望遠鏡をのぞき、ナポレオンが攻めてきたらベルを鳴らすというものだった。これが最終的に廃止されたのは一九四五年だった。

＊＊ 世界最長の列車トンネルは日本の青函トンネルである。この本州と北海道を結ぶトンネルは全長約五四キロメートルで、英仏海峡トンネルよりおよそ三キロメートル長い。トンネル計画がはじまったのは一九五五年、台風の影響で青函海峡でフェリー五隻の沈没事故が発生し、一四三〇人が死亡した一年後のことだった。建設関係者三四人の犠牲者を出し、ほぼ二〇年にわたる工事を経て、一九八八年開業した。

簡単でアクセスしやすい状態で維持される。これが「ガラスの箱」と呼んだ所以だ。

バリエーションの考え方を導入したことで、ユーロスターに戦うチャンスが訪れた。油で汚れたメガネのレンズをぬぐうように、以前の曖昧で不明瞭な平均的顧客のイメージがはっきりとした現実的なものにとって代わり、ロンドン－パリを結ぶ路線の潜在的利用客の複雑な多様性が浮かび上がってきた。

ある顧客カテゴリーは、ほかに比べてはるかに成長の可能性が高いことが判明した（偉大なディマンド・クリエーターは、ある種の顧客タイプが成長に大きく貢献することを知っている）。

ユーロスターの場合は、たとえば、「シルバー・セット・アニバーサリー・ナイト」と呼ばれるグループ――ロマンチックに記念日を祝うために一泊旅行に出かける老夫婦だ（ご推察の通り、このセグメントにはロンドンからパリに行く旅行者のほうが多い。「ロマンス」と言えば「ロンドン」というより「パリ」だ）。これは比較的裕福なグループで、ユーロスターにとって魅力的な顧客になる可能性があった。ただし、記念日は年に一回しか来ないので、当然旅行頻度は頭打ちになる。

もうひとつは「外国人旅行者」――北米などから休暇でイギリスを訪れている旅行者が数日ヨーロッパ大陸に足を伸ばす。これはかなり見込めそうに見えたが、分析を行うと希望は打ち砕かれた。大陸まで足を伸ばす資金的余裕のあるアメリカ人旅行者はごく一部であることが判明し、言葉の壁も大きかった。結論は、外国人旅行者はユーロスターの未来のディマンドを担う見込みはあるが、ささやかなものでディマンド増にはつながらない、というものだった。ユーロスターは別の顧客タイプを探さなければならなかった。

彼らは数字を分析すればするほど、あるひとつのグループに行き着くことがわかった。ロンドン－パリあるいはその逆を往復するビジネス関係者たちだ。彼らはクライアントや顧客、サプライヤーを訪ねたり、ライバル企業の様子を探るために行き来する。この種のビジネス客はお金を持っており、旅行頻度も高く、彼らの優先順位の一位である時間の節約ができるのは飛行機よりもユーロスターだった。

オーケストラの調査ではトライアリストの決定的な重要性が浮かび上がったが、ここでも英仏海峡列車の旅の成長のカギはビジネス客であることがわかった。

ユーロスターのチームはこの発見をすぐに行動に移した。開業当初の二段階チケット・プラン――片道スタンダードクラス九五ポンド、ファーストクラス食事つき一九五ポンド――を旅客タイプに合わせて多様化させた。最も手ごろな値段で早く移動したいだけという旅客には、九九ポンドのスタンダードクラスの切符。少し高くても静かな車両に乗って、さらにフリークエント・トラベラー・プログラムのポイントを貯めたい人（たとえば経費を抑えたいビジネス関係者）にはエコノミー・プラス切符一一〇ポンド。一七五ポンドのビジネス・ファーストクラスの特徴は、一〇分でチェック・イン、タクシー・サービス、専用ラウンジなどのサービスがセットになった快適な旅だ。贅沢な休暇をすごしたい人のための一九六ポンドのプレミア・ファーストクラスには、シャンパンつきの食事などさまざまな特典がついた。

新しいシステムはすぐに実を結んだ。一九九五年に利用客わずか三〇〇万人でデビューしたユーロスターは、九六年四九〇万人、九七年六〇〇万人と、その後五年にわたって着実に利用者数を増やし、二〇〇〇年には七一〇万人に達した。人々は明らかに、自分たちが旅に望むものに近い旅行経験を求めていた。

数字は有望だった。だが、この路線はいぜんとして損益分岐点にはほど遠かった。顧客バリエーションは、はたしてユーロスターを収益性のはるか高みまでいざなうことができただろうか？

❑　❑　❑

脱平均化調査によってすばらしい可能性が現れたにもかかわらず、ユーロスターは開業して一〇年間もがきつづけた。 故障と遅れのせいであてにならないという評判が立った。初代最高責任者のリチャード・エジレイはメディアへの対策説明に大半の時間を費やし、三〇分を超える遅れを出した列車の乗客に無料切符を配布したため、初年度だけでその額は二〇〇〇万ポンドに達した。

エジレイの後任ハミッシュ・テイラーは、引き継いだことを「自殺行為」と称した。彼は運行状況の改善に力を入れた。とりわけ重視したのは、ロンドンと海峡間の高速路線の建設だった。これはイギリス側のトンネルまでのスピードアップを図ったもので、旅程全体の所要時間の短縮につながった。また、収益改善にも若干貢献したが、一九九九年にユーロスターを去る時点ではいぜんとして利用客ひとり当たり一〇ポンド以上の損失が生じていた。

次の最高責任者ゴードン・バイは一連の災難に襲われた。世界同時不況、列車の老朽化、故障の頻発だ。イージージェット、ライアンエアーといった格安航空会社が登場し、休暇で旅行に出る人々を惹きつけた。二〇〇一年、ユーロスターのロンドン―パリ・ルートのシェアは著しく低下した。同年九月にはニューヨークとワシントンで9・11テロが発生し、世界中のビジネス客の客足が鈍ったために収益はさらに抑制された。利用者数も二〇〇〇年の七一〇万人をピークに三年間にわたって落ち込んだ。

フランス、ベルギー政府とイギリス政府と民間企業のからんだユーロスターの厄介な所有権協定はこの問題をさらに複雑にしていた。二〇〇三年だけでユーロスターの一部所有権を主張する団体は一四を超えた。

これが二〇〇二年八月、リチャード・ブラウンという名の新たなCEOがユーロスターを引き継いだときの状況だった。これより三〇年前、大学卒業と同時にブラウンは、シェルとモービルからの魅力的なオファーを断ってイギリス国鉄に入ったが、父親は彼に転職するよう勧めた。その当時でも、鉄道は瀕死のビジネスと考えられていた（「人々は『鉄道の問題』を話題にし、そういう名前の本まであった」とブラウンは回想する）。だが、彼は鉄道の旅を「おもしろい」と思い、最後までそれを貫いた。

鉄道業界で高く評価されていたブラウンは、苦闘するユーロスターに堅実で経験豊富なリーダーシップをもたらす格好の人物だと目されていた。ロンドンの《タイムズ》紙に掲載されたプロフィールにはこうある。「大きな顔にデスペレート・ダンの顎をした、背が低くはげかかった、礼儀正しいブラウンは、鉄道業界に残っている最良の経営者、戦略家のひとりと言われている」。デスペレート・ダンとはイギリスの古い漫画に登場する、大きな顎と並外れた強さで知られた荒々しい西部の男だ。片手で牛を持ち上げ、火炎噴射器で顎髭を剃る。ユーロスターを引き継いだブラウンにも、彼のような強靭さが必要だった。

企業変革は決して簡単なことではない。ユーロスターのような複雑な組織では、とりわけ困難な仕事だった。ブラウンは言う。「職場には三つの国の人がいて、運営本部もブリュッセル、パリ、ロンドンの三カ所にある。列車運行に携わっているスタッフは四〇〇〇人に上った。最も小さいプロセスを変えようとしても、相当数の人間が行動を改めなければならなかった。たとえば、朝食のトレイに乗せるロールパンを変えるといったことでも、新しいサプライヤーを見つけたりスタッフ訓練をやり直したり、おそろしくややこしいことになる」

ブラウンは意を決して取り組んだ。まず、前任者のような受け身な言葉遣いはやめた。運行改善を約束することが最優先課題だとわかっていたからだ。もうひとつの挑戦がディマンド創出だった。彼はそれまでの前任者たちには見られなかった顧客志向の姿勢を全面的に出して、こう宣言した。「われわれは非常に競争の激しい消費者市場の只中にいる」と。

最も重要なのは、ブラウンがユーロスター成長の最大のカギを握るビジネス客の誘致に乗り出したことだ。広告宣伝やマーケティングだけの話ではなかった。既存の製品は、重要な顧客タイプを悩ませるハッスルの改善にはあまり効果的ではなかったため、新たな特色を創り出し実行に移さなければならなかった。着任一カ月後の二〇〇二年九月、ブラウンは三五〇〇万ポンドをかけた「ユーロスター・フォー・ビジネス」プログラムに着手し、たとえば、ビジネス客専用の列を設け、一五分でチェック・インできるようにした。これは重要な顧客タイプのハッスルを真っ向から取り除く措置だった。

彼はこの顧客タイプのニーズと希望をさらによく知るために、調査やフォーカス・グループといった従来のビジネスツールを活用した。また、年に何十回もロンドンとパリを往復する弁護士、銀行家、財務担当者らと個人的に仲良くなった（公私両面で顧客と話すことが非常に大事だと彼は言う。「どちらか一方ではダメだ」）。多くのユーロスター常連客が集まってクラブ一八〇を結成した。数字はユーロスターの所要時間を表している。ブラウンは時間を作ってクラブの会員たちと話し、旅行のハッスルに関する不満などを聞き出しては自分の「やるべきことリスト」に加えていった。彼は会員たちのことを「ゴールド・ダスト」と呼ぶ。貴重なフィードバックが得られるからだ。

ブラウンは顧客の不満の声にひたすら耳を傾け、やがてその努力が報われるときがやってくるはずだった。

故障は相変わらずユーロスターを悩ませた。二〇〇二年一〇月、天候の影響でシステムが故障し、列車運行が丸三日止まると、ロンドンのウォータールー駅にあるユーロスターのオフィスの外に、普通車の客五〇人が参集した。その多くは列車のなかや駅の床で寝た人たちだった。「責任者を出せ！」と叫びながら足を踏み鳴らしたり、手を叩く群衆を治めるために警察が呼ばれた。

顧客と話す勇気は偉大なディマンド・クリエーターに共通するものだ。ブラウンもすぐに何人か責任者をひきつれて姿を見せた。彼は一時間かけて激しい非難の声を治めた。そして、友好のしるしとして残っていた旅客全員にユーロスターの新しい高速路線の無料切符を提供した。

この経験を活かして、彼はなによりも大切なビジネス客に対して一層の努力を払うようになった。

二〇〇三年六月、イアン・シュレーガーの伝説的なブティック・ホテルやフランス大統領フランソワ・ミッテランの自宅の内装を手がけたことで有名なフィリップ・スタルク設計による新しいプレミア・ファーストを導入する計画が明らかになった。従来の2＋1席のレイアウトは個別の卵型回転台つきシートに変わった。「プレミアム・ファーストは自家用ジェットより快適になるはずだ」とスタルクは宣言した。「この列車と同じぐらい快適な航空機はないだろう」。まもなく、ファーストクラス、スタンダードクラスのすべての座席がアップグレードされることになった。ウィングつきのヘッドレスト、ノートパソコン用のコンセントが装備され、列車ごとに二台あるバー車両も改装される。

二〇〇四年、ブラウンの努力はついに実を結びはじめた。利用客数は四年来初めて上向き、ビジネス客も増えはじめ、調査で特定された他の顧客タイプも増えてきた。

驚いたことに、ユーロスターの成長を支えた顧客タイプのひとつが「友人親戚を訪ねる人」であることも判明した。海外居住者は利用客のかなりの部分を占めた。パリに引っ越したイギリス人、ロンドンに引っ越したフランス人などだ。このセグメントはヨーロッパの経済・文化の統合に伴って着実に増えていった（いまやロンドンを「フランスの六番目の大都市」と称する人もいる）。

この顧客タイプが特定されると、すぐにブラウンらは、このセグメントを育てるために低価格の平日切符やフリークエント・トラベラー・プログラムなどを実験的に提供した。また、インタビューを踏まえて「友人親戚を訪ねる人」をさらに、定年で引退した人たち、学校や職場に通う若者といったサブグループに細分化し、それぞれのハッスル・マップや旅の嗜好を特定した。そして、こうしたサブグループに合わせてマグネティックな製品を拡張した。引退した人は子供や孫と旅することが多い。そこで、子供向きのディズニーランド・パリの割引特典などがついたパッケージ・チケットを用意した。学生や職業を持つ若者にはコンサートなどの割引切符を提供した。こうしてユーロスターの利用客は増えていった。

❑　❑　❑

だが、ユーロスター最大の躍進のときはすぐ間近に迫っていた。これは、英仏海峡トンネルの開通を思い起こさせる、驚くべきディマンド創出のブレイクスルーだった。

ユーロスターの執拗で入念な顧客調査は、小さなサービス改善――とくに所要時間の短縮――が、とりわけビジネス客のディマンドに大きな影響力を持つことを示していた。片道約三時間というユーロスターの速度では、いぜんとして旅行客には大きな負担だった。

有名なTGVを擁するフランスには、高速列車用線路の敷設と保線に長年の経験があった。イギリスはそうではなかった。ユーロスターが開業したとき、最も低速な区間だったのはロンドンからケント州を通って海峡トンネルのイギリス側入口までだった。この区間の性能を上げ全所要時間を短縮できれば、ビジネス客にとって大きなハッスル削減になる。パリでの滞在時間が四〇分増え、ゆっくりランチをとることもできるからだ。午後の会議が少し延びても、いつも通り帰宅し子供を寝かせて夫婦で夕食を楽しむことができる。

線路の性能向上に伴う莫大な費用をまかなったのはユーロスターのイギリスの株主たちだった。

このプロジェクトの第一段階は二〇〇三年に完了したが、その効果は期待ほど大きくはなかった。二〇〇七年一一月、プロジェクトの全工程が完了した。この高速新線ハイ・スピード1（HS1）が完成したことによって、イギリス国内の区間が既存のフランス、ベルギー路線と同じ性能になり、ロンドン－パリ間の所要時間は三時間から二時間一五分に短縮された。

旅客におよぼす心理的な影響は大きかった。開通祝いの最初の列車に乗ったジャーナリストのアンドリュー・マーティンは非常に喜んだ。「英仏海峡トンネルまで三〇分だった。まるでテレポーテーションのようだ……これは最も洗練された交通手段だ」

その運行にまつわる波乱に富んだ歴史を思えば、高速新線への移行は実質的に故障ゼロに等しかった。「なにもかも非常に順調だった。開通して二週間ほど経ったころ、あるスタッフがこう言ったんだ。『これだけかね？』」と、ブラウンは笑いながら当時を振り返った。

海峡を横断する旅から四〇分削ぎ落としたことで、ビジネス客にとって最も貴重な「時間」という恩恵がもたらされた。ブラウンは誇らしげに宣言した。「数年前には、パリに日帰りで行こうなどと考えもしなかった……ユーロスターの活用法は増えつつある」

HS1の出現でユーロスターのマグネティックな魅力はこれまでになく向上した。また、ユーロスターの悲観的で受け身だった企業文化にも自信と誇りが現れた。すばらしい技術的成果がユーロスターの社員に巨大なエネルギーの高揚をもたらし、未来の挑戦に対してブラウン曰く「脅威がなくなり機会を見出す」ようになった。

インフラの改善は二次的な恩恵ももたらした。高速新線の開通と同時に、ユーロスターの始発駅がロンドン市の南西に位置するウォータールー駅から北部のセント・パンクラス駅に移されたからだ。さして変わらないように見えるかもしれないが、これが大きな違いを生んだ。

顧客バリエーション調査では、列車移動という選択肢の影響力がおよぶ範囲が地理的条件に左右されることが判明した。フランスまでユーロスターを選択するイギリス人旅行客は、ロンドン以外の町よりロンドン在住者が圧倒的に多い。さらに言えば、ウォータールー駅近辺に住む利用客のほうがこの駅まで三〇分から一時間要するロンドン郊外の利用客よりはるかに多い。

ジップカーが当初直面した問題を思い出してみよう。顧客がジップカー製品に尻込みしたのは、最も近い車までかなり歩かなければならなかったからだ。ジップカーは特定の地域に限定して車を配備する密度を上げ、車まで徒歩二〇分を一〇分に、最終的には五分に短縮して問題を解決した。

二〇〇七年のウォータールー駅からセント・パンクラス駅への移行は、ユーロスターにも同様の影響をおよぼした。地下鉄六路線、在来線七路線が交差するセント・パンクラス駅は、顧客を惹きつける「集水域」を拡張した。そして、パリへ向かう列車は、ロンドン郊外やハートフォードシャー、ベッドフォードシャー、バッキンガムシャーなど北部の州の住民にとっても魅力的な選択肢となった。

セント・パンクラスへの移行は、潜在顧客ベースを再定義し大幅に拡張した。こうしてディマンドはさらに成長していった。

❑　❑　❑

ＨＳ１の導入以降も、ユーロスターはビジネス客を最重要視する姿勢を崩さなかった。なかでも最も成功した戦略は、たとえば払い戻し可、列車を指定しないといった「オプションつき」切符の提供だった。これも、特定の顧客タイプのディマンドを惹きつけるニーズに合わせた製品の力を示す一例である。

乗れる列車を制限されない切符はビジネス客にとって非常にありがたい。ぎりぎりになって予定を変更せざるをえなくなることも多いからだ。また、彼らは経費で切符を購入するため、この種の切符の割増料金は気にしないものだ。逆に、レジャー客の場合は計画を立てて移動するため、この種の選択肢は必要としないし、割増金額を払ってまで手に入れようとはしない。

多様な顧客ニーズは値段に反映される。ロンドン－パリ間の**オプションなし**の最低価格の往復切符は七五ユーロだが、**オプションつき**のビジネスプレミアは往復で三三九ユーロから購入できる。後者のマージンはかなり大きい。

ビジネス客に提供されるのはオプションつき切符だけではない。駅ではラウンジやさまざまな設備の整った会議室が提供され、切符を購入する際にオンラインで簡単に予約できる。こうした施設は都市を行き来するビジネス客の時間の節約につながる。ビジネスプレミア客には、駅から目的地までの車の手配、ビジネスラウンジでのＷｉ－Ｆｉアクセス、携帯電話やノートパソコン用のコンセント、座席まで食事や飲み物を届けるといった一連の特典が提供される。また、降りてからタクシー乗り場の長蛇の列に並ばなくても済むように列車のなかでタクシーを手配することもできる。

こうした顧客タイプ別製品バリエーションのおかげで、ユーロスターは主要なライバル、航空会社との戦いに決定的な勝利を収めた。＊現在、ドル箱であるビジネス客は、現在その四分の三がロンドン－パリ間を航空機ではなくユーロスターで移動している。大多数が航空機を選択した二〇〇三年とは大違いだ（ユーロスターの列車の九〇パーセントは時間通り運行されている。ヒースロー空港を時間通りに離発着する飛行機は七〇パーセント以下だ）。また、ユーロスターへのディマンドの移行は、いまや自己増強型スパイラルを描いている。つまり、ユーロスターへ移行するビジネス客がさらに増えれば航空会社はビジネスシートを削減し、シート数が減ればさらにユーロスターへの移行に拍車がかかるというわけだ。

また、ビジネス客に焦点を絞ることによって、他の顧客カテゴリーも惹きつけることができる。顧客調査とブラウンの個人的な利用客調査によって、ビジネス客が他の客から離れて座りたがることも判明した。Ｅメールを読んだり、企画を立てたり、プレゼンテーションのリハーサルをする会議を控えたビジネス客にとって、ディズニーランドに出かける幼児やハネムーンのカップルの隣に座るのはありがたくない話だ。

だが、ブラウンらも気づかなかったが、レジャー客も同じ気持ちだった。せっかくの休日気分をピンストライプの背広を着こんだ一団のノートパソコンのキーボードを叩く音や携帯電話で取引話をする声で台なしにされたくないと思っていた。

「非常に驚いた」とブラウンは言う。「火を見るより明らかなんだが。これも、いままでなんでそ

＊　英仏海峡横断にはフェリーも運行しているが、利用客は極端に減っている。

んなことに気づかなかったんだろうと思う類のことだ」

ユーロスターは双方の要求に応じてこのふたつのタイプの利用客を分け、**双方の旅行経験の向上**に努めた。たとえば、二〇〇五年には、裕福なバカンス客が気ままにバカンス気分に浸れるように「レジャー・セレクト」切符を売り出した。ビジネス客と同様に、専用客車を設け、新聞や雑誌を用意し、座席に食べ物や飲み物を運んだ。「変えてみると、**ビジネスプレミアもレジャー・セレクトも**切符の売れ行きが著しく伸びた」とブラウンは言う。そして、他のセグメントでも利用客が増えた。ちなみに、現在は「友人親戚を訪ねる人」のセグメントの九一パーセントがユーロスターを利用している。

❏　❏　❏

ディマンド・バリエーションに対処する際に使えるテクニックはいろいろあるが、ユーロスターは少なくともふたつ使っている。製品バリエーション（ビジネス客やその他の顧客タイプに合わせた専用のサービスの提供）とパーソナライズ可能な製品プラットフォーム（土壇場の変更に価値を見出す顧客にオプションつき切符を提供する）だ。

偉大なディマンド・クリエーターの例にもれず、ユーロスターも最終顧客を超えた顧客タイプのニーズを扱うシステムを開発した。たとえば、熱心な約一五人のスタッフが企業を回って出張担当者に会う。これはこの業界では珍しいことだ。また、イギリスやヨーロッパ諸国を訪れる旅行客のディマンド作りに大きな役割をはたす海外の旅行代理店にも接触する。開業から一〇年間は、海外の旅行代理店がユーロスターを予約するには何段階も経なければならなかった。ブラウンが「泥沼を歩くようなな」と形容するプロセスだ。だが、二〇〇四年に、旅行代理店が航空券を予約する際に使うグローバル・ディストリビューション・システム（GDS）を導入した。このハッスル軽減のブレイクスルーのおかげで、リーチがきわめて困難と考えられていた「海外旅行客」をディマンドの網に引き込むことができた。イギリスを訪れるアメリカ人観光客のユーロスター利用の伸び率は、年間五〇パーセントを超えている。

ブラウンは公式非公式両方のやり方で顧客と話す重要性を力説したが、同様に従来のマーケティング手法（広告、プロモーション、広報活動）と顧客主導のクチコミの双方が必要だと言う。「クチコミのない広告、広告のないクチコミ、いずれも突破口は開かない。旅行には人それぞれさまざまなやり方があって、皆簡単に変えようとはしないものだ。ビジネス客が航空機で移動していたころからほとんど航空機を使わなくなるまでの五年間の大半をこれに費やした。人々にある種の転換を促すのは時間も労力もかかる大変だ仕事だ」

だが、変化は起きている。年間総利用者数は、一九九五年の三〇〇万人から二〇〇〇年の七一〇万人に増えた。その後三年ほど停滞し七〇〇万人を下回ったが、以後六年連続で増加している。二〇一〇年には九五〇万人に達した。二〇一二年には一〇〇〇万人を超えると見られている。そうなると、ユーロスターは初めて最終利益を確保できると期待されている。

もちろんブラウンとその仲間たちは喜んでいるが、これはイギリス国民にとっても嬉しい話だ。一九九四年に英仏海峡トンネルの入り口でリボンにハサミを入れて以来、毎年国民の肩にかかってきた経済的負担の重荷からようやく抜け出す望みが出てきたからだ。そして、列車の旅は航空機に比べて温室効果ガス排出量が一〇分の一ということを知っている環境保護論者たちも喜ぶに違いない。

ほかにもユーロスターの復活による隠れた恩恵が判明している。ユーロスターの英仏海峡トンネルの旅行客が増えたために、ブラウンはイギリス政府に地方空港拡張計画の縮小を呼びかけた（ユーロスターの概算によると、年間二五万回の短距離飛行がユーロスターにとって代わった）。「新しい空港がひとつも必要ないと言っているわけではない。ひとつかふたつ減らすのは決して些細な問題ではない」。経済的環境的な問題や騒音問題によって、空港建設に反対する声は高まっている。些細な問題ではすまされない。

現在、リチャード・ブラウンの力強いリーダーシップ、バリエーションによって生まれた洞察を活かした一〇年を超える努力の長期的な効果のおかげで、ユーロスターにようやくそのディマンド創出能力をまっとうする兆候が現れてきた。

これはいいことだ。というのも、まったく新しい試練の波がすでにユーロスターに襲いかかっているからだ。

ひとつは、列車故障の悪夢の再現だ。二〇〇九年一二月、クリスマスの直前に五台の列車が故障し、二五〇〇人を超える利用客が車内に取り残され、旅行を計画していた一〇万人以上の人々に影響が出た。この大失態により、統合新会社ユーロスター・インターナショナル・リミテッドの会長へのブラウンの昇格は見送られた。

同時に、新たな競争相手の脅威も出現している。二〇一〇年六月、競争市場の確保を託された欧州委員会の監視機関は、長年の懸案だったユーロスターを単一の統合された企業体とすることを承認した。条件は、ロンドン－ヨーロッパ間の英仏海峡路線を競争企業に開放するというものだった。これに対し、オランダ国鉄、エールフランス、ドイツ鉄道が名乗りを上げた。

実際にこの路線に参入するには時間がかかるだろう。開業は早くても二〇一二年以降と見られている。だが、ブラウンはすでに反撃を開始した。そして、ユーロスターを改善の急勾配のトラジェクトリーに押し上げるために一連の新たな構想の陣頭指揮に立ち、さらなる顧客の期待と新たなライバル企業の何歩も先を行こうとしている。そして、より広範な顧客タイプの点をつなぐために作成された新たなマーケティングおよび販売戦略を発表した。ヴァージン・アトランティック航空の航空券との「ダイナミック・パッケージング」やスイスまでの乗り継ぎ切符などだ。

また、ブラウンは高速新線ハイ・スピード2の計画作成に着手するようイギリス政府に働きかけている。二〇一〇年一〇月、ユーロスターはシーメンスの新型高性能高速列車一〇台に一一億ドルを投入し、ヨーロッパ各地へ乗り入れる意向を示した。

ディマンド・クリエーターの仕事には終わりはない。だが、本当に優れたディマンド・クリエーターなら、市場の脱平均化が、いつ起きてもおかしくないディマンドの爆発を呼び込むことを知っている。ユーロスターの次なる脱平均化の動きはいつだろう？

❏　❏　❏

「サプライ・サイド」の考え方に慣れてしまった人は顧客バリエーションを嫌う傾向がある。異なるニーズに対してひとつひとつ配慮し考えなければならないため、事態がややこしくなるからだ。ディマンド・クリエーターはそうではない。彼らはバリエーションが大好きだ。顧客の希望とニーズに製品を正確に適合させ、より多くの顧客によりよい多くの機会を提供できるからだ。

だが、バリエーションに対処するのは決して簡単なことでないこともわかっている。複雑で扱いにくく費用もかかる。そこで彼らは長年かけて、費用対効果の高いバリエーションに対するいくつかの戦略を編み出してきた。

1 製品バリエーションの創出。コスト削減のためには共通部品の比率が高いほうが好ましい。例としては、アップルのｉＰｏｄ（四九ドルのｉＰｏｄシャッフルから三九九ドルの高性能ｉＰｏｄタッチまで）。

2 個々人に固有のニーズに合うアドオンつきプラットフォームの創出。例としては、ケアモアの通常サービス・インフラと糖尿病や鬱血性心不全などの病状に合わせた複合的な「プラグ・イン・サービス」。

3 組織的なソリューションの提供。特定のニーズに合わせて確実に機能する献身的な人材。例としては、ブルームバーグとテトラ・パックが世界各地に多くの専門家たちを送りこみ、クライアントと密接に協力して、サービスをカスタマイズしたこと。

4 専有情報を活用した製品提案の個別化。例としては、顧客の購入履歴や評価を踏まえたアマゾンやネットフリックスの推奨エンジン。

5 必要に応じて、多様な顧客に対応するための新部門、新事業の立ち上げ。例としては、ネスプレッソでエスプレッソ業界に進出したネスレ。

以上は五つの異なる顧客バリエーションに合わせた五つの戦略である。「すべてのディマンドを満たす万能な製品」という考えからはるかに進化したディマンド・クリエーターたちから学ぶものは多い。

7 ローンチ——需要のアキレス腱に注意する

こんにちハイブリッド車とそこから派生した電気自動車は自動車革新の最前線にある。燃費のよさと環境にやさしいイメージのおかげで、次々に登場するこうした代替車は世界中のドライバーたちのディマンドを刺激する。

だが、こんにちの熱心なハイブリッド信奉者のなかに、アメリカで初めて発売された量産ハイブリッド車の名前と正確な時期を挙げられる人はいるだろうか？

車の名前はホンダ・インサイト、ローンチ（発売開始）は一九九九年。発売されたその日から、アメリカ環境保護庁はガソリン一リットル当たり三五キロメートルという驚くべき燃費を絶賛した。とにもかくにもインサイトは見事なブレイクスルーだった。そして、どうなったか？　なぜ、のちのハイブリッド車のようなディマンド革命をもたらすことができなかったのだろう？

ひとつめの疑問に対する答えはこうだ。第一世代インサイトの販売台数は**全世界で**わずか一万七〇〇〇台、二〇〇六年に生産を停止した。二〇〇九年にはフルモデルチェンジしたインサイトを発売した。日本では発売から一年で売上台数五位に入りそこそこの実績を残したが、アメリカでの反応は冷ややかだった（二〇一〇年に二万一〇〇〇台弱）。

その理由はいくつかある。まず挙げられるのは、第一世代インサイトはまだ研究所レベルの技術プロジェクトの域を出ていなかったという点だ。２ドアハッチバックで後部座席はなかった。《ニューヨーク・タイムズ》紙は、ポパイの恋人オリーブのあの足首までのスカートを引き合いに「リア・フェンダーのスカートは古臭い」と酷評した。自動車情報サイト、エドマンズ・ドットコムの自動車アナリストよろしくこの革新的な車の長所を必死で見つけようとした評論家たちでさえ、不満の数々をあげつらった。「後輪の上半分を覆うリアホイール・スカートは洗車時やタイヤ交換時に外さなければならない。アルミニウム製のボディ・パネルは修理や交換にお金がかかり、そのぶん保険料も割増になる。標高の高いところで暮らす人は、買い換えようにもバッテリー・パックの消耗が早すぎるため、燃費の悪いガソリン車を使いつづけるだろう」。エドマンズの走行実験を担当する編集者は警告した。「追い越しはお勧めできる類のものではない。スピードを出したときの恐怖感はさしものトヨタ・カローラでさえ次点に甘んじるほどだ」。そして、具体的にこんなふうに報告している。「風速一七メートルの突風が吹くと、インサイトはタイヤを履いた凧のような感じになる……インサイトは強風で文字通り別の車線に持っていかれるだろう。少なくとも快適とは言いがたい」

「ホンダの技術力が達成した偉業には頭が下がる」としたエドマンズの評論家も、最後はこの哀れな車を勘弁してやってほしいと結んだ。「こう考えてはいかがなものか。インサイトは先駆的役割をはたしているのではなく、ただ資源を節約しているのだと」。ホンダはのちにこの車は「実験的なもの」だったとしているが、だからといってモーターショーのサーキットから現実の市場に参入した理由を説明するものではなかった。

ホンダは数々の画期的な技術を生み出した輝かしい歴史を持つ企業である。だが、その技術力の勝利とも言えるインサイトはどう見ても失敗だった。この手の話は予測不能なディマンドの世界にはいくらでも転がっている。新製品を発売し失敗に終わるケースは成功するケースより何倍も多い。世に出して失敗するというこの厳しい現実は、一九九三年、ハイブリッド車プロジェクトにゴーサインを出したトヨタの役員たちの頭にもあったに違いない。

世界の石油枯渇が着実かつ予測不能な状況で進むなか、超高性能ハイブリッド車というコンセプトの訴求力は圧倒的だ。だが、その開発には莫大な金がかかる。トヨタの技術者たちがインサイトをはるかに上回る燃費を達成しようとしていることを考えれば、開発コストは少なくとも一〇億ドルに達するだろう。そして、インサイトが辿った運命を思えば、まだなじみのない新しいテクノロジーを駆使した車が商業的に成功する確率は低かった。トヨタの場合、その数字は五パーセントに満たなかった。

このプロジェクトの特別チームを率いた内山田竹志に、あれほど望みのなさそうな製品でなぜ一〇億ドルもの賭けに出たのかと尋ねると、彼はこの一〇〇年で最も大胆なプロジェクトに比してこう答えた。「アメリカ人が月に行けたのだから、われわれも成功するはずだ」

月面着陸は、確固たる敵（ソ連）の、世界に対する挑戦を受けて立った勇敢な若い大統領の大きな賭けだった。喜んで引き受けるリーダーなどほとんどいない、組織を危険にさらす賭けだった。はたして内山田はうまく事を運ぶことができたのだろうか？　そして、トヨタはホンダと同じ運命を避けることができたのだろうか？

ローンチはディマンドのアキレス腱である。それが新製品であろうと、NPOや政府プログラム、教育構想であろうと同じだ。どんなプロジェクトであろうとローンチは、現実をかき乱し変える試みである。しかも、大多数は失敗し現実は手つかずのまま残る。新製品は買われないまま、理想的NPOは目標のはるか手前で頓挫し、人々を助けるはずの政府プログラムは人々に届かず、教育構想は無視される。そして、世に出したチームが惹きつけ満たすはずだったディマンドは決して実体化されることはない。

❏　❏　❏

経営のしっかりした世界最大手の企業でさえこの失敗を犯す。イギリスの大手食品小売業テスコの例を取り上げてみよう。世界一優れた企業と言っても過言ではないテスコは、フレッシュ＆イージー・ネイバーフッド・マーケッツという名のスーパーでアメリカ進出を企てた。南西部一帯に店舗を展開するにあたって、テスコは三年間慎重に準備を進めた。ほかのデザインも試してみるために、倉庫内にモデル店舗を造ったりもした。買い物客が店内を移動しカートに商品を入れていく様子を観察し、顧客行動も徹底的に調査した。そして、エブリデーロープライス、迅速簡便なセルフサービス方式のレジ、見て回るのに便利な比較的小規模な店舗（九三〇平方メートル）に新鮮で健康的な食品を並べた店がオープンした。

巷では成功間違いなしと言われた。二〇〇七年一一月にカリフォルニア州、アリゾナ州、ネバダ州に新しいチェーン店をオープンした時点では、二年以内に二〇〇店舗に増やすと発表した。目標売上は週二〇万ドルだった。だが、実際の売上は平均週五万ドルにすぎず、さらなる調査が必要として計画を中断したとき、店舗数は一一五店にとどまっていた。

なにが問題だったのか？

テスコは徹底的な調査と分析を行ったにもかかわらず、アメリカの消費者を根本的に読み違えていた。アメリカ人には、毎日安いだけでなくクーポンも必要だった。レジでは言葉を交わしたかったし（自動精算機ではなく）、クレジットカードを使いたかった（フレッシュ＆イージーはカードが使えなかった）。このほかにもフレッシュ＆イージーが提供しなかったたくさんの要望があった。テスコが顧客がほしがっていると思い込んでいるものと、顧客が実際にほしいものはまったく異なっていた。

テスコの経験は決して例外ではない――原則である。進出失敗の歴史を振り返ってみれば、ウォルマートのドイツ進出、イケアの日本進出、ノキアのNゲージ・ゲーム機、アップルの初代マックブック・エア、ソニーの電子書籍端末リブリエなど無数に挙げることができる。もちろん、ホンダのインサイトもだ。

失敗に終わったプロジェクトの数を正確に特定するのは難しい。だが、優秀な業界専門家たちの見積もりに表れた数字は充分に気落ちさせるものだ。彼らによれば、ハリウッド映画で採算ラインに到達しなかったものは六〇パーセントに達する。M&Aで損失のみが残った企業も六〇パーセント、コンピュータ・システムの性能改善といったITプロジェクトの失敗は七〇パーセント、ベンチャー・キャピタル投資の失敗は八〇パーセント、日の目を見なかった新食品は七八パーセント、新薬の失敗にいたっては九〇パーセントを超える。

この種の分の悪い賭けを好転させる方法はあるのだろうか？　企業、ＮＰＯ法人、政府機関、慈善団体を問わず、ディマンド・クリエーターを目指す人なら、成功の確率を二〇パーセントから八〇パーセント、あるいはそれ以上に転換することができるだろうか？

おそらくは可能だ。だがそれには、典型的なローンチの失敗を運命づける、いわば思考方法の「遺伝子」を変えなければならない。普通のやり方から大きく離れ、ユニークな組織構造を作り上げ、普通ではない資源の組み合わせを考え出し、充分な恐怖心を持って臨まなければならない。ジョン・ケネディの「人類を月に着陸させ、無事地球に生還させる」という目標を達成した、アポロ計画を担ったチームが持っていたひたむきさ、強靭さ、勇気が必要だ。

なによりも重要で難しいのは、成功にはわれわれを形作る生来の性格の克服、人間の本性の克服が必要だということだ。

❑　❑　❑

なにかに乗り出すとき、人はかなり勝算があると心のなかで信じている。そうでなければそもそもプロジェクトに着手しないだろう。だが、これが間違いだ。勝算はわからないし、たいがいの場合はひどい結果に終わる。その根拠はともかく、経営者は一般に自信に満ち溢れている。だが、その自信が幻想であったり、マイナスに作用することも多い。

ダン・ロバロとダニエル・カーネマンの二〇〇三年の『論文楽観主義が意思決定を歪める』は、

人がなぜ成功の確率を過大評価するのかを次のように述べている。「リスクの高いプロジェクトの成果を予想するとき、エグゼクティブたちは誰もがじつに簡単に、心理学で言う『計画錯誤』の犠牲者となる。これに捕まると、彼らは収益、損失、可能性を理性的に評価するのではなく、妄想的楽観主義に基づいた意思決定を行うことになる」

つまり、真の成功率が一〇パーセントであっても四〇パーセントだと思ってしまうということだ。真の成功率が五パーセントなら……いや、そんな数字は信じたくない。

ロバロとカーネマンは、この認知バイアスの修正に役立つ処方箋を提示している。**「データ収集」**を行い、自分の会社、自分の業界、他業界、あるいは似たようなプロジェクトの実際の失敗率を割り出すことだ。そうすれば、厳しい現実を教えてくれるすばらしい数字が出てくるはずだ。

彼らはその一例に、イスラエルの高校である科目の新しいカリキュラムを作成するプロジェクトに携わったときの話を挙げている。このとき、名高い教授たちや専門家たちを集めたチームが作られた。当初、チーム・メンバーは個々にこのプロジェクトの完成に必要な時間を割り出すように言われた。蓋を開けてみると、その期間は一八～三〇カ月だった。

ある人は確信が持てなかったために、チームの予想を受け入れる代わりにデータを集めることにした。歴史の科目で行った似たようなプロジェクトを調査したところ、たとえ完了したとしても、どうしても七～一〇年はかかることがわかった。となると、中間をとって二四カ月ぐらいで合意したチームの予想は、少なくとも二五〇パーセントありえないことになる。

データ収集の目的は否定的・絶望的な雰囲気を創るためではない。チームのメンバー全員に直面している障害を現実的に受け止める勇気を与えるためだ。重要なのは、システマティックなアプローチでプロセスのすべての段階で確率を改善し、アキレス腱を秘密の武器に転換することだ。「最悪の事態の想像力」(評論家スーザン・ソンタグの言葉)を養い、そして、きわめて効果的なあらゆる種類の事前予防策を施すことだ。

データだけでは状況を立て直すことはできない。誰も信じてくれないだろう。これは「ゼンメルワイスの反射」と呼ばれる。ハンガリー人の医師イグナーツ・ゼンメルワイスは、一八四〇年代のウィーンで乳児の産褥熱による死亡率が高いことに悩まされていた。そして、革新的な実験を行った結果、解決策がもたらされた。患者に触る前に医者が塩素水で手を洗うと死亡率が激減したのだ。

ゼンメルワイスとその一族にとって不幸だったのは、彼の発見がパスツールの細菌学研究より先だったことだ。ゼンメルワイスの考え方はほかの医師たちの前提(医師が患者を殺すはずはない)を壊すものだったために、彼を信じる医師はほとんどいなかった。彼はのちに四七歳で精神病院で亡くなり、せっかくの発見はムダになった。

ゼンメルワイスが説得に失敗したのは、人々の前提を危うくするものに対する一般的な反応だった。長いあいだ受け入れられてきた規範に反する新しい発見を拒否しようとするのは、人間の本能かもしれない。強い信念とデータの戦いでは、負けるのはデータだ。

「この目で見たら信じる」という言い方があるが、ゼンメルワイスの反射はその逆で「信じたら見える」ということになる。

なにかをはじめるときの成功の確率改善を考えるうえで、このゼンメルワイスの反射の意味合いは大きい。いかに危なっかしくリスキーかを実証するデータを退けたり無視するのは驚くほどたやすい。まるで自信という勝手な思い込みに酔っているかのように、過去に無数の失敗を生み出したのと同じ過ちに頭から飛び込む。そして、また惨敗記録がひとつ更新される。

では、人が見たくないと思っているものを見させるにはどうすればいいのか？　まず挙げられるのは、失敗したプロジェクトに対して従来の「検視」を行うのではなく、プロジェクトに着手する前に「検視」するという方法だ。少し説明しておこう。

ベテランのリーダーたちを集めて、過去のプロジェクトが失敗した理由を尋ねると、すぐにこんな答えが返ってくる。

「あのプロジェクトは思っていたより規模が大きくて……」「仕事の進め方が遅かったもので……」「デザインが悪くて……」「前提が間違っていました……」「市場が変化したもので……」「人選を誤りました……」「技術力不足で……」「はっきりした戦略に欠けてましたね……」「コストがかかりすぎて……」「会社側に邪魔されまして……」「思った以上に競争が激しくて……」「組織形態をいじりすぎて……」「内輪もめがあったもので……」「戦略に欠陥があって……」「戦略は正しかったんですが遂行する側が非力で……」「予期せぬ邪魔が入りまして……」「顧客を読み違えてました……」「資金不足で……」「不況で……」「内部の権力闘争でやられました……」

残念ながらプロジェクトの初めにこの種のリストを作ることはほとんどない。こんなことは、職務熱心な楽観主義者（そうでないとやっていけない）であるほとんどのイノベーターの遺伝子には組み込まれていない。だが、自分のチームに前もって失敗を想像しておくように言い、なぜその必要があるのかを説明しておこう。ウォートン・スクールのデボラ・ミッチェル、コーネル大学のJ・エドワード・ルッソ、コロラド大学のナンシー・ペニントンの調査によると、「プロスペクティブ・ヒンドサイト」――ある出来事がすでに起きたこととして想像すること――によって、将来の結果をもたらす理由を正しく特定する能力が三〇パーセント上がる。

ゲーリー・クラインの著書『決断の法則』は、この「プロスペクティブ・ヒンドサイト」理論に基づいて展開されている。彼によると、「事前分析」エクササイズをしておくことによって、不安を表に出すことができる。エクササイズをしないと、この種の不安は不誠実に見えたり、チームの自信を台なしにしたりするだろうという恐怖感から抑圧されてしまう。そして、このプロセスが「プロジェクトに深入りしすぎた人々が陥りやすい玉砕を気にしない姿勢」を緩和することができるという。「事前分析」に参加した人は失敗してからではなく、失敗する前に赤旗を揚げるだろう。

というわけで、ぜひこの悪夢のエクササイズ**「最悪の事態を想像する」**をお勧めしたい。なぜ失敗したかを問い、考えられうるかぎりの理由をリストアップする。そして、それが実際に起きる前に最善を尽くして対処する。ローンチの失敗の大半はみずから招いた傷によるものだ。つまり、次のローンチを頓挫させる可能性のある影響力を嫌がらず曇りのない目で見ることができれば、最も強力な要素が自分の支配下にあることがわかるはずだ。

□　□　□

ローンチの現実に立ち向かい対処した格好の例と言えば、トヨタのプリウス・プロジェクトのリーダー――内山田竹志と八重樫武久、そして、チームメンバーたちだった。彼らは成功の確率が五パーセント以下であることを承知しており、この意気消沈する事実から目をそらすことはなかった。だが、彼らはみずからに決定的な疑問を投げかけた――どうすれば確率を変えることができるか？新しい車を生み出すためにまず手をつけたのは、従来とはまったく異なる組織作りだった。それはトヨタの内部にもうひとつ会社を作るようなものだった。

組織作りは物理的空間を設けることからはじまった。トヨタ本社内にプロジェクト専用の部屋が作られた。「**大部屋**」と呼ばれる広い部屋に、パソコンと二台のＣＡＤワークステーションが設置された。チームメンバーは毎日この部屋に集まり、プリウス・プロジェクトに取り組んだ。このような形で仕事をするのはトヨタはじまって以来のことだった。その意図は、関係するすべての才能を結集させ、創造力に火をつけ、集中力を高めて成功の確率を上げようというものだった。

物理的空間である「**大部屋**」を強力に補完するバーチャル空間も整備された。内山田は、重要な課題や問題が発生した時点ですぐにメンバー全員に通知できるようにメーリングリストを作成した。従来の階層型指令統制伝達モデルを通じて問題を知らせるよりも、肩書や職種を超えた新しいＥメール・システムのほうが臆せずソリューションを提案できたからだ。これは、トヨタの最良の頭脳が新製品開発プロセスに関連するあらゆる問題に集中していることを示す明確なメッセージだった。

プロジェクトが進むにつれて、エンジニアリング、デザイン、製造、流通、マーケティングをめぐるさまざまな課題にさらに多くの優れた頭脳が投入された。最終的に、なんとトヨタの試作車にかかわる全人材の**三分の二**がプリウスに投入された。

また、内山田はトヨタの知性をプリウス・プロジェクトに結集するために組織イノベーションも導入した。たとえば、通常トヨタでは、新車を生産ラインに乗せる際に、製造プラントへ、レジデントエンジニア（常駐技術者、ＲＥ）を送りこみ、生産開始当初に持ちあがるさまざまな問題に対処してきた。だが、このプリウス・プロジェクトでは**「逆に」**プラント側のＲＥを呼び寄せて開発プロセスに参加させた。これは一種の「事前分析」である。車を組立ラインに乗せる前に起こりうる製造上の問題を特定し、青写真段階で取り除く方法だ。

他の偉大なディマンド・クリエーターたちも、ローンチ成功の前哨戦としての組織イノベーションの必要性を認めている。ジェフ・ベゾスもキンドル・プロジェクトをアマゾンの作業チームには任せなかった。Ｌａｂ　１２６を設立し、この新しいユニークな事業を明確な目的意識と新鮮な自立した考え方のもとで進められるようにした。ネスレのヘルムート・マウハーも同じような動きを見せた。一九八〇年代、家庭用エスプレッソ・マシンの市場がまだ実証されていない厳しい現実のなかで、ネスプレッソ・プロジェクトを成功させるためにスカンク・ワークス（最先端技術開発チーム）を立ち上げたときだ。

トヨタの成功の確率を上げるイノベーションのなかには、「加速進化」というものもあった。たくさんの種を作り（**変化**）、現実的な競争にさらし（**外的圧力**）、最もよいデザイン選択肢を選ぶ

（**自然淘汰**）という方法だった。トヨタはプロジェクトの初期段階で八〇種類ほどのハイブリッド・エンジンをテストした。そして、コンピュータによるテストを重ねて八種類に絞り、次に四種類に絞っていった（このプロセスは何カ月も要した）。それからこの四種を徹底的に吟味した。こうした過酷な競争を潜り抜けたのが、高度に進化した強靭なエンジンだった。

車全体のスタイリングにも同様の「加速進化」が使われた。トヨタには七つのスタイリング・スタジオがある。いずれも通常であれば、小型車、トラック、ミニバンといった個別の車種を扱っている。だが、一か八かの大勝負に出たプリウスの場合は、七つのスタジオすべてがデザインを提出するよう要請され、判断は年代の異なる五〇人のパネリストに委ねられた。

確率を上げるために考案されたこうした革新的なステップは、一連の空前のテクニカル・ブレイクスルーとあいまって、驚くべき速さで進んでいった（スピード自体も確率を上げる要因だった。発売がひと月延びれば、市場変化、ライバルの先制攻撃、テクノロジーの転換、顧客嗜好の変化に新たな機会を提供することになるからだ）。

こうして二年がすぎたころ、内山田たちは社長に就任したばかりの奥田碩に、完成予定時期を一九九八年末または一九九九年初頭と告げた。奥田はこれを静かに却下した——一九九七年末には市場に出すこと。

内山田はのちに、日本人らしいひかえめな表現でこのときの驚きを語ることになる。「首脳陣の決断には反対でした。チームの全員が、この要求はあまりにも厳しすぎると思ったのです」。だが、彼らは大部屋に戻ると期限を実行に移すべく仕事にとりかかった。そして、一九九七年一〇月、奥田の不可能な**締切に先立つこと二カ月**、プリウスＮＨＷ10はついに日本で発売された。

プリウスＮＨＷ10がアメリカ市場に登場したのは二〇〇〇年、ホンダ・インサイトの七カ月後だった。当初、売上は低迷した。トヨタもホンダとまったく同じ失敗の法則に屈服したように見えた。だが、トヨタはそこで終わらなかった。デザイン変更を重ね、性能改善に努め、機能性だけでなく感情的訴求力にも力を入れた。そして、傑出したデザイン、「カローラのような」車ではなく誰が見てもこれがプリウスだという車が誕生した。環境意識とドライバーの先取り感をとりわけ強調した車だった。この新型モデルは二〇〇四年に発売され、販売台数は一気に伸びた。

現在、世界で販売されているプリウスのほぼ半数はアメリカ市場で売れたものである。開発がはじまって一六年経った二〇〇九年、プリウスは初めて日本で最も売れている車となった。ホンダとは異なるローンチ・プロセスを経たことで、トヨタはホンダが見つけることができなかったディマンドを見出した。

トヨタの物語は、すべてのディマンド・クリエーターが認識する真実を教えてくれる。すなわち、二度目のチャンスの力だ。プリウスのように、最初の市場参入で新たなディマンドを創り出すことができない新製品は多い。だが、偉大なディマンド・クリエーターたちは、顧客と対話しながらデザインのやり直しを繰り返す。その結果、二度目、三度目の挑戦への脱出速度に達することができる。

多くの偉大な製品は失敗という頑丈な基礎の上に構築される。とはいえ、この失敗は、トヨタほかのローンチの巨匠が例証するように**系統だった失敗**でなければならない。

❏　❏　❏

ローンチは心理戦である。成功と失敗は、人々がどのように考え、従来のビジネスのやり方、さらには生来の人間の本性をどの程度克服できるかにかかっている。トヨタの内山田や彼のチームのように、偉大なディマンド・クリエーターにはいわゆる「新製品開発の専門家」とは一線を画する明確な精神構造が見られる。

われわれは、ローンチ成功の確率に最も影響すると思われる七つの傾向を特定した。ひとつひとつ見ていこう。

1　致命的な欠陥を探求する本能的衝動

ビジネスデザインを蝕み、ローンチの価値を相殺《そうさい》する致命的な弱点（複数の場合も）を見つけだす。致命的な欠陥とは、フレッシュ&イージーがアメリカの買い物客の価格に対する考え方を読み違えたこと、トヨタがテストした八〇種類のエンジンの大部分に見られたコスト超過、DVDを損傷する恐れのあったネットフリックスの初期の封筒デザイン。

ネットフリックスのローンチ成功の一因は、明らかにこの衝動が彼らの思考様式のDNAに組み込まれていたことにある。このため、数多くの封筒の試作品を作り、配送問題の最善のソリューションを執拗に追求することができた。

致命的な欠陥を初期の段階で見つける（一度にかぎらず）ことは、すべてのローンチの成功のカギとなる。それを見つけて修正可能なら修正する。修正不可能ならローンチを継続するべきかどうか問い直す時期に来ているということだ。正直な答えがノーなら中止するべきだ。

残念ながらこれは普通の考え方とは逆だ。普通の状態ならビジネスの遺伝子は、確証――正しい道から外れていることを示すデータを求めろと命じるだろう。それが人間の本性だ。これがゼンメルワイスの反射だ。ローンチを成功させるにはこの反射を認識し、それを反転させるために自覚的な段階を踏まなければならない。

2 組織内での競争

これは加速進化を機能させるというシンプルな考え方だ。有意義なバリエーションを創出し、内部のグループを競争させる。そして、最強のものを外部の世界で競争させる。トヨタがプリウスの製造・デザインに用いた「過度の選択肢」プログラムがこれだ。

同様に、アップルのデザイナーも新製品のすべての部品について、非常に精密な一〇種のモックアップを作る。目的はどれも優秀で互いに違いが際立つ製品を作ることだ。そして、独自の基準に基づいて選択肢を三つに絞る。この三つを同時進行で何カ月かかけて発展完成させ、最終的にひとつが市場に出す製品となる。

つまり、アップルはデザイン・ワークの九〇パーセントを廃棄していることになる。ムダだろうか？　いやそうとは言えない。このシステムによってアップルのデザイナーに、従来の組織的心理的束縛を打ち破る創造力を生み出す自由がもたらされる。自分の作っているデザインが、これ「**ひとつ**」ではなく一〇のうちのひとつだと知れば少し挑戦的なものを作ってみよう、少し羽目を外してみようという意識も高まる。

社内での競争にはバリエーションの豊富さと理不尽なほどの反復が必要になる。だが、それは完璧へとつながる反復であり、外部との戦いに終始する普通のビジネスの遺伝子とは正反対だ。

3　ユニークであるための模倣

ローンチの巨匠の仕事の革新性は「**選択的**」なものである。偉大なディマンド・クリエーターはすべてに革新的なわけではない。みずからの創造性を最も不可欠な部分に惜しみなく注ぎ込む。彼らはそこら中で羞恥心を感じることなく借りたり盗んだりする。彼らは「優れた芸術家は借りる、偉大な芸術家は盗む」という格言（パブロ・ピカソの言葉とも言われる）を地で行く。

理由は簡単だ。ローンチを進めるなら、大きなディマンド創出に「**到達**」しなければならない。だが、山のような細かい点をすべて分析、習得、統制する充分な時間、資金、才能、情熱はないからだ。トヨタやアップルのような大企業でも同じことが言える。大企業では、予算はあちらに一〇〇万ドルこちらに五〇万ドルというように無数に分割されていて、どれも最大限の費用対効果を得るために監視されプレッシャーをかけられるマネジャーが管理している。もちろん小さい企業は──家族経営の文具店や地方のアート・ギャラリーから従業員五〇人の金型・鋳型メーカーにいたるまで──ほとんどムダ遣いをする余地のないぎりぎりの資金繰りで運営している。

このため、ムダな努力に投資することは失敗の方程式以外のなにものでもない。だからこそ、偉大なディマンド・クリエーターはローンチを企て、それに向けて資源を投入する際に、ひと握りの決定的な要素を容赦なく優先する。創造性をリサイクルし、作り直して再利用すれば、資金も時間も労力も節約できる。シェイクスピアはハムレットのプロットに時間と情熱を注ぎ込まなかった。彼は、一三世紀の歴史家サクソ・グラマティクスから物語のプロットを借り、創造性は深遠な登場人物を作り出したり、彼らを表現する詩を書くことに費やした。オーソン・ウェルズは乏しい製作費で処女作を撮影したとき、RKO（当時の大手映画会社）の撮影セットをひっかき回して、使えそうな昔のセットや小道具、家具を探し出した。そして、斬新な脚本と刺激的で型破りな役作りに徹した。結果は、映画評論家ポーリン・ケイルが述べたように、普通の映画のほんの一部にすぎない製作費で大作『市民ケーン』が誕生した。

内山田と彼のエンジニアリング・チームは、プリウスのデザインで解決しなければならない技術的な問題がほぼ不可能に近いほど無数にあることを認識していた。このため、まったく新しいプラットフォームを一から作るよりも、なじみのある成功したカローラのボディを活かす道を選んだ。また、重要なバッテリーの設計も社内で開発するのではなく、松下と提携して編み出した。ネットフリックスも同じで、アマゾンのウェブサイトを見習い、ソニー、東芝、パナソニックと提携し新しいビジネスモデルの認知と顧客ベースの構築に努めた。

4　感情に訴えるものを提供する

われわれは、まるで顧客とその行動が理にかなっているように受け止めがちだ。だが、実際には、感情、衝動、本能、嗜好、美的感覚、どれをとっても流動的でファジーだ。そして、これが「それほど変わらないが、かといって同じぐらい優れているわけではない」ライバルとの成否を分ける。提供したものが顧客の感情に訴えるなら「とてもいい」から「マグネティック」に変わる。

ジップカーは当初「カーシェアリング」サービスと称していた。問題は、車を「シェア」したい人などいない点だった。ジップカーが顧客を惹きつけるようになったのは、その比べものにならない便利さを打ち出してからだ。便利さを嫌う人などいない。ホンダは偉大なハイブリッド車を作ったが、プリウスを愛するようにインサイトに恋をした人はいなかった。ソニーは技術的に申し分ない電子書籍端末を開発したが、キンドルのように人々を興奮させることはできなかった。ミュージック・プレーヤーのＺＥＮは優れた製品だが、ｉＰｏｄのようにクールではなかった。ノキアは何年も前からすばらしいスマートフォンを作っていたが、人々を振り向かせたのはｉＰｈｏｎｅだった。

製品デザインはパワフルな感情のトリガーになる。だからこそ、サムスンは電化製品分野でソニーや松下を超えたいと思ったとき、製品デザイナーの数を三倍に増やした。さらには、勇敢にもエンジニアリング企業でありながらエンジニアよりデザイナーを公式に優先している。

5　ユニークな組織の均一化

これは、「**このローンチ**」を「**この時期**」に「**この状況**」で行うために、とくにふさわしい経営戦略、組織構造戦略、意思疎通戦略を見つけるという意味だ。また、組織改革が必須のローンチ・プロジェクトを進めているときに、既存の組織構造をデフォルト選択として採用させてしまう、通常のビジネスの遺伝子の重要な矯正手段になる。

トヨタでは、ローンチの成功とは、「**大部屋**」を作り、社内のデザイン能力の三分の二をプリウス・プロジェクトに投入し、問題が顕在化するはるか手前のデザイン段階で製造問題を解決するために、REを通常とは逆に呼び寄せることだった。

一九九〇年代初頭、ロータスではジューン・ロコフがロータス1－2－3のバージョン3を開発していた。ロータス1－2－3は初の「キラー・アプリ」となった伝説的な表計算ソフトで、パソコンを子供のおもちゃからビジネスの必需品に変えた。ロコフはスピード、製品の特色、技術的な工夫に関する知識を持っていたが、心を奪われたのはこの種のことではなく、もっとファジーではあるが組織にとって重要なことだった。たとえば、「適材適所に人材を配置し、適切なチームを作っているか？」「彼らは、全般的なものと個別なものと双方適切なターゲットを目指しているか？」「うちの社員は正当に評価され、必要としている（適切かつ力強い）フィードバックを得ているか？」といったことだ。

普通なら組織の均一化へのアプローチは、問題が起きたときに対処し幸運を願ってうまくいくように最善の結果を期待する程度のものだ。だが、彼女は逆だった。わざわざ石をひっくり返して問題を探し対処しようというのだ。トラブル続きだったが決め手になる、重要なバージョン3プロジェクトのために彼女が集めたタスクフォースは、何カ月も奮闘するあいだに三〇〇人に膨れ上がっていた。彼女はいつ終わるともしれないピザの注文を続け、プログラミング・チームと一緒に夜通し働き、皆がピザにうんざりしたころには「ゲスト・シェフ」を呼んで夜食を作らせた。CEOのジム・マンジでさえお声がかかると馳せ参じ、チームメンバー全員においしい夕食を作らなければならなかった。ロコフは、経営幹部からの握手、個人の業績を讃えるポスター、チーム全員が主役のロック・ビデオといった、個々のメンバーの真価を認めることでプロジェクトを成功に導いた。彼女の励まし、握手、上手な説得のおかげでバージョン3は不可能とも思えた締切に先立って完成し、会社を救った。

ロコフの同僚や業界中の信奉者たちは、親しみの意味をこめて「アイアン・レディ」「セント・ジューン」と呼んだ。だが、いずれも彼女の強靭さと彼女を独特な存在にしている知性をうまく言い表したニックネームとは言えない。彼女は社員の声を耳だけでなく心で聞いた。彼女は周囲に対して心から興味を感じていた。これは誰にも真似できない特質であり、人々は創造力の驚異的な業績で応えようとしてくれる。

製品に感情的な魅力を与えることは重要だが、ロコフはそのプロセスにも感情的な魅力を与えた。

6　自信と恐怖心の巧妙なバランス

おそらく世界で最も有名な彫刻、フィレンツェのアカデミア美術館にあるミケランジェロのダビデ像を思い浮かべてほしい。ダビデの若かりしころの美しいヌードだ。もちろん敗者の古典的な表現でもある。まだ未熟なダビデは投石機だけを武器に、完全武装したペリシテ人の巨人ゴリアテに挑もうとしている。

この彫像は、対峙するダビデとゴリアテの物語に対するミケランジェロの思いが現れている。ギャラリーに一歩足を踏み入れると、まず目に入るのは側面だ。この角度から見ると、実際より大きいダビデが自信に満ち溢れている。だが、右のほうへ移動すると徐々にダビデの顔が見えてくる。彼の眼は上のほうを見つめている。床から一〇メートルほど上のあたりだ。彼は目に見えない敵、ゴリアテを凝視し、その眼には絶望的な恐怖が浮かんでいる。

ビジネスの世界からスポーツの世界まで、多くの人々が携えてきた遺伝子に組み込まれた楽観主義とは対照的だ（これを「信じなきゃ」アプローチと呼んでもいい）。自信は大事だ。だが、**恐怖感**は不可欠だ。問題になんとか対処しなければならないときに、恐怖は最悪の事態の想像力を充分に養ってくれる。恐怖がアドレナリンを分泌し、生き残りと成功を保証するあらゆる要素に細心の注意を払うように導いてくれる。

7　成功は一日にしてならず

最後に挙げておきたいのは、ローンチの成功は一日、あるいは一カ月でどうこうなるようなものではないことを巨匠たちは肝に銘じているということだ。つまり「イベントではなく連続的なもの」、市場の無関心に対する連続的な攻撃だ。この詩を知っているだろうか？

To be or not to be, aye, there's the point
To die, to sleep; is that all? Aye, all.
No, to sleep, to dream, aye, marry, there it goes,
For in that dream of death, when we awake,
And borne before an everlasting judge,
From whence no passenger ever returned,
The undiscovered country, at whose sight
The happy smile, and the accursed damned...

おそらくこんな反応だろう。「なんとなく見たことがあるようなフレーズもあるけど、ほとんどはどこか変だ。実際、なんだか間が抜けてるし、詩にしてはちょっと」

そう思うのも無理はない。これは、戯曲史上最高の傑作とも言われるセリフの第一バージョンだからだ。第三バージョンになるとおなじみのフレーズになる。

To be, or not to be: that is the question:
Whether 'tis nobler in the mind to suffer
The slings and arrows of outrageous fortune,

Or to take arms against a sea of troubles,
And by opposing end them? To die: to sleep;
No more; and by a sleep to say we end
The heart-ache and the thousand natural shocks
That flesh is heir to, 'tis a consummation
Devoutly to be wish'd...

生きるべきか　死ぬべきか　それが問題だ
どちらが　気高い心に　ふさわしいのか
非道な　運命の矢玉を　じっと耐え忍ぶか
それとも　怒涛の苦難に切りかかり
戦って　相果てるのか
死ぬことは眠ることだ　それだけだ
眠りによって　心の痛みも
肉体が抱える数限りない苦しみも　終わりを告げる
それこそ　願ってもない　最上の結末だ

（河合祥一郎訳、角川文庫）

こちらは世の芝居好きを魅了するシェイクスピアの『ハムレット』の不朽の独白だ。比較すると第一バージョンはただひどいとしか言いようがない（ここに揚げたのは学者たちが「ファースト・クォート〔第一・四折版〕」と呼ぶ初期のものだ。「バッド・クォート」の異名もあるようだがわかるような気がする）。とはいえ、これははじまりだった。

製品の第一バージョンもシェイクスピアとどっこいどっこいに違いない。実際、すべての偉大な製品は失敗の基礎の上に築かれている。ありがたいことに、われわれもシェイクスピアがみずからの才能を解き放ったのと同じテクニックを使うことができる。すなわち、改訂——過酷な改訂の繰り返しだ。

プリウスのバージョン1がもたらしたのは、がっかりするような結果だった。大衆の想像力をかき立てたのは、バージョン2になってからだ。これはやはりバージョン2が市場に突破口を開いたキンドルのケースに似ている。アップルのiPodも二〇〇一年に最初の製品を発売して以来、一〇年のあいだに次々と新たなモデルを発表し、ハイエンドからローエンドまで市場の隅々まで掌中に収めていった。

ここで挙げた七つの考え方は、いわば偉大なディマンド創出企業の「どのように考えるか」DNAをサンプリングしたものだ。ディマンド・クリエーターを目指すなら、自分の経験と自分の会社について考えるべきだ。七つの考え方に照らしあわせてみて、自分が進化の過程のどこにいるのか考えてみよう。心のDNAは従来のビジネスに近いのか？　変化してローンチの巨匠たちに近づいているのか？　それともまだ真ん中あたりにいるのか？　ひとつひとつ分析してみよう。

もう少し簡単に、自分の会社がディマンドを創出できるローンチに乗り出す準備が整っているのかどうかを判断する方法がある。次の四つの質問に答えてみよう。

- リーダーはどのぐらい強いか？
- チームはどのぐらい強いか？
- 資源はどのぐらい強いか？
- 恐怖感はどのぐらい強いか？

いずれも強ければ強いほど、成功の確率は上がる。

❏　❏　❏

ひと昔前、まだ人口動態、技術、社会、経済のカードがいまとは違う積み上げ方をされていたころ、プロジェクトのローンチという手ごわい挑戦について、ましてやその挑戦に見合う方法について、理解している人はほとんどいなかった。こんにち経済の大部分が牽引力を求めて奮闘しディマンドが衰退するなか、もはやプロジェクトの失敗で気の遠くなるようなムダを出す余裕はない。われわれは一層効果的にディマンドを活気づけなければならない。そして、一〇～二〇パーセントのプロジェクト成功確率を六〇～八〇パーセントに上げなければならない。難しいのでは？　その通りだ。可能だろうか？　言うまでもない。

これまで見てきたように、二〇パーセントから八〇パーセントに引き上げるには、考え方を変え自問することからはじまる。まず顧客のハッスル・マップを充分に理解し、そのハッスルを改善し顧客の暮らしを大幅に向上させたいと思っているなら、すべてのバックストーリー要素を特定して所定の場所に**配置しなければならない**。同時に、最も革新的な企業がすでに製品デザインのために行ってきた方法にならって、ビジネスと組織のデザインを整備しなければならない。このためには、社内競争、不可欠ではない製品要素の創造的節約の実践、「よい製品だけど間に合っているから買わない」製品から「どうしてもほしい」製品に変えるために必要な時間と資源の投入、様子見客を顧客に変える強烈な感情的訴求力などを通じた加速進化が必要だ。

とりわけ必要なのは、いままで通りの普通のビジネスとはまったく異なる精神的、感情的強靭さだ。トヨタがアポロの有人月飛行計画にたとえてプロジェクトの低い確率を説明したことを思い出してほしい。NASAのジーン・クランツはその著書『*Failure Is Not an Option*（失敗という選択肢はない）』やスピーチのなかでローンチの勝利の精神について述べている。

映画『アポロ13』のエド・ハリス扮するジーン・クランツを覚えているだろうか？　クランツはヒューストン宇宙センターの主席管制官で、故障した宇宙船に乗ったまま危うく宇宙空間を漂流するところだった三人の宇宙飛行士を救う重要な役割をはたした。彼は、ロケット噴射のタイミング、極度の電力不足への対応、損傷した空気濾過装置を勘だけで修理など、重大な決断を下した。彼の決断は、ひとつでも誤れば飛行士たちにとってもNASAの長期的な宇宙ミッションにとっても致命的な結果をもたらすという究極のプレッシャーの下でなされた。この状況でクランツが示した英雄的資質は、肉体的、軍事的、政治的な英雄資質ではなく、間違いなく重要であるにもかかわらず軽くあしらわれがちな**組織のヒロイズム**だった。粘り強さ、想像力、賢明な判断、自己認識、真の意志力。これらがあいまって英雄的資質を作り上げた。これらの資質こそ、ローンチに失敗したほとんどの試みに足りなかったものである。

ロン・ハワードの数々の賞に輝いたこの映画のおかげで、アポロ13号のミッションはNASAの最良の時代と言われている。だが、宇宙センターの人々は、大部分の国民が知らないことを知っていた――ジーン・クランツの思いはアポロ13号より前にNASAにしっかりと埋め込まれていたことだ。一九六七年一月、悲劇的な発射台での火災が発生し、三人の宇宙飛行士が犠牲になりあわや宇宙計画が頓挫しそうになった日の翌日、クランツは宇宙センターのスタッフを集め、伝説となったスピーチを行った。「クランツの名言」と呼ばれる、規律、プロフェッショナリズム、徹底を説いたこのスピーチは、NASAの宇宙探査の将来を導く北極星となった。

宇宙飛行は不注意、無能力、怠慢を容認してはならない。われわれは、どこかで、なんらかの形で失敗した。設計、組み立て、テスト、どのプロセスであろうとわれわれは見つけなければならない。スケジュールに執着するあまり、日々の作業のなかで見ている問題をすべて締め出してしまった。プログラムのすべての要素に問題が生じた。シミュレーターは機能せず、ミッション・コントロールは実質的にすべての分野で効かなくなった。フライトとテストの手順は日々変更された。

「こんなことはもうやめよう」と言い出す奴はひとりもいなかった。私は（フロイド・L・）トンプソンの委員会が事故の原因を突き止めるかどうかわからないが、私にはわかっている。原因はわれわれだ！　われわれの心構えが足りないのだ。

われわれは自分の仕事をしていなかった。サイコロを振って、打ち上げ《ローンチ》の日にはなんとかなっているだろうと願っていた。心のなかではそれは奇跡だと思っていても。われわれはスケジュールを強行し、われわれより先にケープカナベラル空軍基地がなにかやらかすほうに賭けていた。

今日をもって、フライト・コントロールとは「タフ」「能力」を意味することとする。タフとは、われわれは金輪際自分のすること、しなかったことに責任を持つことだ。二度とふたたび自分の責任に妥協しないこと。ミッション・コントロールに入るときは必ずわれわれが代表しているものを心に刻むこと。

能力とはなにごとも当たり前だと思わないことだ。今後、知識不足、スキル不足はありえない。そうすればミッション・コントロールは完璧になる。

今日、このミーティングの後にオフィスに戻って一番先にやることは「タフ」と「能力」と黒板に書くことだ。決して消さないように。毎日部屋に入るたびに、この言葉が（バージル・）グリソム、（エドワード・）ホワイト、（ロジャー・）チャフィーの支払った代償を思い出させてくれるだろう。この言葉はミッション・コントロールへの入場料だ。

人類を月に送り、生還させるのはきわめて困難な挑戦だった。成功の確率は見るに堪えないものだった。プロジェクトの打ち上げ《ローンチ》でも同じことが言える。ありがたいことに命をさらすことはないが、企業やNPOや無数の人々の暮らしの成功の確率は同じようなものだ。危険の度合いは些細どころではない。

次になにかのプロジェクトを立ち上げるために無我夢中で働くときは、立ち止まってクランツの言葉を思い返そう。あとで振り返ったときに、われわれは**「サイコロを振って、打ち上げ《ローンチ》の日にはなんとかなっているだろうと願っていた。心のなかではそれは奇跡だと思っていても」**と思うなら、無思慮にそのプロセスに夢中になってはならない。

そんな日を迎える必要はないし、サイコロを振って奇跡を祈る必要もない。その代わりに、真の確率をはじき出し、その数字を変えるために行動を起こす勇気を養うことだ。

8 ポートフォリオ——シリーズ化には高いハードルがつきまとう

一回のローンチ成功が勝てそうにもない賭けに勝ったようなものなら、**連続して**成功を収めるのはルーレットの数字を当てるようなものだ——それも一、二度ではなく何度も。そんなことはありえないと思うのももっともだ。

脚本家のウィリアム・ゴールドマンは、ハリウッドの映画興行の成功と失敗がどのように起きるのかを何十年も観察したあげく、有名な格言を残した。すなわち、「誰にもわからない」。観客動員数ということで言えばゴールドマンの法則に議論の余地はない。この法則は映画の世界にかぎらず実社会でも通用する。どの製品がディマンドを生み出すかは誰にも予測できない。ましてや毎年のように売れる製品を送り出すことなど誰にもできない。

正しくは、**「ほとんど」**誰にも。

一九九八年一二月、ピクサー・アニメーション・スタジオのクリエイティブ・ディレクター、ジョン・ラセターはアジアへの家族旅行を終えてカリフォルニアへ戻ってきた。この旅にはふたつ目的があった。ひとつは妻子の切なる願いを実現するため、もうひとつはピクサー映画の第二弾『バグズ・ライフ』のプロモーションを兼ねた報道関係者向けイベント、インターナショナル・プレス・ツアーに参加するためだった。

当時、ピクサーは自信満々だった。第一作の『トイ・ストーリー』は大ヒットを飛ばし、称賛の声と巨大なディマンドを生み出していた。『バグズ・ライフ』も同じようにすばらしいスタートを切った。二本の劇場映画が二本とも大ヒットだった。、まだ実績のない新しい技術、CGアニメに挑戦した、「誰にもわからない」業界での成功を目指す創業まもない企業にとっては悪いスタートではなかった。ラセターと仲間たちは、たまにヒット作を出すのではなく、定期的に作り出すことができるかもしれない——あくまでも「かもしれない」だが——と思うようになった。

だが、エメリービルのオフィスに戻ると、そんな考えは吹っ飛んだ。

まず最初にしたのは、製作中のピクサーの新作『トイ・ストーリー2』のフィルムを見ることだった。物語が展開するにつれて、失望感が大きくなっていった。「強風でなぎ倒されたような気分だった」とラセターはのちに回想した。率直に言って新作はすごくいいというわけではなかった。ウッディ、バズライトイヤー、ミスター・ポテトヘッドといったオリジナルに登場したおなじみの愛すべきキャラクターが全員揃っていたが、わくわくする感じは失われていた。最初の二本のヒット作品に比べると、『トイ・ストーリー2』は意外性がなく月並みで、退屈でさえあった。

ハリウッドのベテランたちに聞けば、シリーズ物は実質的に**どれも**オリジナルに劣るものだと言うだろう。だが、ジョン・ラセターにとって、そして、新しいアニメーションの世界を作ろうとしていた才能ある志の高いピクサーの仲間たちにとって、このままの形で『トイ・ストーリー2』を送り出すのは、単に残念だというだけでなく取り返しのつかない敗北だった。

一九三〇年代から長編アニメを手掛けてきたピクサーのビジネスパートナー、尊敬すべきディズニーはラセターほど心配はしなかった。トム・シューマッハはあるディズニーのエグゼクティブに最初の『トイ・ストーリー2』を見せたときのことを覚えている。彼は無造作にこう言った。「まあいいだろう」。何十年もこの映画の世界で成功も失敗も味わってきたディズニーの幹部が、すばらしいとは言えない映画をリリースすれば悲惨なことになるとは思わなかったのだ。だが、ラセターはこの無頓着な「まあいいだろう」を痛烈な批判と受け止めた。

だが、問題を解決するのは簡単なことではなかった。リリース予定は九カ月後に迫っていた。すでにPRキャンペーンの計画づくりがはじまっており、キャラクター人形の製造もはじまっていた。見込まれる興行収入もピクサーの予算に組み込まれていた。ディズニー側は中止や大幅な遅れは**選択肢にない**ことを明示していた。

映画会社は通常こういう場合の頼みの綱として、劇場公開ではなく最初からビデオ映画として送り出す手法をとる。このリスクの少ない期待度の低い戦略はよくアニメの続編に使われる（たとえば、ディズニーの『アラジン』の続編のビデオ映画『アラジン　ジャファーの逆襲』）。だが、ラセターはこのやり方を断固として拒否した。彼はピクサーのすることすべてに信じがたいほど高い水準を確立し、映画制作、ソフトウェア、CG、音楽などさまざまな分野の創造力に溢れる若い優秀な人材を数多く惹きつけてきた。厳選されたプロジェクトの水準を下げ、そこに優秀な若者たちを投入すれば、士気が下がり、チームがバラバラになり、嫉妬や揉め事が次々と表面化するだろう。ラセターはそんなことをするつもりはなかった。

だが、反古にするわけにはいかないさまざまな制約に直面し、もはや選択肢は残されていなかった。そこで彼らは、不可能を実現する選択をした。『トイ・ストーリー2』を実質的にゼロから作り直す。それも通常の二年ではなく九カ月後の締切に向けて。

ラセターは、カリフォルニア州ソノマで二日間の緊急会議を開催した。「私は、トイ・ストーリーはわれわれだということに気づいた。いまこのテーブルについているわれわれだ」と彼は言った。集まっていたのは、一作目のトイ・ストーリーにかかわり、キャラクターたちを熟知していたリー・アンクリッチ、アンドリュー・スタントン、アッシュ・ブラノンをはじめとする歴史浅いピクサーの若い創業時からのメンバーたちだった。彼らはこの二作目の物語に息を吹き込むためにアイデアを出しあった。時間の関係で第一作でボツにせざるをえなかったアイデアも復活し再考して新しい物語に実験的に組み込み、意外な展開も加えられた。出席者は声を張り合うようにして次々に意見を述べた。

ピクサーは全社を挙げてひとつのゴール、すなわち、『トイ・ストーリー2』をすばらしい映画にするというゴールに向かった。そして、どうなっただろう?

❏　❏　❏

一一時間におよんだ『トイ・ストーリー2』をゼロから作り直す決断は、ハリウッドの流儀とはかけ離れていた。だが、当時、ピクサーはいわゆる典型的な映画会社ではなかった。

一九七九年、ピクサーはルーカスフィルムのコンピュータ部門の一部として設立された。当初ピクサーはハードウェア・メーカーとして、コア製品であるCGス制作用のピクサー・イメージ・コンピュータを擁して市場に参入した。だが、売れ行きは思わしくなく製造中止に追い込まれる危険が迫ったために、派生的な能力を活かし、トロピカーナ、リステリン、ライフ・セーバーズなどのCGアニメCMの制作をはじめた。世間の反応はよかった。そして、この小さな成功が、三本のコンピュータ・アニメ長編映画を制作するディズニーとの二六〇〇万ドルの契約につながった。その第一弾が子供のおもちゃに命を吹き込んだ『トイ・ストーリー』だった。

一九九五年に『トイ・ストーリー』がリリースされると、すぐに映画評論家や観客の人気を博し、最終的な世界興行収入は三億六二〇〇万ドルに達した。次いで一九九八年の『バグズ・ライフ』も驚異的なディマンドを生み出した。そして、このふたつの映画制作の過程で、クリエイティブ・ディレクターのラセターと社長のエド・キャットムル、チームメンバーたちがピクサー独自の企業文化と創造的なシステムを作り上げていった。

映画制作のようなクリエイティブな分野については、成功の秘訣をややもすれば**「才能」**、**「インスピレーション」**、**「マジック」**といった曖昧で謎めいた言葉で表現してしまうものだが、ピクサーの場合も言葉に言い表せない要素がある。また、他社にピクサーのようなヒット作品の量産を可能にする明確な方程式も存在しない。だが、ピクサーには、大勢の観客のディマンドを惹きつけてきた**作品ポートフォリオ**を生み出す固有の戦略的経営的特質が見られる。

こうした特質のいくつかは、不運な運命を辿ると思われた長編第三作『トイ・ストーリー2』の顚末に鮮やかに表れている。

成功した映画会社はいずれも物語の重要性を認識している。だが、ピクサーが直面したような厳しい挑戦に立ち向かったところはほとんどない。二〇〇九年のカンヌ映画祭のスピーチで、ジョン・ラセターは企業哲学を語った。「われわれは必要だと思えば、軌道修正するために制作を中断する。ピクサーでは映画制作に四年かけるが、三年半は物語作りに費やす」。不可能とも言える期限までに『トイ・ストーリー2』を救済するために、ピクサーは物語作りに要する三〇カ月をたったの九カ月に絞り込む方法を見つけなければならなかった。彼らのソリューションは、あらゆる分野から人材を集め、一部屋にこもらせ、鍋を沸騰させる方法だった——いろいろな化学物質を入れた容器を熱し化学反応を促すやり方に似ている。

ソノマで週末に開催された緊急会議では、改訂した物語の細部を徹底的に叩き上げた。こうして、登場人物の内面をしっかりと描き出した感動的な物語と新しいキャラクターが誕生した。主人公ウッディが直面するジレンマを際立たせるために、のちにアカデミー賞歌曲賞を受賞した作曲家ランディ・ニューマンに、ヨーデルを歌う牛追いのジェシーのためのラブソングを書いてもらった。オリジナル版の物語の基本的な部分は残っていたが、思いがけない展開を辿る改訂版はいっそう観客を引き込み心に響くものとなった。

おそらく「普段の」プロジェクトなら、これほど早いスピードでプロットを作るのは難しいだろう。会議に集まった人々にとってなじみのキャラクターたちだったからこそ可能だったのだろう。とはいえ、彼らが短時間でまとめ上げることができたのは見事としか言いようがない。さらにすばらしいのは、会社自体が物語作りに関与したことだ。制作の途上でも、もっとおもしろくなる話があればすでに完璧にできあがっていたプロットを捨ててまで置き換えたケースもあった。

『トイ・ストーリー2』の作り直し作業は、ピクサーのユニークなチームワークのあり方を物語っている。ハリウッドは上層部の言葉が絶対的な階層社会である。だが、自由、自己批判、実験の精神を尊ぶピクサーは、ほかの映画会社に見られるような上から押しつける規則や強制を極力排除している。ラセターによれば、**「注意は命令ではない」「われわれにはスタンダードな決まり事はない」**。

以前ピクサーのチームにいた人は、会社は「yes, and（ええ、それいいかも）」の原則を尊重していたという。たいていの組織では、独創的なアイデアはその場で弱点を指摘され、なぜ無理かを説かれて却下されることが多い。だが、ピクサーの社員たちは新しいアイデアには**「yes, and」**と対応するように教えられている。

> 誰かが「風船の映画を作るべきだ」と言い出したとします。それに対して、「無理《NO》だ、アニメーションにするのは難しい」ではなく、「ええ、いいアイデアかも。動物の形にするのも一考ね。そうすれば、風船動物の物語を作れるわ」と言うんです。ここから、社内全体がアイデアを出す建設的で協調的なアプローチが生まれます。

この種のピクサーならではの言い回しはほかにもある。「プラスする《プラッシング》」だ。つまり、常に可能なものから加えるという考え方だ。ディレクターのピーター・ドクターによると、「どんな場合でも必ずよりよくする方法がある。ジョンはよくこんなふうに言う。『そうだな、ここにもう少しジェスチャーを加えてみたらどうだろう?』。するとがぜん命を吹き込んだように生き生きとしてくる」

チームワークの力は、『トイ・ストーリー2』のように脱線しそうになったプロジェクトにはとりわけ威力を発揮する。あるプロジェクトを担当するディレクター/プロデューサーのチームが支援や洞察を必要としたとき、ラセターとピクサーの八人のディレクターによるある種の「顧問団」会議が開催される。この方法はいまでは完全に定着している。顧問団は進行中の仕事を調査し、よりよい映画を作るためにアイデアを出す。ただし重要なのは、この顧問団には上から強制する権限はない。あくまでもプロジェクトを任されているのはチームメンバーだ。エド・キャットムルが言うように、この規定によって「顧問団は解放され、自由に専門家の意見を述べることができる。また、チームメンバーも心おきなく支援を求め、そのアドバイスを自分たちで考えることができる」

緊急会議の際に多くのチームメンバーのアイデアや見解を活かしたことからもこの精神を見て取れる。ラセターは会議の席で「トイ・ストーリーはわれわれだ」と言った。「私だ」とは言わなかった。この違いは大きい。ラセターは続けた。「われわれは集まって大笑いしながら、物語の基礎となるすべてのアイデアを検討した」

改訂した物語と新たな目的意識を持ってスタジオに戻ったチームメンバーは、驚くべき生産性を発揮するエネルギーに満ち溢れ、ものの一カ月で書き直しや作り直しをやり遂げた。信じられない早さだった。

『トイ・ストーリー2』は予定通り完成し、その年最も人気を博した映画のひとつとなった。映画のなかで大きな役割をはたした、サラ・マクラレンの歌った「ホエン・シー・ラヴド・ミー」はその年のアカデミー賞歌曲賞にノミネートされた。新聞雑誌の映画評、メディア評を集めたウェブサイト、ロッテン・トマトズは、『トイ・ストーリー2』は評論家一四七人中、一四七人が気に入ったと答えたと報じた。一〇〇パーセントという驚くべき数字だった。『トイ・ストーリー2』はピクサーの三連続大ヒット劇場映画となっただけでなく、この時点での同社の興行収入第一位となった。

❏　❏　❏

自由な雰囲気、チームワーク、物語に対するひたむきな姿勢。これらは、映画史に登場する他の映画会社が成しえなかった頻度で、ピクサーがヒット作を生み出すことができた重要な要素の一部にすぎない。

他の要素としては、そのオリジナリティに対する飛びぬけたこだわりがある。ピクサーは、多くの映画会社に見られる安全戦略を極力控えている。その代わりに、できるかぎり高みを目指している。あの暗い未来映画、実質的にセリフがほとんどないエコ・ドラマ『ウォーリー』(二〇〇八年)のコンセプトにゴーサインを出すアニメ会社はピクサーをおいてほかにないだろう。キャットムルは「ゴミだらけの世紀末後の世界で起きるロボットのラブストーリー」と称した。この映画は子供向き娯楽アニメとは趣向が異なるが、興行収入は五億三四〇〇万ドルに達し、アカデミー賞の長編アニメ賞を受賞した(この時点で二四個目のアカデミー賞)。そして、《タイム》誌のこの一〇年で最も優れた映画の一位に輝いた。アメリカの観客は『レミーのおいしいレストラン

（Ratatouille）』（二〇〇七年）のタイトルの発音に悩まされ、『カールじいさんの空飛ぶ家』（二〇〇九年）では気難しい老人を子供向き映画の主人公にしたことで業界関係者の冷笑をさそったが、いずれも巨大なディマンドを創出した。

オリジナリティに対する断固とした一貫性は、創造的なチームに与えられた破格の自由によって強化され、これがピクサーの芸術的成功の礎となっている。アニメーターが二〜三作立てつづけに採算のとれない映画を作っていたとしたら、彼らの創造性の自由はビジネスの観点から損なわれていたかもしれない。勝ちつづけたことが独自の映画作りを継続するライセンスとなり、さらなる勝利をもたらした。

研究開発部門もこの精神の一環である。この種の部門を設けている映画会社はほかにない。アーティストたちは心おきなく自分たちのアイデアをより奇抜なもの、よりよいものにし、自分たちの発見を短い低コストの実験的な映画にまとめ上げる。これは会社に財務的なリスクを負わせず、自分たちのリスクも負わずに、自分のコンセプトをテストし、スキルを磨くまたとない機会である。ヒット作のなかにはこのR&Dプロジェクトの一環として制作された短編映画から誕生したものもある。また、ピクサーのリーダーたちは、CGアニメやプログラミングに関する知識から遅れないように、学問の世界とのつながりも奨励している。

さらに、優秀な人材と長期契約を結ぶこともピクサーの誇りのひとつだ。これもこの二一世紀のハリウッドでは見られない要素だ。ハリウッドでは通例、映画ごとにアーティスト（俳優、脚本家、ディレクター、プロデューサー）を集め、終われば解散する。他の映画会社とは異なり、社員たちは長期的なチームの一員として、相互精神のもとで自分たちの創造性を意のままに操ることができる。たとえば、『ファインディング・ニモ』で重要な役割をはたし、『ウォーリー』のディレクターを務めたアンドリュー・スタントンは、ふたつのメガヒット作を送り出した後、喜んで普通の社員としての業務に戻った。その慎み深さはショー・ビジネスの世界ではもちろん、他業界でも滅多にお目にかかることはできない。

この並外れた忠誠心の見返りとして、ピクサーは社員たちに長期的なキャリア開発を勧めている。たとえば、アニメーターから経理、警備員にいたるまですべての社員は週に四時間、自分の教育のための時間にあてることができる。ピクサー・ユニバーシティの一一〇以上の講座を受講することもできる。これは、同ユニバーシティの学部長ランディ・ネルソンによると、「芸術および映画制作の大学レベルの教育に相当する」という。「経理係にも素描を学ばせるのはなぜか？ なぜなら、素描の授業は描き方を教えるだけではないからだ。素描は**観察力**を養う。社員の観察力を高めて損をする会社などない」

さらに重要なのは、ピクサーが社員全員の芸術的貢献を促し、報いている点だろう。この哲学はいかにも心地よさそうな平等主義から生まれたものではなく、キャットムルが比類ない映画を作るための「長い困難なプロセス」と呼ぶものから誕生する大きなディマンドに対する徹底した理解から生まれている。さらに彼はこう語っている。

ひとつの映画には文字通り何万ものアイデアが詰まっている。アイデアは、ひとつひとつの

セリフ、パフォーマンス、キャラクターや小道具、背景のデザイン、カメラの位置、色、照明、速度といった形で現れる。すべてのアイデアが制作にかかわるディレクターとそれ以外のクリエイティブ・リーダーたちから生まれるわけではない。その映画にかかわる二〇〇〜ら二五〇人のひとりひとりから生まれてくる。

キャットムルは映画制作の現実を正確に言い表している。これをある批評家は「中世の壮麗なる大聖堂建設以来、共同で作り上げる最も大きな芸術形態」と呼んだ。昔からごく一部の人を「クリエイティブ」と称してもてはやす業界において、この種の誠実さは、組織のすべてのレベルの社員の貢献を常に尊重し讃えることと同様に稀有と言えるだろう（ピクサーもまた、ほとんどの企業が優先する市場規範を補完し強化し、チームメンバーの仲間意識を深めるものとして社会規範を重視する偉大なディマンド創出企業である）。

社員の貢献を賛美するラセターの情熱は、そのキャリアの初期に味わった大きな失望の裏返しだろう。生涯をアニメーションに捧げるつもりでいたラセターにとって、大学卒業後ディズニーに入ったことはまさに夢の実現だった。だが、一流アニメーターの下で新人として働くうちに、口は出さずにひたすら働くことを求められていることに気づいた。そして、うっかりCGアニメという新しいコンセプトに基づいた映画のアイデアを熱心に語ったことでボスを怒らせ、解雇された。彼はこの悲惨な話をかなり後になるまで誰にも話さなかった。

皮肉なことに、二〇〇六年、ラセターはウォルト・ディズニー・フィーチャー・アニメーション

ピクサーの大ヒット作のポートフォリオ（1995-2010年）

映画名	公開年	全米興行収入（単位 100 万ドル）	世界興行収入（単位 100 万ドル）
トイ・ストーリー	1995	$192	$362
バグズ・ライフ	1998	$163	$363
トイ・ストーリー2	1999	$246	$485
モンスターズ・インク	2001	$256	$525
ファインディング・ニモ	2003	$340	$865
Mr. インクレディブル	2004	$261	$631
カーズ	2006	$244	$462
レミーのおいしいレストラン	2007	$206	$624
ウォーリー	2008	$224	$521
カールじいさんの空飛ぶ家	2009	$290	$415
トイ・ストーリー3	2010	$415	$1,063

の新たなCOOに就任した。何十年も前に解雇されたあの会社だった。就任を承諾したのは、どんな若手からでも学ぶピクサーの能力に負うところが大きい。彼が言うように、「ピクサーで仕事をするのは空中ブランコの曲芸師になったようなもので、誰かこちらを見ていないかいつも見渡している」

だが、ピクサーの一番の柱になっているのは、そして、すべての個々のクリエイティブな戦略をひとつにまとめているのは、制作に入る前に問いかける短い質問だ。すなわち、**自分の家族や自分が見たいのはどんな映画だろう？**

創造性のきらめきを持ち合わせる人なら、この質問に洞察力に富んだ貴重な答えを見出せるはずだ。だからこそ、ピクサーは社員ひとりひとりにアイデアを出すよう促している。この質問を機会あるごとに繰り返し、どこへ導かれようとその答えに忠実に従うこと。これはまさに、ハリウッド版の、顧客と話す勇気を持ち彼らの言葉を真摯に受け止めるディマンド・クリエーターのやり方だ。

ピクサーはこの原則にのっとって、いかにしてディマンドが生まれるかを理解し、実際に人々に絶賛され、業界の称賛を浴び（二四回のアカデミー賞、二回のノミネートを含め）、商業的な成功を実現した見事なシステムを構築した（ピクサーの生み出した一一作の大ヒット作は表の通り）。

ピクサーは社員それぞれの才能を引き出し活性化する方法を見出したことによって、ゴールドマンの「誰にもわからない」という格言に挑戦した。だが、ハリウッドの最も才能に恵まれた**多くの知性**と創造性溢れる人材をひとつにまとめることができれば、結果はひとりの大天才が生み出すものよりはるかに強固なものになる。

❏　❏　❏

ローンチの成功の反復、すなわち、成功する製品のポートフォリオを構築すること。これは、経済的展望の問題でもなければ入手可能なテクノロジーの問題でもなく、ましてや企業が製造する製品の種類の問題ではない。成功は、ディマンド創出の**システム**を構築したところに訪れる。

ゴールドマンの法則に触発されて、多くの企業は将来のディマンドの創出を目的とする**マルチ・プロジェクト**に乗り出している。宝くじを買う人が一枚ではなくたくさん買うのと同じ考え方だ。ビジネス以外の世界でも同様の戦略が使われている。財団法人や政府機関も、医学研究や経済開発などの分野で無数のパイロット・プロジェクトに出資している。アメリカ教育省は多くのチャーター・スクールでさまざまな教育法を試すための支援を行っている。いずれの場合も、ひとつのプロックバスター――その存在を事前に予測することが難しい――が大量のディマンドを引き出し、無数の失敗を相殺してくれることを願っている。

もちろん、このやみくもに賭ける戦略は、ディマンド・クリエーター志望者を混乱させる。ひとつのプロジェクトではなく一連のプロジェクトを視野に入れなければならないとなると、そのポートフォリオは、価値のある草も雑草も一緒くたになった草が生い茂った庭のようになる。障害はシステムを詰まらせ、重要なプロジェクトを予定通り完成させることができなくなる。

質の伴わない量は機能しない。庭の比喩で言えば、ディマンド・クリエーター志望者は多くの有望なプロジェクトを植えなければならないが、植えた後に質という鋭い視点で雑草を抜き、選別する必要がある。ウォーレン・バフェットは、投資家は生涯に二〇回穴を開けられるパンチカードを持っていると考えるべきだと言う。大事なのは、投資をするときは有効な投資をしなければならないということだ。言うは易く行うは難しで、一貫してそうするのは不可能に近い。プロジェクトを次々と成功させるチャンスを最大にするには、「全員が総力を挙げる」精神構造をもたらす考え方、システム、文化が必要だ。

何十年にもわたり、新たなディマンド創出という挑戦に成功しつづけてきたシステムを編み出したまったく異なる業界――製薬会社とベンチャー・キャピタル――の二社を見ていこう。メルクが一九八〇年代と九〇年代に、クライナー・パーキンス・コーフィールド&バイヤーズが創業以来四〇年にわたって使ってきたシステムは、ピクサーと同じく膨大な量の質の高いアイデアを生み出すために作られた。この大量のアイデアは選別を経て、ほんの少しのすばらしいアイデアに絞られる。

じつにシンプルな考え方だが、ピクサー、メルク、クライナー・パーキンスのような見事なポートフォリオを持つ企業が教えるように、実践するのは難しい。

❏　❏　❏

ほかの大手製薬会社と同様にメルクも常に、新発見された特許薬に対するディマンドに経済的に依存している。この種の薬の開発に成功すれば、大ヒット作がハリウッドの映画会社にもたらすような効果を大手製薬会社にもたらす。ここから間接費と開発費を払い、開発途上の効果がないと実証された薬、見込んだディマンドを惹きつけることができなかった薬から生じた損失を補う。大ヒット薬のおかげで、製薬会社は破綻を免れ、何千人もの科学者、技術者、工場労働者に雇用機会が生まれ、無数の患者たちのクオリティ・オブ・ライフが改善される。

医師であり生化学者であり、アメリカ国立衛生研究所（NIH）の研究員の経験も積んだロイ・バジェロスは、一九七五年にメルクに合流すると従来のR&Dプロセスが無能でランダムなことに気づいた。彼によると、「発見のプロセスは、実験室のなかであろうと単に人間に薬を飲ませてどうなるか観察しようと、実験によって立証できる。これがアスピリン、モルヒネ、ジキタリス、ビタミンCが使われるようになった経緯だ。この実験によって立証できるプロセスは機能するが、運にも左右されるし、結論を得るには長い時間がかかる」

NIHでのバジェロスの経験はより効率的に薬を開発する方法を教えてくれた。その基礎となるのが、疾病過程で自然発生する固有酵素の特定だった。「ターゲットとなる酵素を特定すると、化学者はラボで抑制剤を探し、微生物学者と天然物化学者は自然界から抑制剤を探し出そうとする」。こうした抑制剤を医薬品として適用すると酵素の働きが止まり、病気の進行を遅らせるあるいは病気を好転させる。バジェロスの新しいアプローチは、一日に何百もの実験が可能だったため、従来の方法に比べてはるかに速かった。また、研究者が追求した分子どうしのマッチアップは非常に絞り込まれ明確だったため、副作用も少なかった。

メルクでの同僚たちに新しいアプローチを納得させるには時間がかかったが、いったん動きはじめるとすばらしい結果をもたらした。実際、バジェロスとメルクは従来の薬剤リサーチのランダムな試行錯誤法をシステムに転換した。このシステムを確立したことで、まだ成功を保証するものではなかったが、成功の確率は著しく改善された。

メルクで研究部門のトップを務めた時期（一九七五〜八五年）とのちのCEO時代（一九八五〜一九九四年）に、バジェロスは彼のリサーチ・システムによって誕生したディマンド創出の優位性を活かす他の手段をいくつも考案した。最も力を入れたのは、できるだけ有能な人材を採用・保持し、活性化させることだった。これも言うのは簡単だが、実行はほとんど不可能に近い。

一九七〇年代初頭、優秀な若い科学者たちは皆大学に残りたいと思っていた。世間では製薬業界に入るのは二流の科学者だけだと考えられていたからだ。バジェロスはこの「やる気をそぐ」雰囲気を変えようと動きはじめた。彼は、論文の発表や大学での講義をメルクの科学者たちに勧めた。また、彼らに異例の自由を認め、基礎科学研究の追求や、異分野にまたがるチーム作りを促した。その結果、メルクのラボには業界でも珍しいクリエイティブな興奮が立ちこめていた。目的は、応用研究が知的興奮と充実感をもたらすことを若い科学者たちに示し、何百万人もの生活を改善することができる新薬を開発することにあった。

このバジェロスのキャンペーンによって、メルクは多くの若い研究者たちを惹きつけるようになった。医師でありベテラン研究者でもあったバジェロスは、新入社員とその仕事ぶりを吟味することができた。彼は応募者を面接し、定期的に臨床試験の結果を精査し、有能な研究者たちを励まし、新しいアプローチにはそれなりの報酬を支払うと約束した。

アーサー・パシェット博士の例は、バジェロスのシステムがいかにしてメルクの潜在的な能力を引きだしたかを物語るものだ。パシェットはハーバード大学で博士号を取得してまもなくメルクに入社した。彼は非常に優れた研究者で、すぐに合成化学部門を統括するようになった。だが、管理職としては未熟だったため、古いラボへ追放された。彼はここで、さまざまなペプチドを混ぜ合わせる、最低限の創造性、生産性しか求められない仕事を与えられた。この仕事を二年続けたとき、バジェロスがメルクにやってきた。あるとき、恒例の土曜日のラボめぐりをしていたバジェロスが彼のところへやってきた。彼の研究に関するアイデアやホワイトボードに描いた分子構造についての話を「気心の知れた友達」のように聞いたバジェロスは、「彼は天才化学者だ」と気づいた。

バジェロスは、彼にプロジェクトを企画しそれを率いてはどうかと提案した。ほかの職場に移りたいと思っていたパシェットは、ぜひやらせてほしいと言った。数年も経たないうちに、パシェットと彼のチームは高血圧の治療薬を発見し、コレステロールの研究にも大きく貢献した。バジェロスはのちにこう語った。「パシェットはメルクで最も革新的な化学者のひとりだった。彼にはこれをやれと言うのではなく、その高い生産性を発揮できる自由を与えなければならなかった」。この手の話は業界中に広まり、バジェロスのメルクは優秀で野心的な化学者たちが集う「場所」となった。

一九八八年、メルクは収益の一一パーセントをＲ＆Ｄに注ぎ込んだ。この数字はどこの製薬会社よりも高く、一九七六年の二パーセント弱の五倍以上に達した。潜在的なディマンドが最も大きい分野――継続的な治療を必要とする慢性疾患で、現在治療効果が見られず、大勢の患者がその恩恵を受けられる――の研究にはとくに重点的に投資した。化学者というものは自分たちの課題を検討する際、えてしてディマンドのことなど考えないものだが、バジェロスは常に考えていた。

こうした原則に基づいて、メルクは心疾患、エイズ、癌、関節炎、アルツハイマー、骨粗鬆症に照準を合わせた。製薬会社の例にもれず、メルクにも研究中の何十もの新薬候補があった。バジェロスはそのなかから最も有望な候補を六～八種類に絞った。こうして全社を挙げて最もニーズのある新薬プロジェクトにとりかかった。そして、そこにブレイクスルーに必要な資金、配慮、情熱を注ぎ込んだ。

彼の最後の仕事はアメリカ食品医薬品局（ＦＤＡ）とコントラリアン（人と反対の行動をとる人）的態度で接することだった。ＦＤＡは新薬を市場に出す際に認可を出す国家機関だ。ほとんどの製薬会社にとってＦＤＡはいわば敵だった。だが、バジェロスはそう考えなかった。「ＦＤＡを顧客のように扱おうじゃないか。とても大事な顧客として」

そして、メルクはその通りにした。この新しい方向性がメルク内部の態度にも変化をおよぼした。

メルクの大ヒット薬のポートフォリオ（1978-1993年）

製品名	FDA認可	病状	売上（単位10億ドル、1993-1998年）
ティモプティック／XE	1978/1993	緑内障	$2.268
イベルメクチン*	1981*	寄生虫感染	$3.244
バソテック	1981*	高血圧	$14.112
プリマキシン	1985	抗生物質	$3.210
ペプシド	1986	潰瘍、胸やけ	$5.882
メバコール（ロバスタチン）	1987	高コレステロール	$6.996
プリニビル	1987	高血圧	$2.735
プリロセック	1989	胃酸の逆流	$10.001
ゾコール	1991	高コレステロール	$14.490
プロスカー	1992	前立腺肥大	$2.175

＊イベルメクチンはＦＤＡの認可を必要としない動物用医薬品。1981年は発売年度。

「できるだけ波風立てずにＦＤＡにとやかく言わせないためにはどうしたらいいか」ではなく、研究者たちはこう考えるようになった。**「この大切な顧客は決断を下すためにどのような情報を必要としているのか」**と。彼らはその情報を提供するために必要な準備を充分すぎるほど周到に整え、提出とプレゼンテーションに臨んだ。すると、ＦＤＡの認可は以前より早く下りるようになった。

バジェロスの革新的ポートフォリオ管理システムによって、メルクは彼の在任期間中に数々の大ヒット薬を生み出した。その数はライバル三社を合わせたよりも多かった（表参照）。この最も有望なプロジェクトを特定するプロセスを合理化し、有能な人材を惹きつけやる気にさせる大切さを強調し、ＦＤＡの認可プロセスを顧客サービスに変えたことで、バジェロスは新薬開発を「暗闇でやみくもに弾を撃つ」ゲームから一貫した結果を生み出すプロセスに転換した。

「誰にもわからない?」いや、ロイ・バジェロスに訊けばわかる。

だが、バジェロス引退後二〇年にわたってうまく機能していたシステムは、やがておざなりにされ衰退しはじめた。あのユニークなシステムが維持され進化を遂げていたら、メルクのディマンド創出はどのようになっていただろうと思わずにはいられない。

❏　❏　❏

現在も進化を遂げているパワフルなディマンド創出システムのひとつがクライナー・パーキンスのそれだ。一九七二年創業のクライナー・パーキンスは、アメリカの大手ベンチャー・キャピタルで、新規事業への投資という非常にユニークな分野でディマンド・クリエーターとして大きな成功を収めてきた。

既存企業への投資が難しいことは、周知の通りだ。成熟企業で明確に定義された市場が存在し、複数年の業績が入手できた場合でさえ、アクティブ投資マネジャーの大半(八〇パーセントという数字もある)は平均利益率に満たない。

では、別の投資分野を考えてみよう。業績記録もなく、明確な市場もない分野。そこでは五~一〇年もひとつの製品も売り出していない企業に投資しなければならない。市場への長い苦しい旅のあいだに、ほとんどの企業は破綻する。華々しく散るところもある。原因は無数にあるが、傑出したものを四つ挙げておこう。

・テクノロジーの機能不全
・経営陣の機能不全
・資金の枯渇
・製品ディマンドが皆無

ベンチャー・キャピタルは魅力的なビジネスと考えられている。だが、実際のところベンチャー・キャピタルの大半はたいした利益は上げていない。ごく一部の成功した企業でもその利益は驚くほど変動的だ。

過酷な低い確率と残酷なまでに長いサイクルのこの奇妙な別世界で、クライナー・パーキンスは傑出している。過去一〇年の投資家へのリターンは一〇億ドルを超える。その主要な成功を列挙したリスト（三五五ページ参照）は、彼らが投資する分野の厳しい現実を知っている者には魔法としか思えないだろう。

彼らはどのようにして成功しているのか？

クライナー・パーキンスの歴史を克明に辿り、その成功の理由を直観と訴求力とする人は多い。同社のパートナーたちの人間性によるところが大きいとする人もいる。たとえばジョン・ドーアだ。彼は魅力的で生き生きとした人物だ。ライス大学とハーバード・ビジネススクールを卒業後、一九七五年にエンジニア兼プロジェクト・マネジャーとしてインテルに入社し、システム販売に移った。

ここで彼のパワフルな活力、積極性、競争にかける熱意、いつはてるとも知れないエネルギー、芝居がかった身振りが花開いた。彼はかつて、インテル・マイクロプロセッサの新しいクライアントを獲得するために芝刈り機すら持ち込んだというエピソードもある。

雑誌のプロフィールには、「額に前髪がひと房垂れ、皺のよった青いブレザーをきたガリガリに痩せた男で、会議に急ぎ足で向かいながら同時に周囲の三人と話し、さらに携帯電話で話している」とある。これに、彼がハイテク・ベンチャー・キャピタルの世界で最も影響力のある人物だという事実を加えれば、彼のそこそこ正確なポートレートができあがるだろう。

ドーアには彼と同じように印象的なパートナーがいる。当時世界で二番目に大きなソフトウェア企業オラクルのCOO兼社長を務めたレイ・レーン。彼は自説を曲げないことで知られており、率直に物を言う技術革新の専門家だ。レーンとドーアはビジネスの世界でどちらが顔が広いかという点で仲のよいライバル関係にある。最終的に六〇〇〇人を超える知り合いのいるレーンがリードした。そのなかには一九九六年からアイスランドの大統領を務めるオラフル・ラグナル・グリムソンといった**風変わりな人物**も含まれている。

そのほかにも、神童として知られたビル・ジョイがいる。彼の数々の知的な探求は事実か伝説かわからない。彼は三歳で字を読み、四歳でチェスをさした。博士号の口頭試問では即興でソート（並べ替え）のアルゴリズムをじつにうまく説明したため、試験官のひとりはのちに「イエスは長老たちを混乱させた」と語った。その後、カリフォルニア大学バークレー校で畏敬の念をいだかせるハッカーとなり、《フォーチュン》誌のカバー・ストーリーで「インターネットのエジソン」と

クライナー・パーキンスの大ヒット投資のポートフォリオ

（1972-2010年）

社名	時価総額（2009年、単位10億ドル）*
グーグル	$147.0
ジェネンテック	$47.0
アマゾン	$36.0
セレント	$7.3
エレクトロニック・アーツ	$6.9
サン・マイクロシステムズ	$5.9
ネットスケープ	$4.2
ロータス	$3.5
AOL	$2.4
ブリオ・テクノロジー	$0.143
コンパック	$25.0
インテュイット	$13.7
LSI	$2.65
マクロメディア	$3.4
クアンタム	$0.316
タンデム	$3.0

＊すでに買収されたところもある。ジェネンテックはホフマン・ラロッシュ（2009年）、セレントはシスコ・システムズ（1999年）、ネットスケープはAOL（1998年）、ロータスはIBM（1995年）、ブリオ・テクノロジーはハイペリオン（2003年）、コンパックはHP（2002年）、マクロメディアはアドビ（2005年）、タンデムはコンパック（1997年）

いうニックネームをつけられた。そして、サン・マイクロシステムズを共同設立した。

ドーア、レーン、ジョイはクライナー・パーキンスの三六人のパートナーのうちの三人にすぎない。パートナーのなかには、前副大統領のアル・ゴア、「戦略的有限パートナー」前国防長官のコリン・パウエルなど影響力のある錚々たるメンバーが揃っている。

だが、もちろんクライナー・パーキンス成功の要因は、ドーアのセールスマンとしての手腕、レーンの知性、ジョイの技術的優秀さだけではない。クライナー・パーキンスのブランド力だと言う人もいる。彼らはベンチャー・キャピタルの世界で最高の評価を得ている。これは、最も有望なビジネスはどこよりも先に彼らのもとにやってくるということだ。この理論は、直観的で魅力的でおそらく間違いないだろう。

たしかにクライナー・パーキンスには強いブランドとすばらしい取引がある。だが、これらはすべてクライナー・パーキンスの一面にすぎず、同社が築いてきたすばらしい多角的なディマンド創出プロセスの取るに足らない一面かもしれない。

クライナー・パーキンスはベンチャーが直面する**「ビッグ4」リスク**を熟知している。テクノロジー、チーム、財務状態、ディマンドだ。最も難しいディマンドについては、それなりに対処してきた。大きな新しいディマンドの爆発をもたらす大きなブレイクポイントを探しながら、企業ではなく市場セクターを重視する。最初に見つけたブレイクポイントは半導体、次がインターネット、現在はエネルギーと水だ。

クライナー・パーキンスのパートナーたちは何百もの取締役の肩書を持っており、何千もの企業と交流している。交流の唯一の焦点はいかにしてディマンドは進化するかということに関する独自の洞察を深めることだ。「われわれはサン・マイクロシステムズからAOL、エキサイトにいたるすべての企業の取締役を務めている。われわれはひとつのグループとして、市場リサーチャーが知る前に未来を予想する方法を開発してきた」と、元パートナーのビノッド・コースラは言う。

そのうえで彼らは顧客中心の企業を探している。ジョン・ドーアは、当時生まれたての経理ソフト会社インテュイットの巨大な可能性を確信させたものはなんだったかを語っている。「インテュイットの取締役会に初めて出席したとき、大変驚かされた。会議の半分以上がその技術サポートセンターで起きたことに終始し、担当者が顧客の製品に対する疑問に答え、問題を解決する話を聞かされた。創業者のスコット・クックが顧客の幸せと直接顧客にフィードバックすることを徹底して重視している点には、いまでも感銘を受けている」

ドーアの見方は、顧客と話す勇気を持ち、そこから学んだ厄介な真実に対処する企業リーダーがいかに少ないかというわれわれの見解と一致する。スコット・クックは顧客に耳を傾けるだけでなく、役員たちをそのプロセスに引き込み、取締役会レベルでの話し合いの本質を完全に変えた。ドーアにとって、これは**「この会社」**がいまにも巨大な新しいディマンドを創り出そうとしている重要な証だった。

出発点は、ディマンドについて徹底的に考えることだ。次の段階は、そのディマンドに応えるために最大限のアイデアを出すことだ。このプロセスはクライナー・ネットワークの何千もの声を聞くことではじまる。それからすばやく「外に」向かう。クライナーのパートナーたちは、アメリカの一流大学をよりよいアイデアを求めて探し回る。推薦や紹介を待つのではなく、記者や粘り強い探偵のように自分の脚で探す。ドーアやレイ・レーン、ブルック・バイヤーズのように大学の研究室めぐりに莫大な時間を費やす。ちなみに、ドーアはスタンフォード大学、レーンはカーネギー・メロン大学、バイヤーズはカリフォルニア大学サンフランシスコ校を担当している。彼らは革新的なリサーチ・プロジェクトを知るために構築したコネクションを活用し、最先端の科学者との長期的な関係を築き、優秀な人材との関係を作り上げる。この自分の脚で歩く戦略は従来の大学や国境を越えて広がる。彼らの努力を支えるために、クライナー・パーキンスのパートナーたちは、マサチューセッツ州、フロリダ州、テキサス州、ペンシルベニア州、ニューヨーク州、ニュージャージー州、ジョージア州にとどまらず、イスラエル、ドイツ、中国で貴重なアイデアを見いだしている。

ここでは照会が重要な役割をはたす。ドーアは照会を品質の保証人と考える。

これは宝くじのような賭けごとではない。品質の問題だ。クライナー・パーキンスは二五〇社を超えるベンチャーに投資してきた。ほとんどすべてのプロジェクトは、創業者とうちのパートナーの双方を知る誰か——CEO、エンジニア、弁護士、友人、他のベンチャー・キャピタリスト——に照会したものだ。

こうなると一〇〇の賭けも必要かもしれない。ただし、幸運を願って宝くじを一〇〇枚買うようにやみくもに賭けるわけではない。アイデアがクライナー・パーキンスの出資の深遠な世界への入学試験をパスする前に、その企業には非常に厳しい基準が適用される。全体的なアプローチは単純だ。

質の高いアイデアの最大数　×　最小限の選択性　＝　最良の確率

たとえば、ソフトウェアへの投資を審査する場合、クライナー・パーキンスは有望な製品を査定する際に次のような基準を用いる。

- 顧客に対する即時的な価値――初回の使用による問題解決または価値の創出
- クチコミによる製品採用――プッシュではなくプル。直接販売力は不要
- ＩＴの導入、設置は最低限、ゼロが望ましい。ＳａａＳがベスト
- シンプルで直感的なユーザー経験――トレーニング不要
- パーソナライズしたユーザー経験――カスタマイズ可能
- アプリケーションまたはテンプレートに基づいた簡単な設定
- 状況の変化に応じて対応する――場所、グループ、嗜好、デバイスなどに調整

こうした基準の厳格さと明瞭さは、ウォーレン・バフェットの投資基準の簡素さとパワーに通じるものがある。バフェットが投資に値すると考えるのは、（ａ）ドルのために製品を売り、（ｂ）コ

ストはペニーで、（c）ディマンドが永続し、（d）巨大な堀で囲まれ、（e）優れた経営チームを有す企業だ。

ソフトウェアのイノベーションの多くは、クライナー・パーキンスの基準の二〜三項目あるいは四項目に該当する。七つすべてを満たすのはほとんど不可能だが、そこがポイントだ。新興市場の一〇〇個の質の高いアイデアのうち、真に優れたアイデアはたったひとつだろう。**それがクライナー・パーキンスの投資先だ**。そのアイデアが充分に有望であれば多重投資を行う。たとえば、クライナー・パーキンスは現在グリーン自動車技術に三つ、燃料電池に三つ、太陽光発電システムに五つ、バッテリーとバイオ燃料に多重投資を行っている。たとえディマンドが確実でも（クライナー・パーキンスには確信がある）、技術、経営チーム、財務状態が伴わない場合もある。最も厳しい精査をくぐり抜けたものに倍賭けするのがクライナー・パーキンス・システムのもうひとつの重要な要素だ。

パズルの最後の一片は最もユニークと言えるだろう。アイデアの数を最大化し選択性を最小限にするだけでは不充分だ。クライナー・パーキンスは、その投資の利点の可能性の管理にも秀でている。同社はさまざまな種類の「黄金の介入」を通じて投資に付加価値を加えている。エグゼクティブ適任者を探す手助けもしている。企業のパフォーマンスを次のレベルへと高めるために必要な完璧なマーケティング・ディレクター、技術部門のトップ、財務専門家、CEOなどだ。また、重要な顧客（おそらくクライナー・パーキンスの他のベンチャー）とのパイプ役も務める。コンセプトから市場へのプロセスで、予期せぬ技術的な問題が発生したときは、パートナーが同様の問題と戦ったことのある他社の専門家を紹介する。また、ビジブル・パス社への投資も行っている。その意図は、同社のソーシャル・ネットワーキング・ツールがクライナー・パーキンスの新興企業ネットワークに活かせること、そして、最終的に完全に離陸する力をつけることにある。クライナー・システムは進化を続けている。すばらしいアイデアが存在し、どの企業も製品化に乗り出さない場合は、クライナーのパートナーたちは「それを探すのが仕事だ」と心得ている。そして、実際にそうする。ビル・ジョイ率いるクライナー・パーキンスは「偉大な挑戦のマップ」を作成した。これは、エネルギーの備蓄、水、発電、輸送などの分野の将来的なディマンド成長の機会を示す四〇個の四角で構成された巨大なマトリックスだ。マップにはブランクがたくさんあり、市場に大きな変化をもたらす可能性のあるアイデアが存在することを示している。マップはパートナーたちがなにを探せばいいかわかるようにするために作成された。ドーアが言うように、「こんなやり方でベンチャー・キャピタルを行ったところはないと思う」

ほかのよりよい方法を常に追求することがさまざまなユニークな結果をもたらしてきた。合算すると、クライナー・パーキンスのポートフォリオは二五万人以上の雇用を作り出し、収益一〇〇〇億ドル以上、時価総額六五〇〇億ドルを生み出した。独特の方法を駆使する一企業が財務的支援、創造的支援を行い、そこから驚異的な新しいディマンドが誕生した。

❑　❑　❑

これまで見てきたように、ジョン・ラセター、ロイ・バジェロス、ジョン・ドーアといったポー

トフォリオの巨匠たちはいずれもユニークなシステムを作り上げ、繰り返し多くの製品のローンチを成功させディマンドを創出してきた。こうしたシステムには共通する特色が見られる。

まず、実験的な短編映画を作る、有望な酵素を探す、将来のディマンドを生み出す可能性の高い急速に進化する市場分野を探すことによって、高品質の製品アイデアを最大限出すことだ。次に、ピクサーの年一回の大ヒット作制作戦略、メルクの六種から八種の新薬候補、クライナー・パーキンスの「宝くじ」ではなく「品質」への執着が示しているように、充分な製品候補を揃え厳密に選抜することだ。

継続的な大規模なディマンド創出を目指す企業への教訓は、ふたつのシンプルな質問を重視することだ。すなわち、アイデアのポートフォリオの規模と質は？　このポートフォリオから最良の候補を選ぶ方法は？

この考え方はわれわれの普段の考え方とは大きく異なる点に注意してほしい。ゴールドマンの法則を前提とする世界に暮らすわれわれは、成功は宝くじだ、たくさん賭ければどれかが当たる、ハイリターンを狙うならハイリスクは厭わない、といった不可知性と取り組んでいる。

だが、ディマンド・クリエーターの考え方は違う。宝くじではなく品質で考える。映画にしろ医薬品にしろ投資にしろ、賭けをしようとはせず、バットを振ったときはヒットという考え方をする。彼らはバフェットの言う「二〇回投資ができるパンチカード」の考え方を、をポートフォリオ・プロセスで行っている。あるいは、テッド・ウィリアムズ（ボストン・レッドソックスで永久欠番となった名選手）が野球でやったことだ。彼は自分のスウィート・スポットに来た球以外はすべて見送り、四割を達成した。

多くの企業がラセター、バジェロス、ドーアの教訓を活かすことができる。だが、継続的なディマンドを達成するのは、「魔法のひと振り」で勝利をもたらしてくれるひとりの天才の出現を待つことではない。考え方とシステムを作り出すことだ。それはラセターやバジェロス、ドーアのように、一般的なメソッドをカスタマイズすることからはじまる。だが、最後には個々の企業が独自のテクニックを編み出さなければならない。

連続して一〇以上の大ヒットを生み出したディマンド創出企業は、ここで挙げた三社にはとどまらない。ディズニーも二回、一九四〇年代と八〇年代に達成した。ファイザーも一九九〇年代に達成し、トヨタとアップルはその途上にある。いずれも見習うことができるシステムを持っている。

独自の手法を編み出して同様の成果を挙げたところもある。テレビ・映画プロデューサーのジェリー・ブラックハイマーだ。彼の作品は累計一三〇億ドルの収益を生み出した。彼はのちの共同プロデューサー、ドン・シンプソンとともに観客が喜ぶ映画を生み出すシステムを作り出した。システムの要は、観客を見ることだ。ブラックハイマーは映画のスクリーンではなく、観客が笑い、泣き、驚き、席を立ち、あるいは席の端に腰掛けるのを**ひたすら観察する**。観客に好き嫌いを尋ねることもできるが、その答えが真実であることは稀だ。観察することによって多くのことがわかる。「顧客と話す勇気」は大切だ。だが、ブラックハイマーはその先をいく。彼は顧客を**観察する勇気**もあわせ持っているのだ。

すべてのディマンド・クリエーターはこの種の教訓から学ぶことができる。大企業のマネジャーや起業家だけでなく、一〇店舗の出店を夢見る小規模ビジネス経営者、今後一〇年間、シーズンごとにヒット作品を上演したいと願っている地域の劇場マネジャー、連続ヒットを熱望するアプリケーション開発者にも言えることだ。

考え方、文化、そして、ポートフォリオの品質改善を軸として最も有望な勝者を選び出し支えるシステムの開発に的を絞れば、野心的なディマンド・クリエーターが、ゴールドマンの法則を寄せつけず、新しいパワフルなディマンドの流れを、一、二回と言わず、繰り返し生み出す可能性は広がるだろう。

9 スパーク——需要の未来はこうして見つけよ！

ここまで、この二〇年のあいだに達成された数々の偉大なディマンド創出物語を振り返ってきた。そして、辿り着いたのが最初の疑問だ。すなわち、**明日のディマンド**はどこから来るのか？

未来がのぞける水晶玉はない。だが、明白な、それでいて見落としがちな事実——ハッスルはさまざまなサイズで訪れる——のなかに重要な手がかりが残されている。

小さなハッスルもある。たとえば、リード・ヘイスティングスがネットフリックスで解決したビデオ・レンタルのハッスル、ジュリアン・メトカーフにプレタ・マンジェの創業を思い立たせたロンドンの下町でまともな昼食を見つける難しさなどだ。

だが、ほかのハッスルは大規模だ。アメリカ全土あるいは地球規模で、資金、時間、エネルギー、時には人命にもおよぶ大きな犠牲を払わなければならない。ケアモアが救済に奮闘したアメリカの医療制度の機能不全。ティーチ・フォー・アメリカが克服しようとした、若い世代が適切な教育を受けられなくなったアメリカの学校制度の失敗。いずれも最近の例である。

小さなハッスルを克服した者はディマンドの丘を上る。彼らは何億人もの人々の生活を適度に改善し、そのプロセスで成功する企業を立ち上げる。

だが、巨大なハッスルに取り組む者は、エベレストに世界で初めて登ったエドモンド・ヒラリーやテンジン・ノルゲイに匹敵する。ディマンドのヒマラヤを征服し、どう見ても不可能な業績を上げ、社会全体の暮らしを劇的に変え、ときには何十年にもわたって経済成長を続ける業界を創り出す。

だが、こんにちディマンドの未踏のエベレストは存在するだろうか？　それとも、一部で言われているように、ディマンド創出の大きな機会はすでに枯渇してしまったのか？

あまり知られていないが非常に優れた資料にその答えがひとつある。

二〇〇八年、全米技術アカデミーは二万五〇〇〇人のエンジニアを対象に調査を行った。二一世紀の「偉大な挑戦」はなにかというものだった。実際のところ、この調査の目的は世界最大の未解決の科学技術の課題を割り出すことだった。地球規模の最大のハッスルから無数の日々のハッスルが発生する（カネの浪費、時間の浪費、リスクの増加など）。調査結果の上位一四項目は左記の通り。

1　経済的な太陽光発電
2　核融合によるエネルギーの供給
3　清潔な水の確保
4　脳の解析
5　個別学習の進歩
6　炭素分離法の開発

7　科学的発見のツールの考案
8　都市インフラの保全と改善
9　医学情報の進歩
10　核脅威の防止
11　よりよい医薬品の開発
12　バーチャル・リアリティの向上
13　窒素循環の管理
14　サイバースペースの安全

どれひとつとってもその解決には多大な労力を要するが、そのプロセスで無数の科学や技術のコンセプトが誕生するだろう。競争のプレッシャーと試作品開発の問題で間引かれ選り分けられた最高のアイデアは、巨大な新しい産業を生み出し、そこから大きな新しいディマンドと高賃金の仕事が誕生する可能性もある。

重要なのは、この種のブレイクスルーが何億人もの人々と世界中の国が直面するハッスル――ありふれた日常のハッスル（不安定なガソリン料金、病気の診断の遅れ、泥棒）から壊滅的なハッスル（気候変動による「水との戦い」、世界的な疫病、サイバーテロ）まで――を軽減する一助となるということだ。

ディマンド創出の基礎は科学革新、技術革新である。優れたディマンド・クリエーターには取り組むための材料が必要だ。そこに点がなければ結ぶこともできないからだ。

ディマンド急増は、基礎科学の発見や技術のブレイクスルーから発生する。何十年も経つと、発生したディマンドはさまざまな新しい産業と爆発的な経済活動を残して終息する。

ここでもうひとつの疑問が湧く。実際、この種の発見やブレイクスルーはいかにして起きるのか？　答えは明らかではない。だが、この世界が、ある種の経済成長と今後数十年にわれわれが望む生活水準の改善を享受したいのなら、しかるべきブレイクスルーは不可欠である。

❏　❏　❏

一九四八年七月一日。第二次世界大戦後のこの日、いろいろなことが起きた。《ニューヨーク・タイムズ》紙一面のヘッドラインを見るとよくわかる。ある記事には「最後の英軍部隊、パレスチナから撤退」とある（独立宣言からまもないイスラエルはすでに独立と生き残りをかけた初めての戦争で交戦していた）。「トルーマン、二月一日を『自由の日』とす」というのもあった（冷戦構造の出現により民主主義のよさを宣伝する新たな愛国心高揚のための休日が必要となった）。「真夜中に移行」はニューヨーク市の地下鉄料金が初の値上げに踏み切り、ニッケル銅貨（五セント）から一〇セント硬貨に移行した話だ（ちなみに、二〇一〇年末は二ドル五〇セント）。

だが、いまから振り返ると、その日一番のニュースは一面には載っていなかった。四六ページのコラム欄の下のほうに埋もれていた。見出しには「ラジオ・ニュース――今夏、『ラジオ・シアター』に代わってCBSのふたつのニュースショー登場」とある。

昨日、トランジスタと呼ばれる装置がウエスト通り四六三番地のベル・テレフォン研究所で初めてお目見えした。トランジスタは、通常は真空管が使われているラジオにいくつか応用される。

この装置はラジオ受信機にも応用され、この受信機には従来の真空管はついていない。電話や、床に置かれた受信機につながったテレビにも使われていた。いずれの場合も、トランジスタは増幅器として使われているが、発振器としても使え電波を作り送り出すことができる。

誕生の発表はひかえめだったが、この初期段階の技術は、これ以後六〇年にわたって消費者がほしがるものを変えていった。一九五〇年代半ば、トランジスタは一〇代の若者がほしくてたまらなかったポケットサイズのラジオに使われるようになった。最初にこれを作ったのは、テキサス・インスツルメンツと呼ばれたダラスの企業で、次に作ったのがほとんど無名の日本企業ソニーだった。一九六〇年代、ソニーはトランジスタを使ったカラーテレビを作りはじめ、このころからアメリカの電化製品産業が次第に衰退し、日本の世界経済における存在感が高まっていった。やがて、無数のトランジスタを小さなシリコン薄片に組み込んだ集積回路が登場し、一九七一年、集積回路の機能をすべて統合した最初のマイクロプロセッサが誕生した。その後、数十年間に、シリコンチップの性能が格段に向上すると同時に、情報テクノロジーのサイズとコストが徐々に下がったため、電子計算機、パソコン、携帯電話、インターネットといった新たな進歩が一気に訪れた。《タイムズ》紙が言及した「ラジオにいくつか応用される」は何百万もの応用に変わり、その技術、経済、社会に与える大きな影響力はこんにちも続いている。

新聞編集者が初めて目にしたトランジスタの重要性を見抜けなかったのも無理はない。ブレイクスルーは、原子爆弾を生み出したマンハッタン・プロジェクトのような巨大政府プロジェクトから生まれるのではなく、むしろ「Hell's Bells Laboratory」（hell's bell'sは俗語で「ばか野郎!」の意）と仲間内で冗談半分に呼んだ、ベル研究所の片隅で働いていたひと握りの無名の科学者と技術者から生まれた。

ベル研究所には、戦中、のちにレーダーの開発につながる半導体の研究に携わっていたウィリアム・ショックレーという名の優秀な若い理論家がいた。彼は実験物理学者ウォルター・ブラッテンとミネソタ大学からつれてきた理論物理学者のジョン・バーディーンとチームを組んだ。ショックレーはかさばる壊れやすいガラスの真空管の代わりとなる「半導体増幅器」を作ろうとしたが失敗し、ブラッテンとバーディーンに原因を究明するよう命じた。

ふたりはこのプロジェクトに二年をかけた。小さなニュージャージーの研究所で、剃刀の刃、テープ、はんだごてなどの普通の大工道具を手に、薄くシリコンをコーティングした金属板を使った小さな装置といろいろな金属を混ぜたシリンダーを作った。そして、この装置を桶の水に沈め、湿度が電気信号の増幅作用を改善させるかどうか実験した。一九四七年一二月、バーディーンはついに、装置表面の水晶の層が電子の流れを妨げることに気づいた。ふたりは最新の実験計画を改め、三角形のプラスチックに金箔を貼った一インチの装置を作り、銅線でバッテリーにつなぎ、手で圧力をかけてゲルマニウムの板と接触させた。ふたりはこの装置を「点接触型トランジスタ」と呼び、電気信号を約一〇〇倍に増幅することに成功した。

ふたりがこのブレイクスルーをショックレーに報告すると、彼は喜ぶと同時に自分が妬みも感じていることに気づいて驚いた。彼はのちにこう語っている。「私が八年も前から着手していた仕事がすばらしい発明につながらなかったので落胆した」

自尊心を傷つけられたショックレーは悔しさを創造的な仕事に向けた。そして、シカゴのホテルの一室に、紙とペンを持って四週間閉じこもった。科学学会の合間に仲間たちが集う大晦日のパーティにも顔を出さず、ひたすらふたりの装置より頑丈で簡単に量産できる一歩進んだ装置の設計に没頭した。ベル研究所が一九四八年六月三〇日に、ひと握りのメディアに発表したのはこのトランジスタだった。その後、一九五六年には三人でノーベル物理学賞を受賞し、彼の発明はコンピュータ時代の礎となった。

やがて、トランジスタの三人の父は離れ離れになっていった。ブラッテンとバーディーンは大学に移った。バーディーンはイリノイ大学での超伝導に関する業績で二度目のノーベル賞を受賞した。ショックレーもベル研究所を辞め、故郷のカリフォルニア州パロアルトにショックレー半導体研究所を作った。これは、やがてシリコンバレーとして知られるこのアンズの茂るのどかな地に設立された初めての電子機器会社だった。彼が雇った科学者や技術者は、最後には自分の会社を立ち上げて去っていった。フェアチャイルド・セミコンダクターとインテルもそうだ。

これまでも見てきたように、ディマンド創出を促すのはたくさんの目に見えない要因だ。しかし、最も大きな要因となると、新しい産業を開発し、同時に新製品と高賃金の仕事へのディマンドを生み出す科学的な発見だ。テレビ、CD、計算機、携帯電話、コンピュータ、インターネットにいたるまで、いまショックレーの子供たちは無数の子孫を生み出し、何千もの企業、何千万もの仕事を世界中の国々に生み出し、何兆ドルにも相当するディマンドを創り出している。

六〇年以上経った現在でも、ショックレーの第四、第五世代の子孫たちが世界中で新しい形のディマンドを促し、ベル研究所のパイオニアたちが思いもしなかった恩恵を生み出している。

本書の冒頭で、世界で最も売れている家庭用電子機器ノキア1100の話をした。この値段が安く頑丈で万能な携帯電話は、インドの田舎に暮らす何千万もの人々の暮らしを変えている。現在、おそらく半数近くの人が携帯電話を使っているだろう。そのプロセスで携帯電話サービスは、インドの農民が直面する最も差し迫った問題を解決する機能を加えることで改善されている。ノキア1100のような携帯電話は田舎に暮らす人々の多面的なビジネスツールであり、発展途上国のビジネスのハッスルを克服し、貧困から抜け出す機会を与える数々の方法を提供している。

二〇〇九年一月の農業調査によると、農民への影響には驚くべきものがある。パキスタン国境に近いラジャスタンの村で家畜飼料用の穀物グワーを栽培しているジャディッシュという名の農民は、IKSL携帯電話サービスで栽培方法などの情報を得て、年収が二五パーセント増えた。インド中西部のマハラシュトラで花を栽培する一団は、毎日の市場レポートを活用して町へ出荷する量を調整するようになったため、ムダがなくなり花の価値を最大限に高めることができた。

ノキアは、発展途上国向きの典型的な携帯電話――丈夫でシンプルで値段が安い、プラスチック製で多機能――を作る一方で、さまざまな情報サービスを提供し、地方の顧客に対する有用性を高めようとしている。

たとえば、ノキア・ライフ・ツールには、発展途上国向けに作られた数多くのアプリケーションが入っている。ロイターと提携したこのツールは、天気予報、さまざまな生活物資、農業用製品（種、肥料、殺虫剤）の市場価格、英語のレッスン、学生用の試験準備プログラム、占いなどの娯楽機能、クリケットの試合結果、着信音のダウンロードといったサービスを提供している。

メール・オン・オビもノキアのブレイクスルーのひとつだ。これは、ノキアの総合ウェブ・サービス・ポータル（アップルのiＴｕｎｅｓストアに相当）である、オビを使ったEメールのアプリケーションだ。メール・オン・オビを使えば、ノキア２３２３クラシックなどのインターネットが使える携帯ユーザーは、コンピュータを使わずにEメール・アカウントを使うことができる。また、現在五〇ドル前後で販売されている２３２３は、一般的なインドの農民には若干高めだが、開発途上国の多くで行われている携帯電話の共同所有に適している。

ノキアはオボペイにも出資している。オボペイとは携帯用送金システムで、携帯で銀行口座にアクセスしたり、請求書の支払、借り入れ、ローンの返済ができる。カリフォルニア州レッドウッド・シティに本社を置くオボペイは、インドでも営業しており、携帯電話ソフトまたはメールを使って、少額の手数料で口座間で資金を移動することができる。

また、ノキアは電話機の周辺にも新しいやり方を導入している。たとえば、ムンバイ（インド）、リオデジャネイロ（ブラジル）、アグラ（ガーナ）のスラム街にオープン・スタジオを設け、ユーザーを招待してノキアのデザイナーと一緒に理想的な携帯電話のコンセプトを話し合う。ここでは、二〇〇人を超える地元住民たちが、水質センサーつき携帯、衝突を避けるために「Peace」という言葉を画面で点滅させるといった新しいアイデアを出しあっている。

インドの農業の情報革命は、ショックレーの発明に始まるディマンドの新しい層をもたらしてきた。携帯電話へのディマンドはもちろん、車、教育、よりよい住宅、おいしい食事その他、新しく力をつけてきた農民たちが手に入れやすくなった中流の暮らしの恩恵に対するディマンドだ。

ショックレーのブレイクスルーから六〇年以上経ったいま、こんな疑問が湧いてくる。いまの時代に、次のトランジスタを生み出す、発見の文化が培われているのはどこの研究所だろう？

❏　❏　❏

新しい産業の創出がアメリカのコア・スキルだった時代はそれほど昔のことではない。そして、偶然ではなく同時に、世界最大、最速で成長する経済がアメリカの誇りだった。一九二〇年代、三〇年代、四〇年代、五〇年代、六〇年代、アメリカの科学技術分野でのブレイクスルーは、数多くの新しい産業と製品の着実な流れを創り出した。こうした産業が消費者ディマンドを刺激し、高賃金の仕事を提供したことによってさらにディマンドは高まった。

基礎となる発見の流れをもたらしたのは、裏庭のガレージで自前で研究に取り組む天才たちではなく、発見・イノベーションを生み出す並外れた専門機構、すなわち、研究所ネットワークだった。この種の研究所は、科学技術の知識を注ぐべく意図的に設立され運営された。たとえば、ベル研究所、ゼロックスのパロアルト研究所（ＰＡＲＣ）、ＲＣＡ研究所、アメリカ国防高等研究計画所

（DARPA）などだ。このネットワークのなかでは、公共、民間、非営利、営利を問わず協力しあった。明らかに商業的潜在力のあるプログラムは「純粋科学」に支えられ、このふたつの流れは互いに共鳴しあい与え合ってきた。発見・イノベーション機構が存在したのは、即座の実用化とは一線を画した発明を支える「この国のために」というビジネスと政治文化のおかげだった。

こうした研究所の科学、技術、経済への貢献――無数の高賃金の仕事の創出を含め――は莫大であり数値で表すことはできない。

ベル研究所を例に考えてみよう。ベル研究所は一九二五年、AT&Tとウェスタン・エレクトリックの合弁事業として、研究所長フランク・B・ジュウェットのもと、ベル・システム電話会社の機器開発を目的に、ニューヨーク市で設立された。その後、ニュージャージー、シカゴなどにも施設を増やし、純粋な科学研究とすぐに遠隔通信に応用できる技術開発の双方を支えた。ベル研究所は、二〇世紀テクノロジーの歴史で重要な役割をはたし、無数の高賃金の仕事と新しい産業を創り出す数々の科学分野のブレイクスルーを支えてきた。ショックレー、バーディーン、ブラッテンのトランジスタ発明は最も目覚ましい重要なものだが、ほかにもまだある。

- ファックス伝送の世界初の公開デモンストレーション（一九二五年）
- 初の音声と映像の同期（トーキー）映画システムの発明（一九二六年）
- 初のステレオ音声信号の送信（一九三三年）
- 初の電子合成音声器（一九三七年）

・太陽電池の開発を支えた研究（一九四一年）
・初めて「レーザー」を説明（一九五八年）
・こんにちの情報社会を支える大規模集積回路の基礎となる金属酸化膜半導体電界効果トランジスタ（MOSFET）の開発（一九六〇年）
・UNIXオペレーション・システムの制作（一九六九年）
・携帯電話のためのセルラーネットワーク技術の開発（一九七一年）
・C言語の開発（一九七三年）

ベル研究所での研究には七つのノーベル物理学賞が贈られた、そして、ベル研究所が作った基礎の上に建てられた企業、産業の数は数えきれない。

だが、この二〇年間、ベル研究所への出資や人材の投入は激減した。研究者の数も三四〇〇人から一〇〇〇人に減った。そして、二〇〇八年八月、親会社のアルカテル・ルーセントは、最後まで残っていた基礎科学分野、材料物理学と半導体研究から手を引き、もっと簡単に利益に結びつく分野のプロジェクトに専心すると発表した。

この不可避な決断を導いたのは、財務的プレッシャーだった。だが、これはわれわれの経済システムにとっても、計り知れない価値を持つユニークな資産を失うことになる。純粋な科学研究は予測のつかない長期的な恩恵をもたらす場合も多いからだ。

ひとつ例を挙げよう。一九四八年、ベル研究所の科学者で、近代情報理論を築いた人物として有名なクロード・シャノンは、《ベル・システム・テクニカル・ジャーナル》誌に「通信の数学的理論」という論文を発表した。当時、これはすぐに利益に結びつくところはまったくない「純粋科学」の論文だった。だが、何年か経つと、物理学者たちがデータ伝送の数学にシャノンの考え方を応用して、銅線を使って超高速でデジタル情報を送る方法を発見し、DSL（デジタル加入者回線）接続が可能になった。現在、この接続のおかげで一億六〇〇〇万世帯に高速インターネット・サービスが届けられるようになった。

ベル研究所のような規模の縮小は、知識自体に関心がある科学者たちの損失に留まらない。われわれが決して知ることのない実益の可能性を秘めた新しいコンセプトを追求する強力なメカニズムが排斥されるからだ。

同様に、RCA、DARPA、PARCといった二〇世紀のアメリカの偉大な研究所も縮小や方向転換を余儀なくされた。

一九三五年に設立され、一九四二年からニュージャージー州プリンストンに拠点を置くRCA研究所（旧デビッド・サーノフ研究センター）は、ベル研究所以上にワイヤレス通信に力を入れてきた。また、白黒テレビ技術の完成に尽力し、カラーテレビ放送網とそのシステム・コンポーネントの技術的基礎を築いてきた。この新しい産業は、プログラミング、宣伝広告、製造、放送局などの巨大なディマンドと数多くの仕事を生み出した。また、宇宙通信、衛星通信、ディスク・レコーディング、MOSFET、CMOS技術、液晶ディスプレイ、その他数々のブレイクスルーを可能にした発見をしてきた。

ＲＣＡ研究所には他の研究所と根本的に異なる点がある。その成長を推進したのは、二〇世紀の一連の主要産業の創出において重要な役割をはたした意志の強いリーダー、デビッド・サーノフだった。一九一六年一一月、二五歳だったサーノフは、マルコーニ無線電信会社のボスのＥ・Ｊ・ナリーに、音楽、ニュース、スポーツのラジオ放送はいつの日か何百万人もの人々に娯楽と情報を提供するだろうと告げ、いますぐにも「ラジオ・ミュージック・ボックス」を作る商売をはじめるように促した。そして、マルコーニが拒否すると、ＲＣＡへの投資を通じて試作品開発に出資するようゼネラル・エレクトリック（ＧＥ）を説得した。一九二一年、彼はヘビー級タイトルマッチ、デンプシー対カルパンチェの試合のライブ放送を手配し、何十万人ものリスナーを惹きつけた。これはラジオがやがてスポーツや娯楽に威力を発揮することを示し、サーノフの一九二三年のＲＣＡ社長就任を導く兆候だった。

サーノフは、たとえ一社が開発したものであっても、基礎科学の長期的な価値を充分認識しており、政府契約の入札に参加し、積極的に特許やライセンス契約を行った。その結果、強力な収益の流れがもたらされ、基礎科学研究に必要な直接経費をまかなうことができた。また、テレビ部品その他の製品の製造分野でも成功した（利益のための基礎研究というこのビジネスモデルをベル研究所やゼロックスＰＡＲＣが採用していたらどれほど有益だったかと思わずにはいられない）。

サーノフは昔からテクノロジーの力に明確なビジョンを持っていた。一九五〇年代半ばには、バイオテクノロジー、水産養殖、コンピュータがついには世界を変えると予言していた。一九七〇年のサーノフ引退後の七〇年代半ば、ＲＣＡ研究所は特許数において大手ベル研究所を上回ったと誇らしげに発表した。だが、すでに凋落は始まっていた。一九八六年、RCAはGEに売却され、RCA研究所はSRIインターナショナルに譲渡された。

DARPAは、ソ連の初の人工衛星スプートニクに対応するために一九五八年に設立された。DARPAは当初は、軍事部門のディマンドを満たすプロジェクトに力を入れていたが、この種のディマンドは軍事目的を超えて、ときには国、世界レベルにまで広がっていく。

DARPAのIT研究の初代ディレクターJ・C・R・リックライダーのリーダーシップのもとで、DARPAは（直接または出資奨励するプログラムを通じて）われわれがいま当然だと思っているさまざまな情報テクノロジーの開発を支援してきた。たとえば、タイム・シェアリング・システム、CG、マイクロプロセッサ、超大規模集積回路、RISCプロセッサ、並列コンピューティング、LANなどだ。

DARPAプロジェクトから直接商業目的で実用化されたものは無数にある。小さな例を挙げると、サン・マイクロシステムズのワークステーションは、DARPAが出資し監督した、大学や企業で開発された六つの主要なテクノロジーがなければ存在していなかった。大きな例で言うと、DARPAの省庁間情報共有ネットワークはインターネットの基礎となった。インターネットは一気に成長して一九九五年ごろには成熟産業となり、アメリカ最後の新しい巨大産業を創り出した。かれこれ一五年も前の話である。

現在、DARPAの目的とメソッドは、9・11のトラウマも一因して劇変し、幅広い科学研究から短期的な軍事用途のプロジェクトにシフトした。出資先も大学から軍事契約企業へ移った。同じ分野の他の研究者のさらに踏み込んだ研究を促すために公にされていたリサーチは、内密に進められる機密計画にとって代わった。

ゼロックスのPARCも、アメリカの発見・イノベーション基地が現在直面する課題を浮き彫りにする一例だが、これまでとは若干異なる。ちなみに、キンドルのEインクや関連する多くの製品に結実したテクノロジーをそもそも立案したのがPARCだった。

一九七〇年代、PARCは、この研究所を設立したゼロックスからの惜しみない援助、そして、実用化とは無縁の、独立した将来を見据えた研究を奨励する不干渉主義のおかげで繁栄していた。この研究所が、一九七〇年にコネチカット州のゼロックス本社から四八〇〇キロメートルほど離れた場所に設立されたことは注目に値する。この距離は、研究所が独自の方向性を確立する自由を象徴している。

全盛期には二八〇人の研究者を抱えて、才能ある人材を数多く惹きつけていた。ベル研究所と同じように、ここでもブレイクスルーや発見は研究者たちが互いに共有し、創造性とイノーベーションのユニークで有用な上向きのスパイラルが生まれていた。一九六〇年代のプロジェクトで培われた並外れた才能が、史上例を見ない短期間での数々の偉大な発見となって花開いた。GUI、パーソナル・コンピュータ、イーサネット、WYSIWYG（what-you-see-is-what-you-get：見た通りに出力できる機能）デザイン・ソフトウェア、レーザー・プリンターなどだ。

最終的にこうした発見は、スティーブ・ジョブズやビル・ゲイツといった起業家や、シリコンバレーのベンチャー・キャピタルの手を借りて、カラーテレビをはるかに上回る多面的なディマンドの爆発を生み出した。そして、同時に、ＰＣ革命で解き放たれたディマンドに費やす爆発的な高賃金（何百万ドルにも達する高賃金の仕事）をもたらした。

現在、ＰＡＲＣの研究者の数は約一六五人。現在の研究の目標や力点については、かつての資金豊富な巨大研究機関と同じ運命を辿っている。規模を縮小した研究所は現在も研究活動を続けているが、自由で先見の明のある科学者たちが結集したリサーチ・インフラは劇的に削減されている。

❏　❏　❏

二〇世紀の発見の原動力が衰退している現在、明日のディマンドの基盤となる新しい産業を生み出す、科学のブレイクスルーを担うのは誰だろう？

明るいニュースもある。かつてのベル研究所に見られたような創造的なスパーク――規模は小さいが、いまだかつてないほど激しく――は、科学的発見と技術革新への新しいアプローチに先鞭をつけるひと握りの研究機関でいまも燃えている。

まず最初に登場するのは、二一世紀版のベル研究所の縮図、商業的実行可能性や短期的な資金回収を目的とせず、多様な技術的挑戦を自由に追求する、企業が運営する研究機関だ。

その製品のひとつが驚異的な能力を誇る人型ロボットＡＳＩＭＯだ。名前の由来はアイザック・アシモフではない。Advanced Step in Innovative Mobility（新しい時代へ進化した革新的モビリティ）の頭字語だ。ＡＳＩＭＯは歩き、ターンし、止まり、階段を上り、カートを押したりトレイを持ったり、電気のスイッチを押し、扉を開け、動いている物体を感知し、障害物を避ける。人間の表情を読み、言葉による命令に従う。初めて発表されたのは二〇〇二年。現在も世界で最も進化した人型ロボットである。いまや海外旅行にも出かける有名人で、スイスの坂で見かけたり、ローズ・ボールのパレードに出たり、サンダンスではハリウッドのセレブたちと親しくしている。

ASIMOはシリコンバレーのどこかの新興企業に勤める研究者が遊び心で作ったんじゃないかと思うかもしれない。だが、発明したのはホンダ・リサーチ・インスティチュート（HRI）、アメリカ、日本、ヨーロッパに施設を持つ自動車メーカーの一部門だ。なぜ自動車メーカーがこの種のプロジェクトをはじめたのだろう？　ディマンドにどのように関係しているのだろう？

まずひとつめの質問に答えよう。われわれはホンダが自動車メーカーだと思っているが、一貫してエンジン・メーカーだ。芝刈り機から超軽量ジェット機までありとあらゆるエンジンを作っている。ホンダの過去は、その大部分が一世紀におよぶオートバイと自動車産業で形作られているが、将来については（他と同様に）まだなにも形には現れていない。これでホンダがロボット事業に参入した理由を説明したことになるだろうか。新しく生まれつつあるテクノロジーを探求し、そこから次の偉大な産業が誕生する。ホンダはその産業を通じて大きな新しいディマンドを創出したいと願っている。

モビリティ、可動性に強い関心を寄せるホンダは、一九八六年に人間の複雑な動きを複製する歩くロボットを作るプロジェクトを開始した。技術者たちは動物園で動物の歩き方を調査し、カブトムシの脚の構造と機能を観察して人間の四肢の関節と比較した。

完全な人型ロボット第一号P1は、NFLのラインマンのような体型だった。身長一九一・六センチメートル、体重一七六キログラム。体重の大部分は、背中に背負った配線と大型バッテリーを納めたバックパックが占めていた。次のモデルは、かなりほっそりとして優雅だった。ロボット・ボーイの王様ASIMOは、小柄で身長は一三〇センチメートル、体重五四キログラム、軽くなった分時速六キロメートルの速度で走ることができる。現在世界中で暮らす一〇〇台のASIMOは、いずれもホンダの外交官として、研究機関でその能力のデモンストレーションを行っている。

基礎研究はホンダの文化に根づいている。創業者の本田宗一郎はかつて、「研究開発の真価は未知の領域の探査にある」と言った。ホンダのCEOは歴代R&D部門出身者で占められている。ちなみに、現在の社長兼CEO伊東孝紳は、本田技術研究所の社長も一時兼務しており、入社の動機は航空機とロボットに関する野心的な研究に惹かれたからだという。

現在HRIが重視しているのは、「社会への貢献」を明確なゴールとした多様な技術的挑戦を自由に探査することだ。そのために優秀な研究者が採用され、資金を与えられて独自のプロジェクトを追求している。たとえホンダの現在の生産ラインや収支に直接プラスにならないことでも自由に研究できる。HRIが重視するのは未来だ。

HRIの制約のない自由な研究は、ホンダに数多くの新しいビジネスをもたらしてきた。多収米品種、強力な燃料電池、機体がアルミニウムより軽い複合材料でできた商用ジェット機の設計などだ。ホンダの名前が一時オハイオ州の有機大豆生産者第一位に挙がったこともある。この事業はアメリカへ車を運んだ船がカラで戻らないように考え出された。ここから、血栓を溶かす作用のある納豆のねばねばに含まれる成分を提供する業界に参入した。

こうした例が示しているように、基礎研究のプロセスは紆余曲折を辿る。Aを研究しているとBが見つかり、そのプロセスで社会にも会社にも貢献するCというブレイクスルーが誕生するといった具合だ。ルイ・パスツールが母乳から感染する病気を防ぐ方法を研究するうちに免疫システムや予防接種に関する理論に辿りついて以来、われわれは幾度となくこのジグザグ道を見てきた。

同様に現在ホンダは、ロボットの動きを監視統制するASIMOのシステムから派生した技術を使って、歩行補助装置の開発に取り組んでいる。これは、高齢者、病弱な人、障害者の可動性を改善する装置で、腰や脚に取りつけたパッドが体のシグナルを感知して必要な補助を提供するというものだ。七五歳以上の人の数を数えてみただけで、このビジネスに大きな可能性があることがわかるだろう。

ASIMOはDiGORO（ダイゴロウ）も生み出した。このロボットは頭についたカメラで掃除をする人間の動きを見て学習し真似ることができる。また、ASIMOの技術は車にも活かされ、レーン・キープ・アシスト・システムが誕生した。これはカメラとハンドル制御を使って車線からはみ出ない走行を可能にするものだ。

HRIで進行中のASIMOその他のプロジェクトには、世界規模で消費者のハッスルと人間の問題を解決し、ホンダに二一世紀のディマンドの巨大な流れをもたらす可能性を秘めている。

❑　❑　❑

基礎科学に投資する多国籍企業は、ベル研究所やRCA研究所に栄光の日々をもたらした方法を

踏襲している。だが、二一世紀の「発見を生み出す」モデルはほかにもある。ふたつめの例として
これから見ていくのは、有名なMITメディアラボの「デモか死か」リサーチ・モデルだ。
メディアラボは、キラキラと輝く新しいガラスのビルのあちこちで見渡せる、何百ものリサーチ・プロジェクトを抱える、かろうじて統制された混沌だ。どんな具合かと言うと、誰かがグリーンホイールに乗って轟音で疾走していく。グリーンホイールとは、通常なら自転車では行かない丘陵地帯や距離の遠い場所に出かけるために作られた、ホイールハブに電気モーターとバッテリーが組み込まれた電気バイクだ。かたわらではふたりの学生が、ロボスクーターという名前の折り畳み式の電気スクーターをなにやらいじくり回している。壁には試作品のシティカーの巨大写真が貼ってある。これは積み重ね可能な折り畳み式のふたり用の乗り物で、混みあった街中でシェアリングするために開発された。いずれも街全体のチャージング・ステーションに配備する「モビリティ・オン・ディマンド」と呼ばれる新しい使用モデルのために作られたものだ。ユーザーは最も近いチャージング・ステーションまで歩いて行って、アクセスカードをかざし、ほかのステーションまで乗っていく。
博士課程在籍中のライアン・チンが説明してくれた。「僕たちは、こんにちの過密な都会の状況を踏まえて、あらゆる種類の、都会で動き回るための装置を考案してます。一番の問題は、最後の一マイル、最初の一マイル問題です。家から駅まで、駅から目的地までが問題なんです。だから皆車を使う。公共交通機関へのアクセスがあまりにも不便で融通が利かないからです。でも『モビリティ・オン・ディマンド』システムが解決してくれるはずです」

MIT建築・都市計画学部の学部長でメディアラボの「スマート・シティズ」リサーチグループを率いていた故ウィリアム・ミッシェルによれば、これはイノベーションへの総合的アプローチであり、シティカーは四つの大きなアイデアの合流点だ。すなわち、乗り物の内燃機関から電動への移行、再生可能エネルギーを使ったスマート配電網による乗り物の統合、インターネットを使って膨大なデータの処理を可能にする、電気、道路状況、駐車場、共有乗り物に対する動的価格設定市場のリアル・タイム・システムの創出だ。ディマンド・クリエーターの活躍の場を提供する、質の高い大局的なアイデアを養うことがメディアラボの特徴だ。

偉大なラボには必ず独特な文化がある。メディアラボの新しいガラスのビルのなかで、車、ロボット、バイオメカトロニクスの脚、ハイパー楽器、早期教育プロジェクトなど広範なプロジェクトに携わる研究者たちは、互いに見渡せ交流できる環境にある。多分野にわたるこのラボの特質は、分野がオーバーラップするこの「フィッシュ・スケール（魚の鱗）モデル」によって強化される。

規模が比較的小さい――約四〇人の教職員、上級研究員、客員研究員、一四〇人弱の大学院生を支える運営予算は三五〇〇万ドル――ことを考えると、このラボが生み出したものはすばらしいとしか言いようがない。二五年間に、ここから八〇以上の新興企業が誕生した。たとえば、このラボのスピンオフ、Eインク（一九九七年）は読みやすい低消費電力の電子書籍端末のカギとなった。同じくワン・ラップトップ・パー・チャイルドはアスースのイー・ネットブックの火付け役となった。また、やはりスピンオフのセンス・ネットワークスは、グーグルのインターネットのインデックスと同じで、携帯電話のデータで実際の位置がわかるというものだ。また、ハーモニックス（ビデオゲーム、ロックバンドの音楽技術)、タグセンス(RFIDと無線センシング)もこのラボから誕生した。企業との共同開発で誕生した製品やプロジェクトには、IBM用の一〇億ページ単位の大量テキスト分析のためのアーキテクチャであるウェブファウンテン、ノーテル用の無線メッシュ・ネットワークがある。

こうしたイノベーションのいずれかが、何百万もの仕事を創出する巨大新興産業の基盤となるだろうか? その答えはまもなく出るだろう。だが、メディアラボが重視するのは、彼らをその方向へ導くことだ。

二〇〇五~一一年に所長を務めたフランク・モスはこう語っている。「メディアラボは今後一〇年のあいだに社会を変える力に目を向けている。ここでの研究が科学と呼ばれようと技術と呼ばれようと、応用でも純粋でもわれわれにとっては問題ではない。問題は、それが人々や社会に影響するなにか重要なことをもたらすことができるか、ということだ。アメリカのイノベーションに対するビジネスモデルは崩壊している。ここには新しい考え方の骨格がある。メディアラボでの研究は非常にクリエイティブだが、産業を通じた世界への道を模索している」

ラボが次に開拓するのは、人間、デジタル機器、現実の世界のつながりを強化しシンクロさせることだ。現在、進行中のプロジェクトは三五〇を超える。このなかには、環境や互いを感知し、トラフィック・パターンに関するリアル・タイムのデータを提供する車、社会的感情の手がかりを読みとれるスマート・プロテーゼ、自分で環境をコントロールできるインタラクティブ壁紙――照明の点灯、音量調節、トースターの制御――などだ。シックスセンスと呼ばれるあらゆる対象物をある種のタッチ・スクリーン式コンピュータに変える装着可能なジェスチャー・インターフェース・デバイスもある。これは、指で写真を撮りカメラのフレームを作る、手首に描いた円に時間を表示する、「@」の輪郭を描けばEメールが読めるというものだ。

メディアラボはいろいろな意味で企業のR&Dラボのアンチテーゼである。人間のニーズに重点を置くが、時間制約や締切もなく、満足させなければならない株主もいない。異なる分野、異なる人間が自由に協力する。だが、試作品でコンセプトのテストを行うためアイデアの選別は速い。有効と判断された発見は世界へとつながる道を見出す。Aと評価されたEインクのように。

次なる産業を生み出すひと握りの可能性を採り出すための大量のアイデアを探しているなら、メディアラボの回りを数カ月ぶらつき、見識を深め、自由なイノベーションを尊ぶ文化に浸るといいだろう。

❏　❏　❏

研究所はブレイクスルー・アイデアが生まれるすばらしい場所だ。だが、アイデアを製品に変えるときに、研究所が必ずしもいい仕事をしてくれるとはかぎらない。ほとんどの研究所は難しい。だが、SRIインターナショナルは違う。

スタンフォード研究所として一九四六年カリフォルニア州メンロ・パークに設立されたSRIは、現在は政府および企業が出資した約五億ドルのプロジェクトを抱える、アメリカ最大の非政府系研究所である。SRIはメディアラボと同様に、R&Dの展望は一般的な企業の三〜五年をはるかに超える。だが、ＳＲＩは、アイデアを商業化するシステムを持っている研究所は、研究所と市場を隔てるいわゆる「死の谷」――未読の書類や、製品が決して顧客に届かないことを説明してくれる長いあいだ放置された特許が散在する谷――をうまく越えることができるということを教えてくれる。

ｉＰｈｏｎｅのバーチャル秘書のＳｉｒｉはＳＲＩの最近のスピンオフだ。ユーザーが電話に向かってしゃべると、Ｓｉｒｉは質問や命令を理解し、リサーチを行ったり応答したりする。Ｓｉｒｉは時の経過とともにユーザー嗜好に適応するため、コンシェルジュ的な体験が可能になる。たとえば、一番近いＡＴＭを見つけてくれる、地元のジャズクラブで誰が演奏しているかを教えてくれる、フライト状況のチェックや目的地の天候も知らせてくれる、次のバスケットボールの試合のチケットを買ってくれる。ディナーの予約といった複雑なタスク――レストランを見つけ、評価に目を通し、テーブルを予約し、一緒に行く人を変更し、リマインダーをセットする――もシームレスに処理する。

この種のきわめて高度なバーチャル・アシスタントは、二五の大学で展開した人工知能の研究のためにＤＡＲＰＡが出資した二億ドルがなければ成立しなかった。異種混合の研究成果はＳＲＩのＣＡＬＯプロジェクトのもとでまとめられた。このリサーチ・プロジェクトから誕生したアプリケーションをダグ・キットラウスが市場向けに作り変えた。モトローラのリサーチ・エンジニアだったときに、大企業における商業化プロセスが遅々として進まないことに不満を感じていた彼は、ＳＲＩが先駆的な製品に対して迅速かつ効率的に対応することを知った。彼は約半年間ＳＲＩにいた後、二〇〇九年、二四〇〇万ドルのベンチャー・キャピタルとともにＳｉｒｉをスピンオフした。一年後、彼の会社はアップルに買収された。買収額は公開されていないが、二億ドル前後といわれている。

ＳＲＩはＳｉｒｉの権利を保有していたため、研究所始まって以来最高の見返りを得た。これは研究所としては特異な財務モデルだが、ＳＲＩはこのモデルをマスターしている。過去一五年間に、ＳＲＩは四〇社以上スピンオフし、新しい産業と何十億もの企業価値を作り出した。スピンオフしたニュアンス、イントゥイティブ・サージカル、オーキッド・セルマークの三社は上場し、三社の時価総額は合わせて約二〇〇億ドル、社員数は六〇〇〇人を超える。

彼らはどうやったのだろう？　研究所の基調を打ち出しているのは、自身も優秀なイノベーターであるＣＥＯカーティス・カールソンだ。ＳＲＩに合流する前、彼はＲＣＡの画像部門で物理学者として仕事をしていた。彼はここで高品位テレビ・システムを担当するチームを率いていた。このテレビはアメリカのスタンダードとなり、彼らはエミー賞を受賞した。現在彼が駆使しているのは経営的で知的で社会的なシステムだ。ＳＲＩが有望な科学コンセプトを取捨選択し、最もディマンド創出の可能性を持つアイデアを迅速に進めることができるのは彼のシステムのおかげだ。カールソンはこんなふうに言う。「自力で発明することはできる。だが、この方法ではイノベーションはできない」。偉大なアイデアを結実させるには、ＳＲＩのような偉大な研究所が提供してくれるアドバイスとサポートが必要だ。

ＳＲＩの事業化委員会は四半期ごとに、市場に出す準備が整っている数多くのアイデアを精査し、市場に悪い材料がないか検討し、価値創造のSRI基準に見合う「ゴールデン・ナゲット」ソリューションを模索する。アイデアの選別が終わるとSRIのなかで仕事をしてくれる起業家を探す。Siriのキットラウスのような人物だ。起業家はSRIに出向いて三カ月から八カ月働き、ベンチャーの資金繰りやスピンオフの準備を整える。この間、SRIの「nVention」顧問団は、正確な価値を判断してもらうためにシリコンバレーのベンチャー・キャピタルとの密接な関係を提供する。選別に選別を重ね、事業化委員会が年間に選び出すのは一〇件ほどだ。そして、実際にローンチに漕ぎつけるのは二件から四件である。

SRIの事業化システムから誕生したベンチャーのなかで最も成功したもののひとつに、イントゥイティブ・サージカルがある。この会社はロボットアームを使った患者への負担が少ない手術支援システムである、ダヴィンチ・サージカル・システムを販売している。

一九九五年、イントゥイティブ・サージカルは、モルガン・スタンレー・ディーン・ウィッター、メイフィールド・ファンド、シエラ・ベンチャーズの出資でSRIからスピンオフした。一九九九年、初代のダヴィンチ・サージカル・システムの市場導入準備が整い、二〇〇〇年七月には腹腔鏡手術用としてFDAの認可が下りた。ダヴィンチの最初の足がかりとなった市場は、前立腺手術にロボット手術が効果的であり術後の回復も早いと考えた泌尿器科医だった。システムは、肺、腹部、心臓など多くの手術に使われている。現在、このシステムは世界中で一六〇〇台以上使われており、イントゥイティブ・サージカルの株式時価総額は一三〇億ドルに達している。

シリコンバレーの企業文化には、まったく異なるふたつのビジネス創出神話が共存している。よく知られているのは、ベンチャーからの出資でローンチしたガレージ起業家の発明がＩＰＯに漕ぎつけたという話だ。もうひとつは、いまはほとんど忘れられてしまった古いもので、ＤＡＲＰＡプロジェクトのような政府出資による構想からパソコン、ネットワーキング、インターネットが誕生したという話だ。ＳＲＩは両者を支えてきた。ＳＲＩは間違いなく、両者を融合させ、二一世紀にふさわしいひとつの整然としたパワフルなイノベーション物語を創り上げた初めての機関である。

カールソンはときおり、ＳＲＩモデルの長期的な未来を案じることがある。アメリカの新しい才能のある科学者の数が減っていることもその一因だ。彼曰く「もし外国生まれの研究者がいなかったらアメリカの成長は止まるだろう」。そして、いまはアメリカの学生より中国の学生の評価のほうが高いと指摘した。これはアメリカのイノベーションに対する戦略が「不適切」だからだと言う。「太陽電池はここで発明されたというのに、その価値の大半は中国へ行ってしまった。中国はアメリカの四〇倍の太陽電池製造機器を購入している」

彼の反応にはアメリカの移民政策の転換も含まれているようだ。「私が見出すことができた優秀な学識のある人材はすべて招き入れるつもりだ」。そう言うと笑いながら付け加えた。「それとシェフも全員ね」

アメリカの大学で教育を受ける若い科学者の数が減っていようと、カールソンとＳＲＩは科学の事業化を推し進めている。ＳＲＩのビジネスモデルは、発見から資金繰り、市場、そして、究極のゴールである「人間の知性を拡大させることによって世界をよりよい場所にする」までに要する時間を短縮するさまざまなツールを提供している。

ラボがビジネスモデルだって？　デビッド・サーノフのＲＣＡを思い出そう。車メーカーが新しい品種のコメを作るほど突飛なことだ。こういう思いがけないところから新しいアイデアが生まれ、そこから明日のディマンドが育っていくだろう。

❑　❑　❑

さんざん聞かされてきた伝説では、アメリカ特許庁長官チャールズ・デュエルは、一八九九年にこう言ったそうだ。「およそ発明され得るものはすべて発明されてしまった」。彼が本当にそう言ったという証拠はないが、言ったとすれば、彼の二〇世紀の技術革新に対する展望は愚かとしか言いようがない。

だが、デュエル神話には真実もある。こんにちの偉大なディマンド・クリエーターのすばらしい業績にもかかわらず、われわれは昔の遺産に大幅に依存して暮らしている。こんにちのディマンドの基盤である多くのブレイクスルーの源は次の四つである。すなわち、ＲＣＡ研究所、ベル研究所、ＤＡＲＰＡ、そして、ＰＡＲＣ。こんにちのディマンドの多くが依存するトランジスタが発明されたのは一九四七年だった。

産業を創り出す発見は腹立たしいほど予測不能だ。われわれはそれを嫌というほど見てきた。だが、ベル、ＲＣＡ、ＰＡＲＣが登場したとき、われわれはそこそこの資源を確率を劇的に改善するパワフルな発見ツールに注ぎ込んだ。

同じぐらい、あるいはそれ以上の可能性を秘めた新しい発見エンジンが必要だろうか？　一ダースのHRI、二〇のMITメディアラボ、いくつかのSRI、この種の研究機関を増やせば、新しい産業を生み出す発見も増えるのではないか？

人間的、社会的、経済的意味合いを持ち、取り組もうとする人に魅力的な一生の仕事を提供する挑戦には事欠かない。全米技術アカデミーの作成した二一世紀の「偉大な挑戦」リストはそれを立証している。だが、明日の大ブレイクスルーがいよいよ訪れるのは、正確にいつどこなのか？　答えはいぜんとしてわからない。だが、それはある意味、われわれに次のふたつのことをする準備が整っているかどうかで決まる。すなわち、産業を生み出す発見の原動力を再建すること、そして、科学の名声をいま一度取り戻すことだ。そのためには、優秀な人材にしかできない挑戦を引き受け、明日の新しい産業と明日のディマンドの新しい形をもたらす基礎となる発見をするよう彼らを励まさなければならない。

結論　ディマンド・クリエーターになるには

好奇心に突き動かされ、ディマンドの起源は非常に大事なことなのに著しく誤解されているのではないかという疑念にさいなまれ、われわれはディマンド創出の方程式を見つけようと調査にとりかかった。そして、人間の創造性の方程式がないのと同じようにディマンドの方程式などないことがわかるまで、何年も要した。ここまで説明してきたように、ディマンド創出物語には共通の要素、見間違いようもないパターンがあった。だが、人間の暮らしを複雑にするハッスルが無限に多様であるように、ディマンド創出の根底にあるハッスルに対処する技術も多様である。これが、われわれのテーマを経済と社会の進歩にとってきわめて重要であるだけでなく、他に類を見ないほど魅力的にしている。

喜ばしいことに、偉大なディマンド・クリエーターたちも際限なく多様だ。フォーチュン500社のCEO、ノーベル賞を受賞した科学者、街角の店主、野心的な起業家、適度な規模の会社の第一線の社員、非営利団体の職員などさまざまだ。新しいDVDレンタル方法を夢見て数十億ドルビジネスに成長させたリード・ヘイスティングス。ハーレムの教室で子供たちに五角形の周囲の長さの測り方を教えているヨーナ・キム。チーズについて勉強させるためにチーズ部門のマネジャーをヨーロッパに派遣したダニー・ウェグマン。ラグで滑ったり転倒したりしないように高齢患者の自宅を訪問するケアモアの臨床医。何百万人もの人々が自家用車が生み出す経費、不便さ、環境への懸念から解き放たれることを夢見たロビン・チェイス。自分のプレタ・マンジェの店を厳格な基準に見合う清潔な店にするため梯子に上ってシャンデリアを磨いたトレーシー・ジンゲル。ネスプレッソのエスプレッソ・メーカーを早くて簡単なだけでなく、スタイリッシュでセクシーにするためにデザイナーを雇ったヘンク・クワクマン。若いお母さんの脚がむくんでいるのに気づいて、血栓の危険から救い出したジョー・スキーンデリアン。五年生にみずからの新作『ジークフリードと火の指輪』を上演させオペラの魅力を教えたジョナサン・ディーン。一〇年もかけてブレイクスルーを達成し、電子書籍の夢を実現したラス・ウィルコックス。

このすばらしい静かなヒーローたちのリストを見ていると、これだけ多様なグループはないと思えてくる。いずれも驚くべきディマンド・クリエーターであり、大なり小なり人々の暮らしをよりよくしようと努力し、経済成長と社会の進歩をさまざまな形で支えたということを除けば。

今度、ケーブルテレビや地元の新聞で気落ちするニュースを見て、「この国を成長させ、繁栄させ、次の世代に自分たちと同じようなよりよい生活を与えるために必要なディマンドはどこにあるのだろう?」と思ったときは、本書のディマンド・クリエーターたちを思い出して手本にしてもらえたらと願っている。

見上げてはいけない。鏡をのぞいてみよう。

謝辞

本書はオリバー・ワイマンのクライアントや何百人もの顧客と交わした製品（製品・サービス）、ハッスル、新しい機会に関する踏み込んだ話し合いから得た洞察、知識によるところが大きい。こんにちの困難な経済状況のなかで、新しいディマンド創出に向けた過酷な挑戦に立ち向かう経営者たちがその経験を忌憚なく語ってくれたことに感謝したい。彼らから多くのことを学ぶことができた。ともに仕事ができたことを心から光栄に思う。

顧客が著者およびオリバー・ワイマンの仲間たちに提供してくれた時間、労力、展望にも感謝している。ディマンドとその創出の仕方について学んだことの大部分は顧客たち、とりわけよりよい製品作りに腐心する顧客たちが教えてくれたことだ。

本書執筆中の最もすばらしい経験は、最も近いところで顧客の話を聞き、顧客を観察してきたディマンド・クリエーターたちに会う機会に恵まれたことだ。これまでに出会ったなかで最もクリエイティブで思慮深く刺激的な人々だった。彼らはわれわれの考え方を変え、さまざまなひらめきを与えてくれた。それぞれの物語を際立たせている隠れたメカニズムを知ることができたことを心から感謝し、ここにお名前を挙げさせていただくことにする。ケアモアのアラン・フープス、チャールズ・ホルツナー、ペギー・サラザー、バルー・ガー、ケン・キム、ヘンリー・ドォー、シェルドン・ジンバーグ。Eインクのラス・ウィルコックス、ペート・バリアナトス、ハリット・ドシー、ジョアナ・オウ、リン・ガローン、カール・アマンドソン、ジェン・ヴェイル。バーン・デイリーのフィル・マザー、ニック・マルセラ。J・ソワフのマシュー・ケイン。ネットフリックスのスティーブ・スウィージー。ネスプレッソのヘンク・クワクマン、リチャード・ジラルド。ティーチ・フォー・アメリカのアマンダ・クラフト、エリサ・クラップ、ローレン・ルヴィーン、スティーブン・ファーおよび教員部隊のヨーナ・キム、デイビッド・パーカー・ロングメイド。プレタ・マンジェのトレーシー・ジンゲル。ボストン交響楽団のキム・ノルテミー。全米オーケストラリーグのジェシー・ローゼン。シアトル・オペラのジョナサン・ディーン、セネカ・ガーバー、レベッカ・チャゴー、リアン・コッヘル、ヴィラ・スライウォツキー。ユーロスターのリチャード・ブラウン。トヨタの内山田竹志。MITメディアラボのフランク・モス、ターニャ・ジオバチーニ、ジョン・ムア、ライアン・C・C・チン、アレックス・サンディー・ペントランド、デブ・ロイ、トッド・マチョーバー、シンシア・ブレジール。SRIインターナショナルのカート・カールソン、ノーマン・ビナルスキー、ビル・マーク、アリス・レスニック、トム・ロウ、ハーシャ・プララッド、クリスティン・プレコーダ、ダグ・バーカウ、エリー・ジャバディ、ダグ・キットラウス。

また、初期の電子書籍端末への思いを語ってくれたわれわれの友人である元ソニーの宇喜多義敬にも感謝したい。現在彼は、その伝説的な才能を活かしてテクノロジー分野のコンサルタントの道を歩んでいる。

本書にはこのほかにも多くの人々が貢献してくれた。オリバー・ワイマンのわれわれの調査チームは数多くの重要な細目やデータを掘り起こし検証してくれただけでなく、新鮮で刺激的なアイデアを提供してくれた。これはわれわれがこのテーマを新しい視点でとらえるうえでおおいに役に立った。ここにとりわけお世話になった方々の名前を挙げておく。ベルナード・ジップリッシュ、シャノン・モナガン、カラ・カリガン、ラリッサ・デ・リマ、サイモン・ヘイウッド、ヒーサー・カプテイン、マックス・カスリエル、ジミー・リー、チェルシー・リッチ、アナ・ローゼンブラット、ジェイ・シェーファー、イン・ワン、エリザベス・ワイズ、ジャネ・ウッズ・ウェバー、チェン・ジャン。彼らが粘り強く、洞察力と想像力に富んだ、熱い思いで本プロジェクトに取り組んでくれたおかげで、本書の完成度は高まり、より興味深いものとなった。

以前の同僚である親友のチャーリー・ホーバンは、かなりの労力と時間を割いて草稿に目を通してくれた。そして、本書の方向性を大きく転換するきっかけを与えてくれた。

オリバー・ワイマンの上層部、ジョン・ドージックと経営委員会は一貫して組織を挙げて応援してくれた。知的資本の構築とクライアントのために結果を出すことを目指す彼らは、積極的に協力してくれた。オリバー・ワイマンのパートナーたちも、本書のコンセプトや個別の事例などに関するさまざまな意見や資料を提供してくれた。名前を挙げると小売業についてはジャック・シーザー、ポール・ベスウィック、マット・ハモリー。ユーロスターと乗客の鉄道輸送についてはオリビア・フェインジルバー、ジャイルズ・ルコール。ケアモアおよびヘルスケア業界についてはトム・メイン。クラシック音楽ビジネスの課題についてはマーティン・コン、エドワード・ポーテレットらだ。ブライアン・リクスナーとジョン・マーシャルとの数えきれないほどの対話によって、われわれは自分たちの考え方を検証し、アイデアを明確にし、実際的な方向へ進化させることができた。彼らの知識と本プロジェクトに対する多大な援助に感謝したい。

オリバー・ワイマンの友人や仲間たち、パーサ・ボーズ、スティーブ・ザラス、クリス・シュミット、アイリーン・ロッシュ、ペーター・エドモンストン、リズ・イーガン、ニコラス・サリバンも本書の原稿を読みコメントしてくれた。彼らの厳しい正確な批評のおかげで二回目の大幅な方向転換を行うことができた。とりわけ、クリス・シュミットは論旨の障害となっていた点をすべて洗い出し、なにをしなければならないのかわれわれに教えてくれた。パーサ・ボーズの確かな判断もわれわれが大きな決断を下すうえでおおいに役に立った。スティーブ・ザラスの明敏なアドバイスは手直しを重ねる際の一助となった。こうしたすばらしい人々の教えを乞う機会に恵まれたことは、われわれにとって本書を執筆した最大の恩恵であることを執筆のプロセスで実感した。

バレリー・サチェッタは、いつものように惜しみなく知的、概念的、道徳的サポートを提供し、経営・組織上の複雑な問題を、落ち着いて、ユーモアを交えてなんなく解決してくれた。フィリス・グリーンヒルは迅速かつ正確にインタビューを書き起こしてくれた。

出版社クラウンのジョン・マヘイニーは入念に原稿を読み、有用なアドバイスを提供し、鋭い実践的な忠告を提供してくれた。おかげで本書の内容は著しく改善された。ほかにも発行者のティナ・コンスタブル、マーケティング・ディレクターのメレディス・マッギネス、シニア・パブリシストのデネール・キャトレット、パブリシティ・ディレクターのテラ・ジルブライド、プロダクション・エディターのクリスティン・タニガワらクラウンの方々にもお世話になった。とりわけ、その創造性をいかんなく発揮し、本書の内容にふさわしいジャケット・デザインの作成に忍耐強く取り組んでくれたデザイン・ディレクターのデイビッド・トランには心から感謝している。

ＷＭＥのエージェントであるメル・バーガーと仕事ができたことは幸いだった。われわれは執筆にあたって本書に対する彼の情熱に支えられた。

カール・ウェバーと私はこれまで五冊の本を世に送り出してきたが、本書はそのなかでの最もやりがいのある本であると同時に最も実り多いものだった。ディマンドの謎を探求するなかでわれわれが経験した興奮が本書を通して読者に伝わることを願ってやまない。

未解決の謎を解読しようとするなら、そのプロセスには数々の暗黒の日々が待ち構えている。そして、解読するプロセスで得たものを書き記そうとすれば、さらに暗黒の度合いは増すに違いない。暗黒の日にも晴れた日にも、常に物事を明晰に見ることができるパートナーがいればすべては変わってくる。妻のクリスティンは常にその透徹した視点を提供してくれた（そして、幾度となく読み返し、編集し、挑戦しアドバイスをくれた）。彼女の存在がなければ完成に漕ぎつけることはできなかっただろう。

二〇一一年五月　マサチューセッツ州ケンブリッジにて

エイドリアン・Ｊ・スライウォツキー

日本語版刊行に寄せて

いま、なぜディマンドが必要か。

何十年ものあいだ力強い経済成長は当たり前のことだった。ディマンドについてあれこれ考える必要もなかった。必要だったのはコスト削減と品質向上、すなわち製造技術をきわめることだった。多くの業界がこの成功の方程式を実践し、その牽引役の多くは日本の一流メーカーだった。

日本は、並いる経済大国のなかで大きな景気減速を経験した最初の国だった。日本経済の偉業になにか予期せぬ事態が発生したのだ。理由はいまひとつ釈然としなかった。そして、その理由が解明されないまま事態は継続した。

現在、大きな景気減速は各国で生じている。ヨーロッパとアメリカは「七年不況」の四年目にある。もっとも、「七年」では楽観的すぎるという見方もある。はたしてなにがディマンドの新しい起爆剤になるのか、それが深刻で構造的な需要不足を克服する力があるのかどうかもわからない。

いまのところ、中国はこの世界的な景気減速に影響されていないように見えるが、時が語るだろう。不思議なことに、ほとんどの経済大国を襲った大不況に共通する根源のひとつは不動産だった。過剰な不動産投機と供給過剰だ。東京からドバイにいたるまで、同じメカニズムが働いた。建設ラッシュは、根本的で構造的な「ディマンド」の問題を覆い隠し、先送りする格好の隠れ蓑だった。中国での不動産供給過剰はどの程度進行しているのだろう？　中国政府の発表するデータはなにも教えてくれないが、現地へ行って自分の目で見ればわかる。そして、中国の二〇一二年がドバイの二〇〇七年に酷似していることに気づくはずだ。真相は時が経てばわかる。

いま、どの業界も「ディマンド」とその「起爆剤」を見出そうと躍起になっている。だが、こんな厳しい状況にもかかわらず、明白なアノマリー（例外的現象）、すなわち、二桁成長、プレミアム・プライシング、すばらしい収益、熱烈な顧客ロイヤルティ――いや、ロイヤルティどころではなく真の熱狂――を享受している企業がすべての業界に存在する。

彼らは魔法使いなのだろうか？　あるいは、他の企業より少し真摯にディマンドの隠れたメカニズムを理解しようと努めているだけなのだろうか？　もともと天賦の才能に恵まれているのか、それとも彼らのやり方は習得可能なものなのか？

こうしたディマンド・クリエーターは、規模の大小はあってもすべての業界、すべての国で誕生している。なかでも最も注目すべきディマンド・クリエーターは、「低迷」する日本経済で生まれている。しかし、トヨタ、ツタヤ、ヤマハ、日産、ホンダ、ユニクロに「低迷」の二文字はない。

トヨタは何十年もかけてすばらしいメーカーへと成長してきた。現在は、偉大な製品開発者となるべく研鑽を重ねている。おそらくレクサス、ハイラックス、プリウスを皮切りに、この先も次々とディマンド創造企業が続いていくだろう。ハイブリッド車第一号が登場して一五年が経ち、いまではトヨタのハイブリッド車販売数はライバル企業の五倍に達している。トヨタはディマンド創出に関する「なにか」を知っているのだ。

ツタヤは日本全国の顧客にサービスを提供し、想像を超えるレベルまで顧客について熟知している。個々の顧客がどのような音楽、書籍、ビデオ、ゲームを好むのか？　ほかのどこよりもその答えを知っているに違いない。そのうえ、こうしたナレッジは年々改善されている。

市場が成熟し、やがて飽きられてきたときになにができるだろう？

ヤマハは、いままで通りのやり方でピアノだけの顧客を相手にするビジネスはしてこなかった。その結果、成熟した停滞市場は再び活力を取り戻した。非常に魅力的な価格での驚異的な品質はその成功の一端にすぎない。ピアノをはじめとするすべての楽器を手がけた広範な製品ラインを創出したこと、子供たちの音楽学習の一助となる学校やプログラムのインフラ作りに力を入れ、目に見えないディマンドの波を創り出したこともその一端だ。三〇年先をにらんだビジネス展開が自然に習慣として根づいている企業があるということだ。

ホンダも、ヤマハと同様に非常に広範な製品に対するディマンド創出に長けた企業である。しかしながら、その最たる功績は、現在の製品ではなく二〇年先の製品に目を向けていることだろう（第9章参照）。基礎科学の探究をやめる企業が多い時代に、ホンダ・リサーチ・インスティチュートは一〇年、二〇年先に偉大な製品、システムをもたらす基礎研究に力を注いでいる。この点に敬意を表したい。われわれはいずれその恩恵を被ることになるだろう。

ジョブズ以前のアップルと同様に、一〇年以上前の日産は死に瀕していた。だが、西欧の考え方と日本的な資質を結合させた結果、（九〇年代のＩＢＭ、今世紀初頭のアップルに並ぶ）近年のビジネス史上では類のないすばらしいルネッサンスをはたした。私の息子夫婦が熱心に検討した末に購入した最初の車は日産アルティマだった。

シェイクスピアの戯曲『ヘンリー五世』にはこんな忘れがたい一文がある。

「ああ、イングランドよ……内なる偉大さを秘めた島国よ《モデル》」

（小田島雄志訳、白水社）

日産は日本版ディマンド駆動型ルネッサンスのモデルとなるだろうか？

いつのまにか、多くの国からディマンド創出の思いがけない天才たちが誕生している。ＩＫＥＡはスウェーデンから、ＺＡＲＡはスペインから、プレタ・マンジェとテスコはイギリスから飛び出してきた。いずれもユニークで特徴のある真似できない企業だ。

われわれは長年こうした企業に関する書籍や記事に接してきた。これからは同じような形でユニクロについて目にすることになるに違いない。その美しい店舗。誰かに話したくなるほど魅力的なアパレル。ユニクロもまたユニークで特徴のある真似できない企業である。

そして、最も難しいのは、それらの強みを移植できるかどうかだ。他国への、他の市場への、他のタイプの顧客への移植だ。

ディマンド創出は、後から振り返ってみれば簡単に見えるが決して簡単なことではない。ＩＫＥＡの初期の日本進出は完全な失敗に終わった。プレタ・マンジェのアジアへの進出も撤退を強いられた。テスコのフレッシュ＆イージーのアメリカ進出も期待外れに終わった。

つまり、簡単ではないということだ。熟考を重ねあらゆる準備をしたとしても、絶対ではないし、ひと筋縄ではいかないということだ。

だが、このプロセスはディマンド・クリエーターに非常に大切なことを教えてくれる。すなわち、失敗した時点でやめないという点だ。彼らは試行錯誤を繰り返し、失敗し、実験し、再び挑戦する。彼らのメソッドは学習可能だ。顧客のハッスル・マップを理解し、ハッスルを取り除くために点をつなぎ、「とてもいい」から「マグネティック」に高め、最高のバックストリーを構築し、トリガーを見つけて急勾配のトラジェクトリーを作り上げること。彼らは皆そうしている。われわれはそこから学ぶことができる。

彼らから学んだこと、新しい思考習慣を身につけることが経済再生《ルネッサンス》の源になる。そして、そのプロセスで、日本経済のなかでユニークな存在となるいくつもの利点が生まれる。

日本へ行くたびに感じるのだが、いつも時間に追われてゆっくりすごせないことを残念に思っている。日本には魔法のようななにかがある。企業のなかに、人々のなかに、能や寺院のなかに、食べ物のなかに、すばらしい芸術のなかにそれがある。

剣道、弓道、生け花、刀剣鍛造、俳句、折り紙、茶道。いずれも固有で特徴的で特別な魅惑的なものだ。もちろんその魅力を理解することはできないが（靖国神社のそばで裏千家を体験したことはいまでも忘れられない)、ひとつだけ共通することがある。信じられないほど精神を集中させること、何世紀にもわたって培われてきた集中力だ。

集中力――口にするのは容易《たやす》い。だが、いまの時代を考えてみればわかる。ラジオ、テレビ、インターネット。注意力は散漫になり、ある事柄から別の事柄へ、あるイメージから別のイメージへ、あるテキストから別のものへ、思考は飛躍するように訓練されている。飛躍を強要されていると言っても過言ではない。

注意を集中するスパンは短くなっている。

だがこれは、偉大なディマンド・クリエーターがやっていることとは正反対のことだ。彼らは集中する。彼らは顧客に集中する。シェイクスピアのごとく、他者の視点、他者の感情で世界を見、感じられるようになるまで努力する。そして、それを週単位、月単位ではなく年単位、一〇年単位で続ける。

注意を集中する固有の魅惑的な能力、日本独特のやり方から誕生した能力は、二一世紀というこの散漫な時代に、ディマンド創出プロセスを学ぼうとする人、実践しようとする人にとって大きな武器になるに違いない。

最後に私の好きな話を引用しておこう。この話はほかのどの話にもまして真のディマンド・クリエーターとはなにかを教えてくれる。真のディマンド・クリエーターは、スキル、テクニック、経験、知識、洞察力を身につけながらも、こうした能力をはるかに超える資質を持っている。

昔、あるところに勝軒という名の剣豪がいた。彼の家には大きな鼠が住み着いていた。その鼠たるや獰猛そのもので、勝軒がいくら木刀で追い回しても仕留めることはできなかった。幸いなことに、隣に鼠取りの猫を育てることで定評があった男が住んでいた。そこで勝軒は猫を借りることにした。

隣人はまず茶色の野良猫を差し出した。鋭い爪を持つ真のストリート・ファイターだ。だが、鼠は猫を見ても一歩も引かず、猫のほうが怖気づいてしまったので、勝軒は猫を返した。

「なかなかの鼠だ」。隣人はそう言うと今度は痩せた黒と白の猫を渡した。「こいつは長年の訓練で鼠取りの技術に長けている」。この二番目の猫は鼠と一戦交えたが、鼠はなんなく勝利した。勝軒はまた猫を返しにいって、真っ黒な猫を借りてきた。自信に漲った見るからに強そうな黒猫だ。「こいつは非の打ちどころのない技術を習得しており、瞑想による心の鍛錬も行ってきた。彼の残心（武道の）はじつに見事なものだ。こいつなら鼠を仕留めるに違いない」とのことだった。だが、この猫も敵わなかった。

勝軒がいま一度隣人を訪れると、こう言われた。「そうか。それなら今度は猫のなかの猫を貸そうじゃないか」。その猫は年老いていて灰色でとても強そうには見えなかった。勝軒は家に戻ると鼠に対峙させてみた。鼠は老いた猫に攻撃を仕掛けようと近づいたが、猫のほうは泰然自若として静かに座ったままだった。鼠は不意に言いしれぬ恐怖を感じて躊躇した。すると、その瞬間に猫が鉤爪を振りかざし、わずか一撃で鼠を仕留めた。

この後、鼠退治にかかわった猫たちが一堂に会し長々とした反省会が開かれた。最後は四番目の猫が自分の手本とする猫の話をして終わった。
「ところで、私はここからそれほど遠くない村に住むある猫を知っている。彼は年老いたせいで毛が雪のように白く、とても強そうには見えない。肉は一切食べず、口にするのは野菜とお粥だけだった。聞くところによると、ときおり、ほんの少し酒を飲むらしい。彼は何年も鼠を捕ったことがない。なぜなら、鼠たちは皆彼を怖がって近づかないからだ。彼が家に入ってきただけで、鼠たちはあっという間にどこかへ行ってしまう。眠っていても彼がいるだけで鼠は姿を消す。われわれ猫は彼のようになるべきだ。暴力や技術、スキルの追求をも超越しなければならない」

本書を読み終わって、次の本を手にとる人もたくさんいると思うが、ディマンド・クリエーターを目指す気になる人もいるだろう。自分の分野、領域、業界でハッスル・マップ、マグネティック、バックストーリー、トリガー、そして、魔法のような成果をもたらす急勾配のトラジェクトリーについて学び知りたいと思う人もいるだろう。

私は本書を読んでくれたすべての人の成功を心から願っている。

四番目の猫であれ——これが本書を読んでくれた人に私がなによりも願うことだ。

二〇一二年五月

エイドリアン・J・スライウォツキー

監訳者あとがき

著者エイドリアン・J・スライウォツキーは、ピーター・ドラッカー、マイケル・ポーター、ジャック・ウェルチ、ビル・ゲイツ、アンディ・グローブと並んで、「経営思想の六賢人」と賞される「プロフィット（利益）の神様」である。日本でも『ザ・プロフィット』などのベストセラーで知られている。

本書は、そのスライウォツキーが放った傑作だ。これまでの著作では、プロフィットの源泉である「バリュー（価値）の創造」の謎を解き明かしてくれていたが、本書ではさらに深いレベルにおいて爆発的ヒットを生むための「ディマンド（需要）創出」の極意を伝授してくれる。いま日本は「失われた『二〇年』」の真っ只中である。この厳しい状況下の日本企業の経営者やマネジャー、経営の将来を担う方々にとってこれはまさに必読書と言えるだろう。

コアとなるメッセージは「なぜあの大ヒット商品は生まれたのか？」。そして消費者が買いたくなる理由をスライウォツキー独自の手法で解明している。

序章でも述べられている通り、「優れているもの」が「魅力的」であるとはかぎらない。市場に登場する製品のほとんどは「よいもの」なのだ。しかし、そういった製品を消費者が「心からほしい」と考えているかというと、答えは「ノー」だろう。

従来、需要を喚起し、売れる製品を生み出すには、マーケティング、宣伝、営業、割引、クーポン配布、ネット販促などといった施策が成功のカギであり、その戦略もしくは戦術の立て方の優劣が結果の違いを生み出すと信じられてきた。しかし、それは間違いであり、「真のディマンド」を創出するにはまったく不充分であるとスライウォツキーは断じる。

顧客との感情的な結びつき、情緒面の「魅力」こそが、「顧客が興奮してそこら中でしゃべらずにはいられない」状態を創り出す。

本書に登場している事例からも明らかなように、いまの市場の特徴は「ひとり勝ち」だ。トータルで魅力的な製品が極端に売れる。この突き抜ける「ディマンド」を創出する能力、思わず心を奪われる「製品」（サービスも含めて）を生み出す能力こそ、「ディマンド・クリエーター」たちが絶対に体得すべき能力なのだ。スライウォツキーは、消費者の意識を変える技術とコツを、膨大なリサーチから六つの法則にまとめている。

『ザ・プロフィット』で登場人物チャオが利益の源泉を教えてくれたのと同様に、本書も各章を読み終えるごとに自分の組織に適用できる部分を見つけることができるだろう。

❏　❏　❏

じつは本書の草稿が完成したのは二〇〇九年だった。書き上がったのは図表やビジネス用語で溢れた、通常のビジネス書のスタイルだった。

しかしスライウォツキーはこう考えた。「ディマンド創出は今後の社会にとって大きなインパクトを持つ。将来にわたって通用する内容にすべく、書き直すべきだ。各章にテーマとストーリーを配置し、ディマンド創出の法則をわかりやすいものにしよう！」

そして草稿完成から二年間を費やし、読みやすい内容を目指して一から書き直した。これは第8章に出てくる『トイ・ストーリー2』の製作物語とまるで一緒だ。すべてをゼロから作り直したのである。私も監訳の作業を進めながら、本書にかけるスライウォツキーの思い入れの深さを感じた。まさに渾身の一冊だ。

❏　❏　❏

本書で最も印象的なのは第3章の電子書籍端末の物語だろう。アマゾン・キンドルとソニー・リーダーの命運が決したときのストーリーである。その両者の成功と失敗の分岐点について、歴史的経緯を踏まえて種あかしをしてくれる。出版業界の人でさえ、この爆発的なディマンドの背後にある本当の物語を理解している人はいないだろう。もうひとつの読みどころは第8章のピクサーの物語だ。ピクサーでは、全従業員が毎週四時間も社内の研修機関ピクサー・ユニバーシティで学習することが求められる。経理担当者も素描を学び、ディマンド創出の必須要素である「観察力」を組織として養おうとしている。この事例は、すべてのレベルの社員がディマンド創出に貢献でき、ディマンド・クリエーターになれることを認識させてくれる。

本書の利用価値を最大化するもうひとつのポイントは原註だ。『ザ・プロフィット』にも利益の極意を見つけるための必須参考図書が列記されており、それらを参照された読者も多いかと思う。

今回の原註も充実した内容で、本格的なディマンド・クリエーターを目指す読者には貴重な参考資料となるだろう。旧来型のマーケティング論の罠に陥ることなく、不確実性の高い現在を生き抜こうという心構えをお持ちの方々には、ぜひ原註で紹介された数々の参考資料にも挑戦していただきたい。

さあ、「ディマンド」の世界へようこそ！

❏　❏　❏

末筆になるが、前作に引きつづき読みやすい翻訳を仕上げていただいた中川治子氏には改めて感謝を申し上げたい。また早稲田大学ビジネススクールの内田和成教授は強力な推薦文を寄せてくださった。著者に代わって深く感謝を申し上げたい。世界中を歩き回っているスライウォツキーのアシスタントであり、彼の最大のサポーターかつ理解者であるバレリー・サチェッタには今回も多大なるサポートをいただいた。また、日本語版について議論を何度も重ねさせていただき、編集の労を取っていただいた日本経済新聞出版社第一編集部の金東洋氏には心より感謝の意を表したい。

二〇一二年六月上海にて

佐藤徳之

2008; "Honda's New CEO Is Also Chief Innovator," *BusinessWeek*, July 27, 2009; "Researchers Given Freedom to Explore," *Nikkei Weekly*, September 16, 2003; "Pragmatic Path to Globalization; Honda's Maverick Culture," *Nikkei Report*, April 2, 2009; "Interview with Masato Hirose—'Falling Down, Getting Up, and Walking On,' " *TechOn*, 2001; "Honda R&D Facility to Study Future Auto Power Systems," *Nikkei Report*, January 14, 2004; "Trumpets vs. Crumpets in a Robot Duel," *New York Times*, March 9, 2008.

385 MIT メディアラボ：2010年3月2日に行われた著者インタビュー（Frank Moss, Tanya Giovacchini, John Moore, Ryan C. C. Chin, Alex "Sandy" Pentland, Deb Roy, Tod Machover, and Cynthia Breazeal）。その他の資料は、Media Lab 25th Anniversary celebration, October 15, 2010; MIT Media Lab website, http://www.media.mit.edu.

388 SRIインターナショナル：2009年12月9日に行われた著者インタビュー(Curt Carlson, CEO; Norman Winarsky, vice president, ventures, licensing, and strategic programs; Bill Mark, vice president, information and computer sciences; Alice Resnick, vice president, corporate and marketing communications; Tom Low, director of medical devices and robotics program; Harsha Prahlad, research engineer; Kristin Precoda, director of Speech Technology and Research Lab; Doug Bercow, director of business development; and Dag Kittlaus, SIRI CEO)。その他の資料は、SRI International Corporate Overview Packet, National Science Foundation, Division of Science Resources Statistics; Andrew Pollack, "Three Universities Join Researcher to Develop Drugs," *New York Times*, July 31, 2003; Bob Tedeschi, "What Your Phone Might Do for You Two Years from Now," *New York Times*, November 4, 2009.

392 **「カールソンはときおり、SRIモデルの長期的な未来を案じることがある」** Stephen P. Wampler, "Innovation Only Path to Growth and Prosperity," account of speech by Curtis Carlson, Lawrence Livermore National Laboratory website, October 8, 2010, online at https://www.llnl.gov/news/aroundthelab/2010/Oct/Curtis_Carlson.html.

Kevin Sullivan, "For India's Traditional Fishermen, Cell Phones Deliver a Sea Change," *Washington Post*, October 15, 2006; Jack Ewing, "How Nokia Users Drive Innovation," *BusinessWeek*, April 30, 2008; Sanjay Gandhi, Surabhi Mittal, and Gaurav Tripathi, "The Impact of Mobiles on Agricultural Productivity," Moving the Debate Forward, Policy Paper Series, Vodafone Group, January 2009; Eric Bellman, "Rural India Snaps Up Mobile Phones," *Wall Street Journal*, February 9, 2009; "OPK, Indiana Jones and 4.6 Billion Other People," *Nokia Coversations* (corporate blog), January 8, 2010, http://conversations.nokia.com/2010/01/08/opk-indiana-jones-and-4-6-billion-other-people/.

375 **「ベル研究所を例に考えてみよう」**"Bell Labs History," Alcatel-Lucent website, http://www.alcatel-lucent.com/wps/portal/BellLabs/History; Linda A. Johnson, "Bell Labs' History of Inventions," *USA Today*, December 1, 2006, http://www.usatoday.com/tech/news/2006-12-01-bell-research_x.htm.

377 RCA研究所：Kenyan Kilbon, *Pioneering in Electronics: A Short History of the Origins and Growth of RCA Laboratories, Radio Corporation of America, 1919 to 1964*, David Sarnoff Library, http://www.davidsarnofforg/kil.html; Ross Basset, *To the Digital Age: Research Labs, Start-up Companies, and the Rise of MOS Technology* (Baltimore: Johns Hopkins University Press, 2002).

379 アメリカ国防高等研究計画局(DARPA)：Steven LeVine, "Can the Military Find the Answer to Alternative Energy?" *BusinessWeek*, July 23, 2009; Duncan Graham-Rowe, "Fifty Years of DARPA: A Surprising History," *New Scientist*, May 15, 2009; John Markoff, "Pentagon Redirects Its Research Dollars," *New York Times*, April 2, 2005.

380 パロアルト研究所(PARC)：Michael A. Hiltzik, *Dealers of Lightning: Xerox PARC and the Dawn of the Computer Age* (New York: HarperCollins, 1999); Brian Bakker, "The Importance of PARC," *Brainstorm*, February 5, 2009; Peter Dizikes, "Xerox PARC: On the Money Trail," ABC News, November 11, 2002, online at http://abcnews.go.com/Business/story?id= 86872&page=1; Xerox PARC Fact Sheet, online at http://www.parc.com/content/newsroom/factsheet_parc.pdf; Palo Alto Research Center website, http://www.parc.com.

382 ホンダ・リサーチ・インスティチュート(HRI)："All Too Human: Honda's Walking, Talking Robot, ASIMO, Leads Automaker into Uncharted Territory," *Automotive News*, January 28, 2002; "Art and Science of Crash Survival," *Globe and Mail*, October 25, 2005; "Inside Honda's Brain," *Forbes*, March 7,

line at http://www.ihsglobalinsight.com/SDA/SDADetail1208.htm.

351 **「バジェロスの革新的ポートフォリオ管理システムによって」**メルクの大ヒット薬のポートフォリオは、J. Rubin and P. A. Brooke, "Merck: Merck Quarterly Sales Model, 1993–2004E," New York: Morgan Stanley Dean Witter, August 7, 1998, and October 22, 1999.

352 クライナー・パーキンス：Roger Taylor, "Shaping the Future with Nothing but Ideas," *Financial Times*, July 19, 1999; Rodes Fishburne and Michael S. Malone, "Founding Funders: Two Venerable VCs Talk About Then and Now," *Forbes ASAP*, May 29, 2000; Katherine Campbell, "Venture Capital: Entry Is by Invitation Only," *Financial Times*, September 13, 2000; Laura Rich, "Investment Engines in Search of Their Next Moves," *New York Times*, May 3, 2004; "Q&A with Kleiner Perkins Caufield & Byers," Silicon Beat, *San Jose Mercury News*, November 13, 2004, http://www.siliconbeat.com/entries/2004/11/13/qa_with_kleiner_perkins_caufield_byers .html; Jim Carlton, "Kleiner's Green Investment Machine," *Wall Street Journal*, December 14, 2006; Jon Gertner, "Capitalism to the Rescue," *New York Times Magazine*, October 5, 2008.

353 **「この奇妙な別世界で」**クライナー・パーキンスの大ヒット投資のポートフォリオは、http://www.kpcb.com.

354 **「雑誌のプロフィールには」**Michael S. Malone, "John Doerr's Startup Manual," *Fast Company*, February 28, 1997, online at http://www.fastcompany.com/magazine/07/082doerr.html.

354 **「切れ者で知られたビル・ジョイがいる」**Malcolm Gladwell, *Outliers* (New York: Little, Brown, 2008), chapter 2.

第9章

366 **「2008年、全米技術アカデミーは」**"Introduction to the Grand Challenges for Engineering," National Academy of Engineering website, http://www.engineeringchallenges.org/cms/8996/9221.aspx.

368 トランジスタ：Michael Riordan and Lillian Hoddeson, *Crystal Fire: The Invention of the Transistor and Birth of the Information Age* (New York: Norton, 1998).

372 ノキア1100：Sascha Segan, "Nokia 1100" (review), Pcmag.com, March 31, 2006, http://www.pcmag.com/print_article2/0,1217,a%253D174758,00.asp;

Chester Dawson, "Takehisa Yaegashi: Proud Papa of the Prius," *BusinessWeek*, June 20, 2005; David Welch, "What Makes a Hybrid Hot," *BusinessWeek*, November 14, 2005; Alex Taylor III, "The Birth of the Prius," *Fortune*, February 24, 2006.

319 **「乏しい製作費で処女作を撮影したとき」** 以下を参照。Pauline Kael, "Raising Kane," in *The Citizen Kane Book* (Boston: Atlantic Monthly Press, 1971), pp. 53–54.

321 **「1990年代初頭、ロータスではジューン・ロコフが」** 以下を参照。Glenn Rifkin, "Profile: The 'Iron Lady' Keeping Lotus on Track," *New York Times*, January 23, 1994.

329 **「1967年1月、悲劇的な発射台での火災が発生し」** 以下を参照。Gene Kranz, *Failure Is Not an Option: Mission Control from Mercury to Apollo 13 and Beyond* (New York: Simon & Schuster, 2000).

第8章

332 **「脚本家のウィリアム・ゴールドマンは」** William Goldman, *Adventures in the Screen Trade: A Personal View of Hollywood and Screenwriting* (New York: Warner Books, 1983).

332 ピクサー：2010年11月3日に行われた著者インタビュー（former Pixar team member Lizzi Weinberg）。その他の資料は、Karen Paik, *To Infinity and Beyond! The Story of Pixar Animation Studios* (San Francisco: Chronicle Books, 2007).

338 **「この種のピクサーならではの言い回しは」** Alex Ben Block, "Animator John Lasseter Making Disney a Top Draw," *Hollywood Reporter*, October 23, 2008.

343 **「社員の貢献を賛美するラセターの情熱は」** Block, op. cit.

345 **「この原則にのっとって」** ピクサーの大ヒット作のポートフォリオは、http://www.boxofficemojo.com.

346 メルク：Roy Vagelos and Louis Galambos, *Medicine, Science, and Merck* (Cambridge: Cambridge University Press, 2004); Fran Hawthorne, *The Merck Druggernaut: The Inside Story of a Pharmaceutical Giant* (Hoboken, NJ: Wiley, 2005); Gordon Bock, "Merck's Medicine Man: Pindaros Roy Vagelos," *Time*, February 22, 1988; Joseph Weber, "Merck Needs More Gold from the White Coats," *BusinessWeek*, March 18, 1991; "Merck Provides Update on R&D Pipeline; Sets 2010 Targets," *IHS Global Insight*, December 12, 2007, on-

305 テスコ：Mark Ritson, "Tesco Finds US Not So Easy," *Marketing* , March 4, 2009; George MacDonald, "Don't Write Off Fresh & Easy," *Retail Week*, February 27, 2009; William Kay, "Tesco Admits: We Got It Wrong in US," *Sunday Times* (London), February 22, 2009; Kerry Capell, "Tesco: 'Wal-Mart's Worst Nightmare,' " *BusinessWeek*, December 30, 2008.

306 **「失敗に終わったプロジェクトの数を正確に特定するのは」** プロジェクト成功の可能性についての資料は次の通り。ハリウッド映画：オリバー・ワイマンが以下のデータを基に行った分析。MPAA 2003 Statistics, MGM 2003 Operating Results, and http://www.factbook.net/wbglobal_rev.htm.　M&A：*Investment Dealers' Digest*, November 24, 2003, and Paul Mallette, "The Acquisition Process Map: Blueprint for a Successful Deal," *Southern Business Review*, Spring 2003.　IT プロジェクト：Nicholas G. Carr, *Does IT Matter?* (Boston: Harvard Business School Press, 2004). Venture capital: Nadim F. Matta and Ronald N. Ashkenas, "Why Good Projects Fail Anyway," *Harvard Business Review*, September 2003.　新食品：John L. Stanton, "Most Pioneers Got Killed, but Some Got Rich," *Food Processing*, July, 2003.　新薬：*Pharmaceutical Industry Profile*, Pharmaceutical Research and Manufacturers of America, 2004.

307 **「2003 年の論文」** Dan Lovallo and Daniel Kahneman, "Delusions of Success: How Optimism Undermines Executives' Decisions," *Harvard Business Review*, July 2003.

310 **「まず挙げられるのは」** 以下を参照。Gary Klein, "Performing a Project Premortem," *Harvard Business Review*, September 2007.

312 トヨタ・プリウス：2006 年 9 月 26 日に行われた著者インタビュー（内山田竹志）。その他の資料は、James B. Treece, "Prius Got Top Support," *Automotive News*, February 23, 1998; Ikujiro Nonaka and Noboru Konna, "The Concept of 'Ba': Building a Foundation for Knowledge Creation," *California Management Review*, Spring 1998; Jeffrey K. Liker, *The Toyota Way: 14 Management Principles from the World's Greatest Manufacturer* (New York: McGraw-Hill, 2003); Peter Fairley, "Hybrids' Rising Sun," *MIT Technology Review*, April 1, 2004; James Mackintosh, "Cost Cuts Are Key to Success of the Prius," *Financial Times*, June 16, 2005, p. 28; Chester Dawson, "Why Hybrids 'Are Here to Stay,' " *BusinessWeek Online*, June 20, 2005, http://www.businessweek.com/print/magazine.content/05_25/b3938029.htm?chan=gl;

266 シアトル・オペラ：2010年2月4日に行われた著者インタビュー（Jonathan Dean, Seneca Garber, Rebecca Chawgo, and Rian Kochel）。2010年1月25日に行われた著者インタビュー（Vira Slywotzky）。以下も参照。Seattle Opera website, http://www.seattleopera.org/.

271 **「彼の情熱は彼を不屈のセールスマンに仕立てあげた」** Deanna Duff, "Most Influential: Speight Jenkins," *Seattle Magazine*, November 2010, online at http://www.seattlemag.com/article/most-influential-speight-jenkins-9.

274 街角の店の経験：著者インタビュー（Marc Najarian, Dale Szczeblowski, Carol Stoltz, Jane Dawson, and Joe Skenderian）。

282 ユーロスター：2011年4月12日に行われた著者インタビュー（Richard Brown, chairman of Eurostar）。オリバー・ワイマンの情報。その他の資料は、Paul Mungo, "Why Eurostar Has Failed to Make the Grade," *Daily Mail*, August 19, 2002; Andrew Davidson, "The Friendly Controller," *Sunday Times* (London), January 11, 2004; Michael Harrison, "Richard Brown, Chief Executive of Eurostar," *Independent*, April 16, 2005; Katie Silvester, "Richard Brown, Chief Executive of Eurostar," *Rail Professional*, February 2008; Andrew Cave, "Eurostar Feeding on Hunger for Travel," *Telegraph*, April 12, 2009; Dan Milmo, "Eurostar Faces Rivals for Cross-Channel Route," *Guardian*, June 8, 2009; Karl West, "Rail Chief Has the Inside Track on His Rivals," *Daily Mail*, July 23, 2009; Alex Carlisle, "Richard Brown Eurostar's Debyshire Resident Chief Executive," *Derbyshire Life*, March 12, 2010.

283 **「この問題に対するイギリス人の被害妄想は」** 以下に引用されている。Robert Townsend, *Up the Organization* (Greenwich, CT: Fawcett Publication, 1970), p. 75.

292 **「開通祝いの最初の列車に乗ったジャーナリストのアンドリュー・マーティンは」** Andrew Martin, "St Pancras Is a Start, But It Takes More to Stop Us Flying," *Independent*, November 18, 2007.

第7章

302 ホンダ・インサイト："Long-Term Test: 2000 Honda Insight," *Edmunds Inside Line*, January 1, 1999, http://www.insideline.com/honda/insight/2000/long-term-test-2000-honda-insight.html#article_pagination_top_0; Phil Patton, "Once Frumpy, Green Cars Start Showing Some Flash," *New York Times*, July 15, 2007.

htm; Rebecca Smithers, "Pret A Manger Chief Is Stacking Up Healthy Profits in Lean Times," *Guardian*, October 8, 2010.

246 **「2009 年 6 月」** Christopher Leake, "End of the Line for the Pret Tuna Sandwich," *Mail Online*, June 6, 2009.

246 **「どの店舗にもこんなカードを貼った箱が用意されている」** *Coachbarrow* (blog), June 14, 2010, http://www.coachbarrow.com/blog/2010/06/14/pret-a-manger-2/.

247 **「プレタ・マンジェとイギリスのサンドウィッチ・チェーン店イートを比較した評論家の文章」** Mary Portas, "Shop! Mary Portas at Pret A Manger and Eat," *Telegraph*, May 13, 2010.

248 **「2009 年 8 月、彼は顧客のポール・マックルーデンから皮肉交じりの手紙を受け取った」** 以下を参照。Jon Swaine, "Man Invoices Pret A Manger and EAT for Time Spent Waiting in Shops," *Telegraph*, August 27, 2009.

第6章

257 オーケストラの「顧客離反対策プロジェクト」: 複数回行われた著者インタビュー (Martin Kon, director of pro bono research project conducted by Oliver Wyman for leading U.S. orchestras, 2007.)。次の日程で行われた著者インタビュー。2010 年 1 月 21 日 (Partha Bose, Boston Symphony Orchestra)、2010 年 2 月 10 日 (Kim Noltemy, Boston Symphony Orchestra)、2010 年 2 月 1 日 (Jesse Rosen, League of American Orchestras)。その他の資料は、Maureen Dezell and Geoff Edgers, "They Can Also Conduct Business: It's a Bad Time for American Orchestras but BSO Inc. Is Thriving," *Boston Globe*, August 10, 2003; Alan S. Brown and John Bare, "Bridging the Gap: Orchestras and Classical Music Listeners," John S. and James L. Knight Foundation, June 2003; Martin Kon, "Custom Churn: Stop It Before It Starts," *Mercer Management Journal* 17, June 2004; Ed Cambron, "Creating an Environment for Exploration," *Engaging Art* (blog), June 19, 2007, http://www.artsjournal.com/league/2007/06/creating_an_environment_for_ex.html; "Audience Growth Initiative: Summary," Oliver Wyman website, 2009, http://www.oliverwyman.com/ow/9673.htm; "Opening to a Packed House," Oliver Wyman website, 2009, http://www.oliverwyman.com/ow/9034.htm; Rebecca Winzenried, "Into Thin Air," *Symphony*, January- February 2009; Rebecca Winzenried, "The Price Is Right," *Symphony*, January- February 2010.

ber 22, 2009; Farhad Manjoo, "The Netflix Prize Was Brilliant," *Slate*, September 22, 2009; "Netflix Prize: Top Eight Facts," Telegraph.co.uk, September 22, 2009; Eliot Van Buskirk, "How the Netflix Prize Was Won," Wired.com, September 22, 2009; Stephen Baker, "Netflix Isn't Done Mining Consumer Data," MSNBC.com, September 22, 2009; Ian Paul, "Netflix Prize 2: What You Need to Know," *Network World*, September 23, 2009; Michael V. Copeland, "Tapping Tech's Beautiful Minds," *Fortune*, October 12, 2009.

218 ティーチ・フォー・アメリカ（TFA）：次の日程で行われた著者インタビュー。2010年7月8日（TFA team members Amanda Craft）、2010年8月13日（Elissa Clapp）、2011年2月16日（Lauren LeVeen）2011年4月1日（Steven Farr）、2011年2月15日（teaching corps members Yoona Kim and David Parker-Longmaid）。その他の資料は、Wendy Kopp, *One Day, All Children...*(New York: PublicAffairs, 2001); Adam Bryant, "Charisma? To Her, It's Overrated," *New York Times*, July 5, 2009; Steven Farr, *Teaching as Leadership: The Highly Effective Teacher's Guide to Closing the Achievement Gap* (San Francisco: Jossey-Bass, 2010); "Eight Questions for Wendy Kopp," *Economist*, April 3, 2010; Brendan Lowe, "Mind the Gap," *Good*, July 2, 2010; Naomi Schaefer Riley, "What They're Doing After Harvard," *Wall Street Journal*, July 10, 2010; Michael Winerip, "A Chosen Few Are Teaching for America," *New York Times*, July 11, 2010; Dana Goldstein, "Does Teach For America Work?" *Daily Beast*, January 25, 2011; Teach For America website, http://www.teachforamerica.org/.

224 **「ジャーナリストのアマンダ・リプリーは」** Amanda Ripley, "What Makes a Great Teacher?" *Atlantic*, January/February 2010.

235 プレタ・マンジェ：2010年7月16日に行われた著者インタビュー（Pret store manager Tracy Gingell）。その他の資料は、Jamie Doward, "Between a Big Mac and a Hard Place," *Guardian*, February 4, 2001; Christian Broughton, "Bread Winners," *Independent*, February 29, 2004; Todd Benjamin, "Julian Metcalfe: A Hunger for Success," CNN, November 28, 2005, http://www.cnn.com/2005/BUSINESS/11/25/boardroom.metcalfe/; Sonia Kolesnikov-Jessop, "Spotlight: Julian Metcalfe, Founder of Pret A Manger," *International Herald Tribune*, January 26, 2007; Neil Gerrard, "The Rise of the Healthy Fast-Casual Chains," Caterersearch.com, September 2, 2010, http://www.caterersearch.com/Articles/2010/09/02/334899/the-rise-of-the-healthy-fast-casual-chains.

188 ネスプレッソ：2011年2月9日に行われた著者インタビュー（former Nespresso CEO Henk Kwakman and CEO Richard Girardot）。その他の資料は、Thyra Porter, "Nespresso's Caffe Battle," *Business and Industry*, February 9, 1998; Joyce Miller, *Innovation and Renovation: The Nespresso Story* (Lausanne, Switzerland: International Institute for Management Development, 2000); Reg Butler, "The Nespresso Route to a Perfect Espresso," *Tea & Coffee Trade Journal*, May 20, 2000; Richard Tomlinson, "Can Nestle Be the Very Best?" *Fortune*, November 13, 2000; "Planet Nestlé...and the Seven Commandments You Need to Observe to Live There," *Facts*, May 12, 2004; Jennifer White, "Something's Brewing," *Business and Industry*, March 21, 2005; Jennifer White, "Pouring It On," *Business and Industry*, October 9, 2006; Edouard Tintignac, *Nespresso, What Else Nespresso' s Customer Profile and Behavior* (Geneva, Switzerland: IFM University, 2007), http://www.zamaros.net/Nespresso_What_Else.pdf; Rob Sharp, "The Cult of Nespresso," *Independent*, October 4, 2007; John Gapper, "Lessons from Nestlé's Coffee Break," *Financial Times*, January 2, 2008; Matthew Saltmarsh, "A Cup of Coffee, Enriched by Lifestyle," *New York Times*, February 20, 2009; Viviane Menetrey, "Jean-Paul Gaillard: 'I Do Not Copy, I Innovate,' " *Le Matin*, March 14, 2010; Christina Passariello, "Nestlé Stakes Its Grounds in a European Coffee War," *Wall Street Journal*, April 28, 2010.

189 **「こうした特色のおかげで」**オリバー・ワイマン消費者インタビュー。

196 **「ガイヤールは意を決してネスプレッソクラブの開設を宣言した」**会員数の出典は Luca D. Majer, "Clooney's Clones," Foodservice.com, April 2, 2010.

198 **「フランスのネスプレッソ顧客に対する調査では」**オリバー・ワイマン消費者インタビュー。

第5章

214 **「小説家・評論家のオルダス・ハクスリー」**以下から引用。*Island* (New York: Harper Perennial, 2009), chapter 9.

216 ネットフリックス賞：Dan Frommer, "No Winner Yet in Netflix $1 Million Coding Contest," *Silicon Valley Insider*, December 10, 2008; Jordan Ellenberg, "This Psychologist Might Outsmart the Math Brains Competing for the Netflix Prize," *Wired*, February 25, 2008; Steve Lohr, "A $1 Million Research Bargain for Netflix, and Maybe a Model for Others," *New York Times*, Septem-

line.com/featured-articles/making-an-impact-how-package-design-influences-consumer-choice/index.html.

157 **「テトラ・リカルト誕生にいたる物語は」** Kevin T. Higgins, "Diced Tomatoes in a Carton? Now, That's Italian," *Food Engineering*, March 1, 2007, online at http://www.foodengineeringmag.com/Articles/Departments_and_Columns/BNP_GUID_9-5-2006_A_10000000000000059828.

158 **「ワイン輸入業者J・ソワフ社の創業者であり社長のマシュー・ケインは」** 前掲著者インタビュー。以下も参照。"Yellow + Blue Make Green: A New Organic Malbec in TetraPak," *Dr. Vino* (blog), April 21, 2008, http://www.drvino.com/2008/04/21/yellow-blue-make-green-a-new-organic-malbec-in-tetra-pak/.

159 **「実際、一時期、テトラパックなどの企業は」** Dennis Jonsson and Warren Tyler, "Thinking Out of the Box: Competitors Join Forces to Save an Industry," *Chief Executive*, June 1997.

第4章

164 ネットフリックス：2010年3月8日と2011年1月11日に行われた著者インタビュー（Steve Swasey of Netflix）。その他の資料は、Jim Cook, "Five Customer Focused Lessons from the Netflix Startup Story," *Allbusiness*, July 25, 2006, http://www.allbusiness.com/operations/3878629-1.html; "Reference Guide on Our Freedom & Responsibility Culture" ["The Netflix Culture Pack"], slide presentation, Netflix, 2009, http://www.slidesharenet/reed2001/culture-1798664; Christopher Borrelli, "How Netflix Gets Your Movies to Your Mailbox So Fast," Chicagotribune.com, August 4, 2009; Daniel Roth, "Netflix Inside," *Wired*, October 2009; "An Evening with Reed Hastings, in Conversation with Michael Eisner," video, February 25, 2010, http://www.youtube.com/watch?v=gKba6FWYSz4.

176 **「ユニークで独創的な封筒デザイン」** 以下を参照。G. Pascal Zachary, "The Evolution of the Netflix Envelope," *Business 2.0*, April 21, 2006, http://money.cnn.com/2006/04/20/technology/business2_netflixgallery/index.htm.

184 **「顧客レビューのウェブサイト、ギズモードは」** Jason Chen, "Blockbuster Gimps Total Access Plan, Now Only 5 Free Exchanges a Month, $1.99 Each After," *Gizmodo*, July 27, 2007, http://gizmodo.com/#!283286/blockbuster-gimps-total-access-plan-now-only-5-free-exchanges-a-month-199-each-after.

s Blog, March 21, 2010; Tetra Pak website, http://www.tetrapak.com/Pages/default.aspx.

142 **「ヨーロッパ以外の国では初めて」** "Tetra Pak—Development in Brief," Tetra Pak, June 2008, http://www.tetrapak.com/Document%20Bank/About_tetrapak/9704en.pdf.

143 **「まず最初に挙げられるのは、アメリカでは早い時期に」** David Landes, *The Unbound Prometheus: Technological Change and Industrial Development in Western Europe from 1750 to the Present* (Cambridge: Cambridge University Press, 1969), pp. 438– 39; Richard S. Tedlow, *New and Improved: The Story of Mass Marketing in America* (Boston: Harvard Business School Press, 1990), p. 347.

149 **「テトラパック固有のビジネスデザイン」** 以下を参照。"Tetra Harmony Together With the Dairy Industry Chain," Frbiz.com, December 4, 2008.

150 **「このプロジェクトのディレクター、ウッラ・ホルムは」** Dean Best, "When CSR and the need for New Business Meet," Just-Food website, August 23, 2007, online at http://www.just-food.com/the-just-food-blog/when-csr-and-the-need-for-new-business-meet_id1314.aspx.

151 **「テトラパックの顧客に話を聞くと」** 前掲著者インタビュー。

152 **「ヒア・ミー、ノウ・ミー、グロウ・ミー」** Janet Shaner and Kamran Kashani, *Tetra Pak (B): Hear Me, Know Me, Grow Me: The Customer Satisfaction Initiative* (Lausanne, Switzerland: International Institute for Management Development, 2002).

153 **「CEOのデニス・ジェンソンが指摘するように」** Calle Froste, "Rausings nya stadare" ["Rausing's New City"], *Affars Varlden*, March 14, 2006, online at http://www.affarsvarlden.se/hem/nyheter/article271169.ece.

153 **「まずは足がかりを作るために」** 以下を参照。"History of Soy Products," Soyfoods Association of North America website, http://www.soyfoods.org/products/history-of-soy-products.

156 **「この直後、《ニューヨーク・タイムズ》紙記者のレポーター、ケート・マーフィー」** Kate Murphy, "Thinking Outside the Can: A Fresh Look at Food in a Box," *New York Times*, March 14, 2004.

157 **「マーケティング・ディレクターのクリス・ケニアリーは」** Chris Kenneally, "Making an Impact: How Package Design Influences Consumer Choice," *Food Engineering & Ingredients*, September 1, 2009, online at http://www.fei-on-

February 26, 2009; Michael V. Copeland, "The End of Paper?" *Fortune*, March 3, 2009; Julia Hanna, "E Ink's Wild Ride," *HBS Alumni Bulletin*, September 2009.

125 **「みずからのビジネス戦略についてこう語っている」**Julia Kirby and Thomas A. Stewart, "The Institutional Yes: The HBR Interview — Jeff Bezos," *Harvard Business Review*, October 2007.

125 **「この原則を貫き通す」** Alan Deutschman, "Inside the Mind of Jeff Bezos," *Fast Company*, December 19, 2007.

129 **「2007 年に、ある批評家はこう書いている」** Nate Anderson, "Down with Paper: A Review of the Sony Reader," Ars Technica website, http://arstechnica.com/hardware/reviews/2007/11/sony-reader-review.ars/3.

136 テトラパック：2011 年 3 月 1 日に行われた著者インタビュー（Phil Mazza and Nick Marsella, Byrne Dairy）。2011 年 3 月 14 日に行われた著者インタビュー（Matthew Cain, president of J. Soif, Inc.）。その他の資料は、"Tetra Pak and Chef Creations Whip Up Solution for Creamy Gourmet Specialties," CulinaryConceptsInc.com, May 2004, http://www.culinaryconceptsinc.com/new_1_popup.htm; Clara Carlsson and Johan Rasmusson, "Control and Synergies in the Outsourced Supply Chain: Recommendations for How to Improve and Organize Tetra Pak's Supply Chain," Lund Institute of Technology, Industrial Management and Logistics, Lund University, Lund, Sweden, January 17, 2005; Jon Bonne, "Wine in a Box, One Serving at a Time," MSNBC, April 19, 2006, http://www.msnbc.msn.com/id/12374800/; Joel Stein, "New Wine in...Uh, Juice Boxes," *Time*, August 30, 2007; Finn Hjort Christensen and Torben Vilsgaard, "Churning Out Cold Treats," *Asia Food Journal*, August 1, 2008; "The History of an Idea," Tetra Pak, February 2009, http://www.tetrapak.com/Document%20Bank/About_tetrapak/the_history_of_an%20_idea.pdf; "MJR Media Crafts a Striking Vendange Wine Rendering on Tetra Pak's Aseptic Prisma?" *Package Design*, April 2009; Kelly Kass, "Tetra Pak Gives Employees a Programme to LiVE For," Simply Communicate website, September 17, 2009, http://www.simply-communicate.com/news/tetra-pak -gives-employees-programme-live; "All That Is Fluid Becomes Solid," Meijling.net, http://meijling.net/fluid_solid.html; "Tetra Pak Expands Support for School Milk Programmes Around the World," company press release, September 29, 2009; "Turnaround at Tetra Pak Converting Technologies (CT)," *Dilipnaidu'*

10, 1997; Davis S. Bennahum, "Terminal Velocity," *Wired*, February 1999; Felicity Barringer and Geraldine Fabrikant, "Coming of Age at Bloomberg L.P.," *New York Times*, March 21, 1999; Michael R. Bloomberg, *Bloomberg by Bloomberg* (Hoboken, NJ: Wiley, 2001); Ken Kurson, "Emperor Mike," *Money*, October 1, 2001; Carol J. Loomis, "Bloomberg's Money Machine," *Fortune*, April 5, 2007; Jon Meacham, "The Revolutionary," *Newsweek*, November 3, 2007; Ian Austen, "The New Fight for Financial News," *New York Times*, June 23, 2008; Seth Mnookin, "Bloomberg Without Bloomberg," *Vanity Fair*, December 2008; http://www.bloomberg.com/.

91 ケアモア：2010年8月18日と2010年10月28日に行われた著者インタビュー（CEO Alan Hoops, Dr. Charles Holzner, nurse practitioner Peggy Salazar, Dr. Balu Gadhe, Dr. Ken Kim, Dr. Henry Do, and Dr. Sheldon Zinberg）。その他の資料は、"Delivering Integrated Patient Care for Seniors," CareMore, November 2008; Gilbertson Milstein, "American Medical Home Runs," *Health Affairs*, September/October 2009; Bonnie Darves, "Physicians Who Work with Health Plans Are Testing a Wide Range of Post-Discharge Innovations," *Today's Hospitalist*, February 2010; "The Way Healthcare Should Be Delivered," CareMore, February 25, 2010; "Palliative Care Extends Life, Study Finds," *New York Times*, August 18, 2010; http://www.caremore.com/.

108 **「エクステンシビストの目標のひとつは」** Lisa Girion, "Keeping Tabs on Patient Can Cut Costs," *Los Angeles Times*, September 20, 2009.

第3章

115 Eインクとキンドル：2009年12月17日に行われた著者インタビュー（E Ink CEO Russ Wilcox and E Ink team members Pete Valianatos, Harit Doshi, Joanna Au, Lynne Garone, Karl Amundson, and Jenn Vail）。2010年2月27日に行われた著者インタビュー（元ソニーの宇喜多義敬）。その他の資料は、Iddo Genuth, "The Future of Electronic Paper," *The Future of Things*, October 15, 2007; David Talbot, "E-Paper Comes Alive," *Technology Review*, November 20, 2007; Erich Schwartzel, "E Ink Writes a New Chapter," *Boston Globe*, September 1, 2008; Maureen Farrell, "Is E Ink Publishing's Savior?" Forbes.com, September 15, 2008; "Insight Into E Ink," Printed Electronics World, September 25, 2008; Wade Roush, "Kindling a Revolution: E Ink's Russ Wilcox on E-Paper, Amazon, and the Future of Publishing," *Xconomy Boston*,

Make More Than a Whole," *Progressive Grocer*, August 11, 2009; http://www.wegmans.com/.

49 **「われわれの友達のステファンに会うチャンスがあれば」** オリバー・ワイマン消費者インタビュー。

52 **「1950 ～ 76 年、ウォルターの息子」** 以下を参照。"Robert B. Wegman: A Great Merchant 1918–2006," http://www.wegmans.com/webapp/wcs/stores/servlet/ProductDisplay?storeId=10052&partNumber=UNIVERSAL_2706&catalogId=10002&langId=-1.

53 **「2008 年の世界金融危機の際」** "Profile: Danny Wegman," from "SN Power 50, 2009," *Supermarket News*, http://supermarketnews.com/profiles/danny-wegman-2009/.

62 **「社会心理学者が「社会規範」と呼ぶもの」** 以下を参照。Dan Ariely, *Predictably Irrational: The Hidden Forces That Shape Our Decisions* (New York: HarperCollins, 2008), chapter 4, "The Cost of Social Norms," pp. 67–88.

63 **「オンライン・ショッピングツールを提供」** 以下を参照。"Wegmans Revamps Online Shopping Tool," *Brandweek*, February 5, 2009, http://www.brandweek.com/bw/content_display/news-and-features/shopper-marketing/e3id425eb6001d58ee74c7da4827b5afcc3.

65 **「新しい手法を導入したのはテクノロジー分野だけではない」** 以下を参照。"Wegmans Reverses Supermarket Supply Chain, Starts Organic Farm," GreenBiz.com, September 12, 2007, http://www.greenbiz.com/print/1498.

68 **「ウェグマンズの経営が成功した理由」** 以下を参照。William J. McEwen and John H. Fleming, "Customer Satisfaction Doesn't Count," Gallup Organization, March 13, 2003, http://www.adobe.com/engagement/pdfs/gmj_customer_satisfaction.pdf.

第2章

71 1907 年ニューヨーク ― パリ自動車レース：Julie M. Fenster, *Race of the Century: The Heroic True Story of the 1908 New York to Paris Auto Race* (New York: Crown, 2005).

75 **「ある人の意見を考えてみよう」** "Steve Jobs Speaks Out: On the Birth of the iPhone," *Fortune* website, http://money.cnn.com/galleries/2008/fortune/0803/gallery.jobsqna.fortune/index.html.

76 ブルームバーク：Ken Auletta, "The Bloomberg Threat," *New Yorker*, March

ness," *Fortune*, September 14, 2009; http://www.zipcar.com/.

23 **「ミシガン州アナーバーに住むジャーナリスト、マリー・モーガン」** Mary Morgan, "MM Does Zipcar," *Ann Arbor Chronicle*, March 9, 2009.

25 **「2000 年にアメリカの風刺新聞」** *The Onion*, http://www.theonion.com/articles/report-98-percent-of-us-commuters-favor-public-tra,1434/.

27 **「カーシェアリングは、営利企業が」** 以下を参照。*Bringing Carsharing to Your Community*, City Car Share, http://www.citycarshare.org/download/CCS_BCCtyC_Short.pdf.

28 **「アーリー・アダプターたち」** *Carpundit* (blog), April 11, 2005, http://carpundit.typepad.com/carpundit/2005/04/zipcar_a_review.html. このパラグラフの他のユーザーコメントは、*Insiderpages*, http://www.insiderpages.com/b/3715573336/zipcar-incorporated-cambridge.

33 **「ジップカーは選ばれるライフスタイルでなければならない」** 以下で引用されている。Lisa van der Pool, "Scott Griffith: Zipping Ahead," *Boston Business Journal*, August 27, 2007.

34 **「会員たちに話を聞くと」** オリバー・ワイマン消費者インタビュー。

36 **「突如として、何万人もの人々がジップカーのマグネティックな特色に気づき」** 以下の 4 パラグラフの引用文はオリバー・ワイマン消費者インタビュー。

39 **「環境にやさしいという考え方はもちろん歓迎するけど」** オリバー・ワイマン消費者インタビュー。

39 **「ジップカーは、予測不能なハッスルまで」** 以下の 3 パラグラフはオリバー・ワイマン消費者インタビュー。

44 **「わが社の競争優位は情報だ」** Scott Griffith, "Zipcar: Selling Cars, One Ride at a Time," *What Matters*, October 27, 2009, McKinsey & Company, http://whatmatters.mckinseydigital.com/internet/zipcar-selling-cars-one-ride-at-a-time.

47 ウェグマンズ：Beverly Savage, "Want a Wegmans? Many Shoppers Do," *New York Times*, April 27, 2003; Matthew Swibel, "Nobody's Meal: How Can 87-Year-Old Wegmans Food Markets Survive — and Thrive — Against the Likes of Wal-Mart?" *Forbes*, November 24, 2003; "Wegmans Tops Fortune's '100 Best Companies to Work For' List," *Progressive Grocer*, January 11, 2005; Matthew Boyle, "The Wegmans Way," *Fortune*, January 24, 2005; Warren Thayer, "Wegmans Still Rules," *Refrigerated & Frozen Foods Retailer*, May 16, 2008, http://www.rffretailer.com/Articles/Cover_Story/2008/05/16/Wegmans-Still-Rules; Joe Wheeler, "Wegmans Food Markets: How Two Halves

原註

本書の執筆にあたって使用した書籍、記事、ウェブサイト、その他の資料は下記の通りである。いずれも発表された年代順に列挙してある。また、カギかっこで囲まれた太字は本文の該当箇所を示しており、とくに読者の興味を惹きそうな箇所の出典を記した。

「著者インタビュー」とは、著者2名あるいは謝辞で触れたわれわれの調査チームのメンバーによるインタビューを指す。「オリバー・ワイマン消費者インタビュー」とは、オリバー・ワイマンによる顧客行動、嗜好、意見などの継続的な調査の一環としてわれわれの調査チームが行ったインタビューを意味する。オリバー・ワイマンは著者エイドリアン・スライウォツキーがパートナーを務める大手経営コンサルタント会社である。

序

5 ネットフリックス："Netflix CEO Reed Hastings Profile," interview with Lesley Stahl on *CBS 60 Minutes*, reprinted by *Technology Wire*, December 4, 2006, http://www.accessmylibrary.com/coms2/summary_0286-28805727_ITM. 第4章も参照。

10 ノキア 1100：Kevin Sullivan, "For India's Traditional Fishermen, Cell-Phones Deliver a Sea Change," *Washington Post*, October 15, 2006. 第9章も参照。

第1章

21 ジップカー：Fred Bayles, "A Hot Import: Communal Cars for Congested Streets," *USA Today*, July 21, 2000; Kit J. Nichols, "A New Option for Drivers Who Don't Want to Own," *Consumers Research* August 1, 2003; Shawn McCarthy, "Zipcar a Vehicle for Thrifty Urban Existentialism," *Globe and Mail* (Toronto), April 11, 2005; Brian Quinton, "Zipcar Goes the Extra Mile," *DIRECT*, September 15, 2005; Stephanie Clifford, "How Fast Can This Thing Go Anyway?" *Inc.*, March 1, 2008; Mark Levine, "Share My Ride," *New York Times Magazine*, March 8, 2009; Paul Keegan, "The Best New Idea in Busi-

〔著訳者紹介〕

エイドリアン・J・スライウォツキー（Adrian J. Slywotzky）
オリバー・ワイマン　パートナー
ハーバード大学を卒業後、同校のロースクールとビジネススクールで修士号を取得。経営戦略に関するベストセラーの著者であり、《ウォール・ストリート・ジャーナル》紙や《ハーバード・ビジネス・レビュー》誌などに幅広く論文を発表。世界中で高い評価を得ており、《タイムズ》紙は彼を「経営思想家のトップ50」に選出したほか、《インダストリー・ウィーク》誌は「経営思想の六賢人」と命名し、「ドラッカーの再来」と絶賛している。ダボスでの世界経済フォーラムやフォーブスＣＥＯフォーラム、ＴＥＤ、マイクロソフトＣＥＯサミットなど世界的なイベントで講演も行っている。邦訳された著書に『デジタル・ビジネスデザイン戦略』、『プロフィット・ゾーン経営戦略』、『ザ・プロフィット』、『伸びない市場で稼ぐ！』、『大逆転の経営』などがある。

カール・ウェバー（Karl Weber）
ビジネス作家。スライウォツキー氏の著書執筆に協力してきた。同氏のほかに、ムハンマド・ユヌス氏など数多くの著名人の著書執筆で協力している。

佐藤徳之（さとう・とくゆき）
マーシュブローカージャパン株式会社ディレクター／シニアバイスプレジデント。明治大学経営学部経営学科卒。1983年マースクライン入社。1989年マーシュ入社。1993～1999年マーシュロサンゼルス駐在。2000～2003年オリバー・ワイマン、マーサーおよびマーシュの親会社マーシュ・マクレナン・カンパニーズ・インク（ＭＭＣ）にてアジア地区グループ戦略リージョナル・ディレクターを務め、2004年よりマーシュに復帰。その間、2003年度東京大学大学院薬学系研究科ファーマコビジネス・イノベーション寄付講座受託研究員を務める。現在は日系大手重要顧客のグローバル・リスクマネジメントサービスの提供に直接かかわる。主な論文に「統合リスクマネジメントによる分散効果と財務効果」（共同論文、ダイヤモンド・ハーバード・ビジネス・レビュー）がある。エイドリアン・Ｊ・スライウォツキー氏とは公私にわたる交友があり、同氏の著作『デジタル・ビジネスデザイン戦略』、『伸びない市場で稼ぐ！』、『大逆転の経営』の翻訳・監訳に携わった。在日米国商工会議所保険部会委員。東京都高校野球ＯＢ連盟理事。

中川治子（なかがわ・はるこ）
翻訳家。武蔵大学人文学部日本文化学科卒業。主な訳書に、『ザ・プロフィット』、『伸びない市場で稼ぐ！』、『大逆転の経営』、『毛沢東の大飢饉』などがある。

ザ・ディマンド
爆発的ヒットを生む需要創出術

2012年7月23日　1版1刷

著　者　エイドリアン・J・スライウォツキー
　　　　カール・ウェバー
監訳者　佐 藤 徳 之
訳　者　中 川 治 子
発行者　斎 田 久 夫

発行所　日本経済新聞出版社
http://www.nikkeibook.com/
東京都千代田区大手町1-3-7　〒100-8066
電話 03-3270-0251（代）

印刷・製本／三松堂株式会社

Printed in Japan　ISBN978-4-532-31818-5